中国绿色减贫发展报告
2017

ZHONGGUO LVSE JIANPINFAZHAN BAOGAO
2017

张琦　黄承伟　主编

经济日报出版社

图书在版编目（CIP）数据

中国绿色减贫发展报告．2017／张琦，黄承伟主编．-- 北京：经济日报出版社，2018.7

ISBN 978-7-5196-0391-5

Ⅰ．①中… Ⅱ．①张… ②黄… Ⅲ．①扶贫-研究报告-中国-2017 Ⅳ．①F126

中国版本图书馆CIP数据核字（2018）第141408号

中国绿色减贫发展报告．2017

作　　者	张　琦　黄承伟
责任编辑	陈礼滟
责任校对	杨欣萌
出版发行	经济日报出版社
社　　址	北京市西城区白纸坊东街2号A座综合楼710
邮政编码	100054
电　　话	010-63567683（编辑部）
	010-63538621　63567692（发行部）
网　　址	www.edpbook.com.cn
E - mail	edpbook@sina.com
经　　销	全国新华书店
印　　刷	北京九州迅驰传媒文化有限公司
开　　本	710×1000毫米　1/16
印　　张	15.875
字　　数	238千字
版　　次	2018年7月第一版
印　　次	2018年7月第一次印刷
书　　号	ISBN 978-7-5196-0391-5
定　　价	52.00元

课题研究主持人：

张　琦　　北京师范大学经济与资源管理研究院教授
　　　　　北京师范大学中国扶贫研究院院长

黄承伟　　国务院扶贫办全国宣传教育中心主任\研究员

课题执行负责人：

万　君　　北京师范大学经济与资源管理研究院讲师
　　　　　北京师范大学中国扶贫研究院院长助理

课题研究成员：

冯丹萌　　吕　方　　陈　琦　　刘　杰　　高　飞
覃志敏　　张　涛　　孔　梅　　史志乐
其他等

序　言

学习领会习近平生态文明思想
推进绿色减贫理论与实践深入发展

党的十八大以来，习近平总书记着眼于满足人民日益增长的优美生态环境需要，全面把握人与自然的关系，就生态文明建设提出了一系列新思想、新理念，做出一系列新战略、新部署，形成和确立了逻辑严密、思想深刻的新时代生态文明建设思想，开辟了马克思主义人与自然关系理论的新境界，为美丽中国建设提供了有力思想武器，为加快绿色减贫发展、助力打赢脱贫攻坚战提供了行动指南。

在习近平生态文明思想的指引下，人民群众对优美生态环境的需要在新时代社会主要矛盾中得以充分体现，社会主义生态文明建设成为中国特色社会主义道路、理论体系、制度和文化的重要组成部分。在贫困地区，绿色减贫发展从理念到实践深入发展，正成为打赢脱贫攻坚战的重要组成部分。

习近平生态文明思想为推动绿色减贫理论实践发展　提供了根本遵循和行动指南

习近平生态文明思想体现了新发展理念的本质内涵，表明人与自然的和谐共生是人与自然关系发展的最高境界，这一思想丰富和发展了中国特色社会主义理论，为人类的生存和发展贡献了中国智慧。习近平生态文明思想具有丰富的内涵。我们领会，包括了六个方面的重要思想：一是人与自然和谐共生的思想。就是要坚持节约优先、保护优先、自然恢复为主的方针，像保护眼睛一样保护生态环境，像对待生命一样对待生态环境，让自然生态美景永驻人间，还自然以宁静、和谐、美丽。二是绿水青山就是金山银山的思想。就是要贯彻创新、协调、绿色、开放、共享的发展理念，加快形成节约资源和保护环境的空间格局、产业结构、生产方式、生活方式，给自然生态留下休养生息的时间和空间。三是良好生态环境是最普惠的民生福祉的思想。就是要坚持生态惠民、生态利民、生态为民，重点解决损害群众健康的突出环境问题，不断满足人民日益增长的优美生态环境需要。四是山水林田湖草是生命共同体的思想。就是要统筹兼顾、整体施策、多措并举，全方位、全地域、全过程开展生态文明建设。五是用最严格制度最严密法治保护生态环境的思想。就是要加快制度创新，强化制度执行，让制度成为刚性的约束和不可触碰的高压线。六是共谋全球生态文明建设的思想。就是要深度参与全球环境治理，形成世界环境保护和可持续发展的解决方案，引导应对气候变化国际合作。

习近平生态文明思想是马克思主义同中国实践相结合的产物，是建设中国特色社会主义的行动指南，开拓了中国特色社会主义新境界，弘扬了人类优秀的文明成果。习近平生态文明思想继承了中国传统文化中的精华、马克思主义理论中的生态思想和当代西方先进生态理论中的优秀成果，是全人类优秀文化积淀融合的结晶，揭示了人类文明进步的客观规律。

绿色减贫是指在贫困地区发展和精准扶贫脱贫中，坚持以习近平扶贫思想和生态文明思想为指引，以扶贫对象稳定脱贫、实现可持续发展为目标，把绿色发展理念、要求、方式贯穿精准扶贫脱贫全过程，以实现脱贫致富和生态文明建设双赢。显然，绿水青山就是金山银山思想中的“两山理论”和“绿色发展理念”为绿色减贫行动提供了直接的行动指南。

习近平总书记指出，“我们既要绿水青山，也要金山银山。宁要绿水青山，不要金山银山，而且绿水青山就是金山银山。”“为什么说绿水青山就是金山银山？‘鱼逐水草而居，鸟择良木而栖’。如果其他各方面条件都具备，谁不愿意到绿水青山的地方来投资、来发展、来工作、来生活、来旅游？从这一意义上说，绿水青山既是自然财富，又是社会财富、经济财富”。总书记还指出，一些地方生态环境基础脆弱又相对贫困，要通过改革创新，探索一条生态脱贫的新路子，让贫困地区的土地、劳动力、资产、自然风光等要素活起来，让资源变资产、资金变股金、农民变股东，让绿水青山变金山银山，带动贫困人口增收。这些重要论述深刻揭示了人与自然、社会与自然的辩证关系，为新时代生态文明建设确立起新的理论和实践范式，为贫困地区发展、扶贫脱贫确立了底线。“既要绿水青山，也要金山银山”，核心在发展，当代中国经济社会发展举世瞩目的成就证明，发展是党执政兴国的第一要务，只有发展才能为扶贫脱贫奠定基础。“宁要绿水青山，不要金山银山”，核心在保护，说明再也不能以牺牲环境为代价换取一时经济增长，贫困地区的发展把环境保护和贫困人口扶贫脱贫结合起来。“绿水青山就是金山银山”，核心在统筹，彰显人与自然是生命共同体，倡导牢固树立社会主义生态文明观，推动形成人与自然和谐发展的现代化建设新格局，这为贫困地区加快发展指明了方向。

贯彻新发展理念，更加注重绿色发展。发展理念是发展行动的先导，是管全局、管根本、管方向、管长远的东西，是发展思路、发展方向、发展着力点的集中体现。发展理念搞对了，目标任务就好定了，政策举措也就跟着好定了。党的十八届五中全会提出要坚持创新、协调、绿色、开放、共享的发展理念。这五大发展理念是针对我国发展中的突出矛盾和问题提出来的，是在深刻总结国内外发展经验教训的基础上形成的，也是在深刻分析国内外发展大势的基础上形成的，集中反映了我们党对经济社会发展规律认识的深化。

习近平总书记指出：绿色发展，就其要义来讲，是要解决好人与自然和谐共生问题。绿色循环低碳发展，是当今时代科技革命和产业变革的方向，是最有前途的发展领域，我国在这方面的潜力相当大，可以形成很多新的经济增长点。我们必须坚持节约资源和保护环境的基本国策，坚定走生产发展、生活富裕、生态良好的文明发展道路，加快建设资源节约型、环境友好型社会，推进美丽中国建设，为全球生态安全做出新贡献。总书记强调，推进绿色发展要坚决摒弃损害甚至破坏生态环境的发展模式和做法。要推动自然资本大量增值，让良好生态环境成为人民生活的增长点、成为展现我国良好形象的发力点，让老百姓呼吸上新鲜的空气、喝上干净的水、吃上放心的食物、生活在宜居的环境中、切实感受到经济发展带来的实实在在的环境效益，让中华大地天更蓝、山更绿、水更清、环境更优美，走向生态文明新时代。

坚持绿色减贫、实现绿色发展，是由贫困地区的生态脆弱、贫困人口通常面临发展与生态保护选择等特征所决定的。在生态脆弱区的县级行政单位中，76%为国家扶贫开发工作重点县，这些县的土地面积、耕地面积和人口数量，分别占到生态脆弱地区土地面积的43%、耕地面积的68%、人口数量的76%。2015年11月，中共中央、国务院印发的《关于打赢脱贫攻坚战的决定》（以下简称：《决定》）在指导思想中明确要求，脱贫攻坚要牢固树立并切实贯彻创新、协调、绿色、开放、共享的发展理念。此外，联合国环境规划署从2008年开始实施绿色经济倡议，绿色经济便成为一大全球性课题，经济合作与发展组织从2008年开始制定绿色增长战略，2012年联合国可持续发展大会的主题之一就是“可持续发展和消除贫困背景下的绿色经济”，2015年联合国193个会员国一致通过《2030年可持续发展议程》。我们坚持在绿色发展中减贫，正是对联合国这一议程的有力回应，体现我们的大国担当。因此，贫困地区发展、贫困人口脱贫的一切活动，都需要贯彻绿色发展的理念，体现绿色发展的要求，实现绿色减贫。

《中国绿色减贫发展报告（2017）》呈现了绿色减贫理论与实践的进展

本报告较为系统和翔实地呈现了精准扶贫精准脱贫阶段绿色减贫领域的理论创新与实践创新进展，不仅通过文献的梳理对绿色减贫的适用性和可行性进行了论证，通过大量案例地详析展示了绿色减贫的成效与机理。

报告呈现了理论界和实践领域对于习近平关于与绿色减贫相关论述的学习和理解的基本脉络，即从理念的辨析转向对实践的分析、从经济发展的视域扩展至生态文明的视野，从“开发－保护”的思路迈向“转化－创造”的思维。这些转向在丰富绿色减贫内涵的同时，也探索将“绿色减贫”的发展思路、模式同贫困地区经济、社会、文化发展充分融合的机制与路径，超越了联合国“绿色可持续发展”的话语，体现了习近平扶贫思想的深刻内涵。报告所呈现出的理论创新不仅在于分析了绿色减贫作为发展“手段”的现实必然性与合理性，还在于论证了“绿色减贫”作为发展“目标”的文化内涵。

报告以案例研究的方式呈现了近年来若干成效显著的绿色减贫模式，

不仅较好地展现了绿色减贫的机制与成效，还对当前各类模式存在的张力和实践的偏差进行了剖析，从而为下一阶段的政策调整提供参考。报告公开征集了数十个不同来源的案例，展现了绿色减贫最鲜活、最生动的经验素材，在一定程度上增加了报告的可读性。

报告聚焦绿色减贫，但也并不回避对脱贫攻坚战中规律性问题的探讨，包括产业发展益贫性、社区发展的参与性、贫困治理结构的多元性等问题，体现了近年来贫困研究与干预综合性、系统性的趋向。

总体上看，报告对于绿色减贫思想、理论和实践之间逻辑关联的阐析还稍显薄弱，尤其是理论建构与实践分析的融合度有待进一步提升。如何提高理论对于实践的解释力和指导作用，而非仅将理论作为实践的标签，还需要进一步强化。

在习近平生态文明思想引领绿色发展中推进绿色减贫深入发展

习近平总书记在党的十九大报告中指出，要加快生态文明体制改革，建设美丽中国。并明确推进绿色发展，着力解决突出环境问题，加大生态系统保护力度，改革生态环境监管体制四项目标任务。贫困地区加快发展，首先要打赢脱贫攻坚战。确保如期实现脱贫攻坚目标，贫困县脱贫摘帽，贫困人口稳定脱贫，最重要的是要坚持以习近平生态文明思想为指导，在绿色发展理念贯彻落实中推进绿色减贫的深入发展。

一是把新发展理念贯彻落实到脱贫攻坚全过程。“这就要坚持和贯彻新发展理念，正确处理经济发展和生态环境保护的关系，像保护眼睛一样保护生态环境，像对待生命一样对待生态环境，坚决摒弃损害甚至破坏生态环境的发展模式，坚决摒弃以牺牲生态环境换取一时一地经济增长的做法，让良好生态环境成为人民生活的增长点、成为经济社会持续健康发展的支撑点、成为展现我国良好形象的发力点，让中华大地天更蓝、山更绿、水更清、环境更优美”。贫困地区把脱贫攻坚和生态文明建设有机结合，就是要践行新发展理念，尊重生态规律，下决心促进经济转型升级。首先，坚持节约利用资源，实现永续发展。其次，切实保护珍惜环境，提高脱贫质量和人民群众的生活质量。最后，创新生态扶贫的体制机制，完善生态补偿的制度保障。

二是按照供给侧结构性改革要求大力发展绿色扶贫产业。中国特色社会主义进入了新时代。我国社会主要矛盾已经转化为人民日益增长的美好生活需要和不平衡不充分的发展之间的矛盾，我们既要创造更多的物质财富和精神财富以满足人民日益增长的美好生活需要，也要提供更多优质生态产品以满足人民日益增长的优美生态环境需要。习近平总书记指出，要结合推进供给侧结构性改革，加快推动绿色、循环、低碳发展，形成节约资源、保护环境的生产生活方式。贫困地区的生态文明建设与供给侧结构性改革有着密切关系。要坚持以绿色发展为核心，以打造现代产业新体系为目标，大力发展绿色扶贫产业。在传统产业改造提升上大力推进产业生态化，加快产业转型升级。在发展绿色扶贫产业上深入开展“互联网+”等行动，加快新旧发展动能接续转换。在战略性新兴产业培育上大力推进生态经济化，充分发挥山好水好空气好的优势，把生态环保与经济、文化旅游开发结合起来，积极推进“农村+旅游”“农业+电商”发展模式，大力发展绿色经济。在项目布局上，严守生态、耕地保护、城市开发边界三条红线，实施空间、总量、项目三位一体的准入制度。在项目把关上，从源头控制污染物排放和资源消耗。

三是在绿色发展中积极推动形成绿色减贫方式和生活方式。习近平总书记指出，推动形成绿色发展方式和生活方式，是发展观的一场深刻革命。并就推动绿色发展方式和生活方式提出了6项重点任务：加快转变经济发展方式，加大环境污染综合治理，加快推进生态保护修复，全面促进资源节约集约利用，倡导推广绿色消费，完善生态文明制度体系。生态文明建设既是人类实践活动的指向，也是人类实践活动的结果。人的全面发展是生态文明建设的终极目标。只有在人的全面发展中，人们才能构建起与生态文明相适应的价值观、生活方式和消费方式，最终实现生态文明。在贫困地区，尤其要在脱贫攻坚进程中大力培育具有新时代特点的绿色文化和生态道德软实力，推动绿色文化理念内化于心、外化于行。通过打造蕴含不同生态文化主题创意的生态文化产品和产业品牌，纳入公序良俗、乡规民约，不断增强全民绿色文化意识和文化自信。通过广泛开展新时代绿色文化宣传教育，把绿色生态文明理念、绿色减贫理念纳入国民教育和干部培训体系。积极推进农村生活方式绿色化，让绿色生活方式成为农村居民的习惯。通过完善公众参与、监督等制度，充分发挥各类社会、民间组织和志愿者作用，深入开展创建绿色学校、绿色社区等行动，形成绿色减贫、绿色发展、崇尚生态文明的乡村社会新风。

此外，要加强绿色减贫理论前沿问题研究，为推进绿色减贫发展提供理论支撑。比如要探索“绿色减贫”适用性的边界与前提条件，促进绿色减贫理论与一般发展理论的整合。加强“绿色减贫”中国方案的总结，提炼其中规律性和一般性的命题以向国际减贫领域推介。要进一步完善绿色减贫的评估体系，以评估促进绿色减贫的规范发展、以评估促进绿色减贫持续创新。

愿2018年的中国绿色减贫发展报告在今年的基础上，理论水平有新提高，实践创新总结有新的加强，在推动我国绿色减贫发展中做出新贡献。

国务院扶贫办全国扶贫宣传教育中心主任、研究员　黄承伟

2018年6月19日

目 录

第一部分 总报告

第二部分 专题研究报告

第三部分 绿色扶贫案例研究选编

第一部分　总报告

新时代中国绿色减贫发展新探索

绿色发展与消除贫困是中国政府提出的2020年建设全面小康社会的宏伟规划的任务要求。改革开放以来，我国在经济增长方面取得了举世瞩目的成就，GDP的年均增长率超过9%，居民收入也得到大幅提升。但是，过度追求经济增长，忽视经济增长的可持续性和成果的共享性，导致在一段时期内一些地区出现了环境恶化、污染严重的问题，同时由于收入差距和城乡差距的扩大，仍有很大一部分农村人口长期处于贫困状态。消除贫困最有效的手段是发展经济，但经济发展又不能不顾及环境保护，因此，通过绿色发展来实现减贫成为现阶段的必然选择。打好打赢脱贫攻坚战、实现贫困地区的可持续发展必须以五大发展理念为统领，必须把扶贫开发促进减贫和绿色增长结合起来，推进绿色减贫。绿色减贫是生态文明建设中减贫方式的创新，是一种符合生态文明发展、实现绿色增长和发展新方式的减贫新理念，是把生态文明与反贫困有机结合起来的减贫新战略，体现了我们党对我国经济社会发展阶段性特征的科学把握。因此，中国改革开放近40年扶贫脱贫成功经验已经被世界各国认可和推崇，但从2013年开始，中国确定了2020年实现农村贫困人口全部脱贫的历史性新目标，并以精准扶贫精准脱贫为基本方略后，在实践中积极地探索绿色减贫新路径，尽管绿色减贫的理论和政策还不很成熟，实践模式仍在探索中，但已经取得的进展也还是很值得进行认真总结、提炼和深入研究的。

一、习近平总书记生态文明思想为绿色减贫奠定了理论基础

精准扶贫是习近平新时代扶贫思想的核心要义，是指导我国扶贫开发的基本方略。而绿色减贫思想则是精准扶贫的重要内容，更是实现习近平

精准扶贫精准脱贫核心要义的最有效方式。可以说，绿色减贫是习近平新时代扶贫开发战略思想体系的重要组成部分，不仅对指导我国当前和未来打赢脱贫攻坚战、实现2020年全面建成小康社会的第一个中华民族百年目标，具有重要的理论价值和实践指导意义，而且对我国实现第一个百年梦想和2030年可持续发展议程目标也同样具有长远的战略性指导价值。

仔细学习领会和贯彻习近平2013年以来有关扶贫开发战略思想体系的重要讲话就会发现，绿色扶贫绿色脱贫是其新时期扶贫开发战略思想的重要内容，而其核心要义包含了三层：其一，绿色发展与减贫相融合即绿色减贫的两条底线“坚守论”。其二，就是“宁要绿水青山，不要金山银山”的绿色减贫基础论。其三，就是“绿水青山就是金山银山”的绿色减贫目标论，从而形成了绿色减贫三个层次梯度递进的绿色减贫理论新体系和新框架。

绿色发展与减贫相融合即绿色减贫的两条底线“坚守论”。2015年6月习近平在考察贵州时希望贵州“守住发展和生态两条底线，培植后发优势，奋力后发赶超，走出一条有别于东部、不同于西部其他省份的发展新路”。两条底线可以清楚地表明贵州作为全国脱贫攻坚战的主战场，在发展战略选择上要坚持的底线前提，事实上已清楚地表明了习近平对贫困地区脱贫攻坚过程中需要树立的底线意识就是“发展与生态”有机融合，即绿色发展与减贫相融合，也就是“既要绿水青山，也要金山银山”。事实上，绿色发展和减贫是联合国2030年可持续发展议程的首要目标，也体现了习近平以绿色减贫引领扶贫开发的思想，生态文明和共同富裕，关乎民族未来，关系人民福祉，事关“两个一百年”奋斗目标和中华民族伟大复兴中国梦的实现。因此，他指出“要正确处理发展和生态环境保护的关系，在生态文明建设体制、机制改革方面先行先试，把提出的行动计划扎扎实实落实到行动上，实现发展和生态环境保护协同推进”。反贫困要守住经济发展和生态保护两条底线，不仅是总书记对贵州经济发展扶贫致富的明确要求，也是对全国各地实行绿色减贫的殷切希望。

“宁要绿水青山，不要金山银山”是绿色减贫的基础和前提。即在贫困地区谋求脱贫致富的同时也要重视生态环境保护，不能为了“一时”脱贫而损害“长期”的效益。总书记指出“要正确处理好经济发展同生态环境保护的关系，牢固树立保护生态环境就是保护生产力、改善生态环境就是发展生产力的理念，更加自觉地推动绿色发展、循环发展、低碳发展，决不以牺牲环境为代价去换取一时的经济增长。”总书记指出“宁要绿水青山，不要金山银山”，这是因为“脱离生态环境保护搞经济发展是竭泽而渔，离开经济发展抓生态环境保护是缘木求鱼。我们要像对待生命一样对待生态环境，像保护眼睛一样保护生态环境，大力推进生态文明建设，创造更多的绿色财富和生态福利”。因此，在脱贫攻坚过程中，对于扶贫项目的选择不能追求短期化，而应以绿色发展理念为原则，充分考量人、自然和社会的协调统一发展，在以打造贫困地区“金山银山”为目标之一的同时，更注重贫困地区的“绿水青山”的保护延存与可持续发展。当扶贫脱贫目标与绿色生态效益出现冲突时应坚定不移地将绿色发展目标放在首位。然而正如习总书记所言，“单纯依靠刺激政策和政府对经济大规模直接干预的增长，只治标、不治本，而建立在大量资源消耗、环境污染基础上的增长则更难以持久”，这种经济增长不顾效益与质量，并未对贫困地区的经济结构进行调整，构造因地制宜的经济与生态循环发展格局，缺少可持续发展的内在经济动力，极容易导致返贫甚至加剧当地贫困，并不能实现真正意义上的减贫脱贫目的。

“绿水青山就是金山银山”是绿色减贫目标任务论。这是贫困地区推进绿色减贫的目标和任务。也就是说，当人们打破传统扶贫开发认识、生态与经济价值观念得以重塑之后，该如何构建生态优势与实现生态效益成为绿色减贫的核心问题。如果绿色减贫不能真正为经济创造价值，实现“绿水青山”到“金山银山”、生态环境优势到生态经济效益的转化呢？这是习近平总书记为绿色减贫提出的新的目标任务和要求，也就是说，要想实现绿色减贫的高效化，就必须做到绿色减贫的方式路径和方法能够获得脱贫致富效应，至少达到脱贫，然后是实现致富。绿色减贫包括的绿色产业扶贫、绿色旅游扶贫、传统文化扶贫等等都是要以稳定的资产收益和效益为基础的，也就是说绿色生态文化等资源价值必须转化为资产和资本价值并能够在市场中实现，这才是绿色减贫中的最重要一点。否则，绿水青山是无法变成金山银山的。因此就必须探索将绿水青山变成金山银山的方法方式和具体路径。也就是说，绿色减贫的本质在于实现内在价值转化，完成绿色资源本身价值向绿色减贫价值的体现以及绿色资源价值向经济、社会和生态价值的转化，形成贫困地区核心内源驱动减贫动力。而这其中“绿色”不再仅仅是目标导向，更是推动贫困地区包容性增长的有效途径。

二、中国绿色减贫发展理论研究综述与述评

绿色减贫的相关研究不断出现，学者对于绿色减贫理论的适用性和可行性也具有越来越清晰和深入的认识。

（一）绿色减贫的相关研究

国内外对于绿色减贫的研究主要体现在理念、内容和方法上，通过定性和定量的分析研究对绿色减贫的形成、机制和运行成效具有一定的掌握。

1. 绿色减贫的理念研究

随着学者对绿色发展和减贫的不断深入研究，逐渐发现生态环境与贫困之间具有较强的耦合性，生态环境的好坏一定程度影响着一个地区的贫困状态，减贫效率的高低也与生态环境质量息息相关。戴旭宏（2012）认为贫困地区大多处于生态脆弱地区，在扶贫开发的过程中面临着协调经济发展与生态保护问题，因此需要生态环境保护与扶贫开发相结合“在保护中开发、在开发中保护”的新途径——绿色扶贫。绿色扶贫的基本要求包括经济的可持续、生态的可持续和社会发展能力的可持续。绿色扶贫正在得到学者们的关注，国内研究侧重于论述减贫与绿色增长间的关系，但没有将绿色增长与减贫间完全结合。莫光辉（2016 年）指出了传统生态扶贫发展进程还存在经济社会发展与生态环境保护的矛盾较为严峻、建构生态扶贫体系面临社会阻力、生态扶贫的整体运行机制亟待完善、加快贫困地区生态扶贫政策的顶层设计迫在眉睫等主要问题，提出了脱贫攻坚战进程中绿色减贫的实现路径：构建脱贫攻坚战的绿色减贫体系，落实生态移民搬迁，推行生态补偿机制，扶持生态产业发展，完善生态考评管理机制。陆汉文（2012 年）认为选择恰当的政策工具，可以促进连片特困地区扶贫开发与生态建设相结合并形成良

性互动格局，走出一条低碳扶贫道路。连片特困地区低碳扶贫的政策工具主要包括碳汇产业、有机农业、生态旅游发展等基于市场机制的政策工具，保护性耕地补偿、农业节水补偿、退耕还林等基于政府财政转移支付的政策工具。受制于贫困统计数据的难获得性，上述所有研究以定性研究为主，定量研究还不多见，在研究的精细程度上，还有进一步突破的空间。雷毅（2017）指出中国西部贫困地区与生态脆弱地区在地理分布上高度重叠，且贫困加剧了生态退化。绿色化引领扶贫攻坚有利于增强生态环境价值与收入提高的相关性、提高贫困人群拥有的生存资本存量和质量、发挥贫困和弱势群众比较优势促进就业。建议构建绿色减贫体制机制、强化绿色减贫资本积累、塑造绿色减贫理念意识、发展绿色减贫特色产业、拓展绿色减贫金融渠道。戴旭宏（2012）指出要解决好农村生态环境保护与扶贫开发之间、保护与发展之间的矛盾，就必须转变思路，积极探索出一条“在保护中开发、在开发中保护”，促进生态环境保护与扶贫开发相结合的新途径——绿色扶贫。郑长德（2016）基于增长—贫困—不平等—环境的发展“四角”关系，分析集中连片特困民族地区的发展特点，认为集中连片特困民族地区经济发展水平低，是我国欠发达地区中的欠发达地区，贫困人口多，贫困程度深；在地理上，这些地区均处于所在省区的边缘地区，发展的地理条件不利，且多为生态功能重要地区和生态脆弱地区；在经济增长过程中，由于县域内地表结构复杂，增长在城乡之间、地区之间不平衡，导致发展差距大，不平等问题突出。基于这些分析，提出集中连片特困民族地区的区域发展和扶贫开发应走包容性绿色发展之路，强调在减贫政策设计中特别注意机会均等化。

因此，绿色减贫是兼顾生态环境保护和消除贫困的有效途径，是可持续发展的核心理论。绿色减贫的本质实现了可持续发展的人、经济和环境三者协同发展的要求。何建坤（2012）认为，在可持续发展和扶贫框架下，绿色经济与可持续发展的制度建设及改革，是当前世界可持续发展的核心和关键。可持续发展要求既要促进经济社会发展能力与资源环境相协调，促进“代际公平”，又要关注欠发达地区和贫困人群，使发展程度不同国家和地区的人民都能提高生活质量和改善生态环境，可持续发展能够彻底消除贫困，实现“国别公平”“人际公平”。

2. 绿色减贫的内容研究

绿色减贫从内容上来看具有很强的多样性，具体体现在生态扶贫、旅游扶贫、新能源扶贫、农业扶贫、文化扶贫等等不同的包容性发展模式中。齐子鹏等（2014）从亲贫困增长视角审视我国乡村旅游经济的发展，发现我国部分乡村旅游地区存在亲富式增长倾向，而这种经济增长方式导致的收入分配不公正是近几年乡村旅游目的地上访、冲突、拦阻游客现象频发的根源所在。政府应制定一个故意倾向贫困群体发展的战略，缩小贫困差距，使贫困群体能够从经济增长中获得更多的收益。王玮等（2015）在对我国农村公共教育支出状况及农村贫困状况进行分析的基础上，实证检验农村公共教育支出减贫的整体效果及省际差异，指出农村教育支出对农村相对贫困具有较好的缓解作用，但是教育支出的减贫效果存在明显的省际差异；我国农村教育支出在东部、中部、西部三个区域中所表现出的减贫效果并没有达到较为均衡的状态。建议建立对省级政府的全省教育支出占 GDP 比重的考核机制，省级政府也有责任大幅度提高本省财政性教育经费投入。王曙光等（2015）根据“西藏重大现实问题研究课题组”赴西藏各地实地调研所获得的藏北草原生态补偿政策执行情况的第一手资料，分析了藏北草原生态补偿政策的绩效和机制。指出在一些地区推行草原生态补偿制度的同时，应当考虑生态保护与反贫困双重目标的兼容与结合，以科学方式促进这些地区摆脱贫困落后的现状，构建环境保护和经济增长的长效机制。王英等（2016）基于旅游波动和风险管理视角对旅游发展与贫困减缓的多样化关联进行了逻辑统一，在使用 HP 滤波方法测度旅游需求波动的基础上，使用门限面板模型对 2000—2013 年中国旅游发展的非线性减贫效应进行了实证检验，得出旅游波动是影响旅游发展减贫效应的重要因素，旅游产业具备成为阶段性重要减贫动力来源的潜力，但在旅游扶贫政策的制定和实施中，应秉持辩证和动态视角，当意识到旅游减贫效应已经步入递减区间时，要进行主动、系统、综合的风险管理。理解外部环境变化对旅游发展冲击的潜在结果，通过旅游需求结构和产业结构的调整提升贫困人口应对风险冲击的韧性，并通过互助、保险等风险应对手段，促进资源在不同风险状态之间的转移，提升旅游减贫绩效。汪向东等

（2015）指出在县域电子商务和涉农电子商务发展迅速的背景下，以信息扶贫为代表的电子商务助力扶贫工作的新型扶贫方式被更多的区域和主体所采用。为此，主管部门应该把信息扶贫纳入到国家扶贫工作体系中，各地应发挥好电子商务在产业引导和金融扶贫方面的积极作用，同时还需要夯实与电子商务扶贫相关的基础设施。李晶（2017）认为主观因素致贫型人口普遍存在对外来文化及其思维模式、行为规范的观望或抵触态度。贫困是一种结构性存在，贫困文化作为一种典型的差异性文化现象，严重制约了人口智力资源的大规模开发与利用。文化“精准扶贫”中的跨文化沟通具有鲜明的实践品格，它对增强贫困人口文化自信、推动乡土文化的“内生性重构”有重要意义。陈晓琴等（2017）从农村电商扶贫面临的难题着手，通过分析总结目前国内典型的电商扶贫模式及相关经验，认为我国电商扶贫的可能性路径有：“贫困户+电子商务”“贫困户+帮扶主体+电子商务”“贫困户+合作社+电子商务”“贫困户+龙头企业+电子商务”“贫困户+电商环境”等。王亚林等（2017）总结了陇南市当地金融支持电商扶贫的经验，包括完善金融支持电商扶贫的政策措施、建立“金融扶贫主办行”示范点、改善电商扶贫的金融服务基础、建立工作协调和沟通机制等，分析了当前影响金融介入电商扶贫的因素，如电商自身条件差、电商金融需求的特殊、金融服务创新不足、业务经营风险控制难度大等。邓小海（2015）构建了旅游扶贫项目识别的“RHB”框架和旅游扶贫目标人群识别的“意愿—能力”模型，提出了引入市场理性选择机制进行贫困人口识别的思路。指出旅游精准扶贫识别应从旅游扶贫开发条件、旅游扶贫项目和旅游扶贫目标人群三方面系统展开，其主体应包括政府、贫困人口、企业、非政府组织、社会公众等。旅游扶贫项目识别应遵循适应性、效益性和益贫性三个标准。旅游扶贫目标人群是那些既具有劳动能力又有参与意愿的贫困人口。应建立动态的旅游扶贫项目和旅游扶贫目标人群识别机制；建立多元的旅游扶贫帮扶体系，加大旅游扶贫帮扶力度，提高旅游扶贫帮扶的针对性；建立跨区域多元的旅游扶贫协调机构，加强旅游扶贫监管。耿翔燕等（2017）指出生态补偿式扶贫不同于生态扶贫，具有一定的针对性和局限性。明确生态补偿式扶贫的内涵和职能定位是科学运用该扶贫手段的前提条件。瞄准扶贫对象、完善资金的筹集管理、合理选择扶贫方式、跟进监督与评估是构建生态补偿式扶贫运行机制、提高精准扶贫效率的关键因素。熊善高等（2016）以国家重点生态功能区和国家级贫困县－湖北省秭归县为例，探索了环境保护与扶贫协调推进的路径，提出了以明确发展定位、完善顶层设计、优化产业结构、加强制度创新、强化体制机制建设五个方面促进环境保护与扶贫协同发展的建议措施。曾天山（2016）指出扶贫、减贫、脱贫须对症下药才能有效，输血变造血才能长效，人的思想观念更新和知识能力提升是脱贫致富的原动力，根本措施是“治贫先治愚，扶贫必扶智，扶智教为重”，开发人力资本，积累社会资本，用好物质资本，增强自主发展能力。落实“教育脱贫一批”任务，助力全面脱贫目标，提高扶贫成效，必须发挥学科、人才和智力、文化、信息等方面的优势，做到分工明确、责任清晰、任务落实、评价科学、特色鲜明、持续发展，走出一条教育扶贫带动智力扶贫—科技扶贫—健康扶贫—生态扶贫—产业扶贫的新路子。

3. 绿色减贫的定量分析研究

关于绿色减贫的定量分析许多学者同样进行了研究和探讨。张琦等（2012）通过定量分析，测度了发展方式转变与减贫之间的关系：其一，发展方式转变，重构了减贫的动力机制，即产业动力、增长动力和内生动力等发生了新转变。其二，发展方式转变，使减贫路径和方式发生新变化，即引致了贫困人口收入来源、扶贫重点以及就业方式发生新变化。加大生态补偿力度，保障贫困人口收入是决定发展方式转变的重要因素。陈胜东等（2016）以赣南原中央苏区农户为研究对象，通过抽样调查方式分析搬迁移民行为对移民农户生计资本影响。结果表明：搬迁移民前后农户生计资本有较为显著的提高，且搬迁移民行为是移民减贫的主要原因，搬迁移民行为能有效地增加移民户物质资本及社会资本，达到农户减贫目的。刘静（2013）利用2009年分省数据和2007—2008年的分县数据进行统计描述分析，以及回归分析方法揭示出水资源、气候变化同贫困之间的数量关系。研究得出在其他投入要素不变情况下，灌溉条件改善和应对气候变化适应能力增强对农村扶贫有显著正向作用，今后应在加大灌溉投资的同时提高贫困农户的气候变化适应能力。田飞丽（2014）基于广义帕累托洛伦兹曲线模型以及洛伦兹曲线与收入密度函数间的理论关系，构建了一种利用分组数据测算贫困指数的新方法，并使用统一的贫困线标准测度我国农村 FGT 贫困指数。进一步实证检验了各项农业政策的减贫绩效，增加农业基本建设支出和农户贷款有利于减少贫困人口数量，但由于贫困者在资源获得过程中处于不利地位，导致贫困与非贫困群体间的收入差距，贫困群体内部的不平等程度在不断扩大，而增加农村教育支出能够保证贫困群体更多受益。孔凡斌等（2014）以赣南原中央苏区农户为研究对象，通过抽样调查获取数据，运用双重差分模型以非移民户为参照对象分析搬迁移民实施对移民农户生计资本的影响，研究指出搬迁移民实施对移民农户生计资本的净增效果显著，同时搬迁移民安置点的选择显著地影响农户生计资本。北京师范大学中国扶贫研究中心（2015）首次提出绿色减贫的新理念，同时首次构建了“中国绿色减贫指数”。以中国扶贫开发主战场——集中连片特殊困难地区为背景，对中国绿色减贫指数进行了综合测度和多层次分析与比较，并对罗霄山区进行了案例分析和检验。张丽荣等（2015）对我国生物多样性保护与减贫的积极和消极影响关系进行了梳理和分析，采用态势分析法对我国现行的生物多样性保护与减贫的宏观政策在未来二者协同发展过程中的优势、劣势、机会和威胁进行了深入探讨。并在此基础上对以生物多样性可持续利用为核心的保护与减贫协调发展的途径进行了探索，提出了促进二者协同发展的生态移民、绿色资本带动、生态旅游、绿色考评等模式，对我国推进生物多样性保护与减贫协同发展提供借鉴。崔湛钜（2014）以 2007 年山西社会核算矩阵为基础建立了固定价格的乘数模型，研究了不同产业发展对居民收入的影响，但居民收入的增长不一定会使贫困减少，为进一步研究产业发展与减少居民贫困之间的关系，依据可以反映居民收入与贫困的 FGT 指数构建了对贫困度敏感性效应分解的乘数模型，计算出了居民的贫困发生率、贫困深度和贫困强度，得到了产业发展和贫困度之间的关系。其中，教育部门对居民的收入和减贫效应最大，教育部门对城镇居民收入的拉动作用要大于农村居民，但对于赤贫人口的减贫效应更加显著。卫生、社会保障和福利部门在同时考虑对经济影响和居民减贫时，作用更明显。黄承伟、周晶（2016）通过对贵州省石漠化片区草场畜牧业案例的研究得出石漠化片区草场畜牧业产业化扶贫是兼顾减贫与生态双重目标下的创新模式，这种绿色减贫发展模式破解了石漠化地区的“贫困陷阱”，通过促进本土资源、市场资源、扶贫资源的有效衔接，贫困地区土地资本、劳动力资本、生态资本等核心要素的带动运转，实现了贫困地区减贫目标和生态文明的双赢目标，促进了贫困地区的可持续发展。侯一蕾等（2014）以湖南湘西土家族苗族自治州为例研究林业生态建设对山区减贫的影响，研究得出林业生态建设对山区减贫有一定的促进作用，但目前的林业生态建设的需求与农户的生计需求仍然存在着一定的矛盾，现行相关政策缺乏系统性，改进余地大。对协调林业生态建设和山区贫困问题提出了几点建议：第一，发展林下经济，促进农民增收；第二，加强投入和生态补偿；第三，建立林业生态建设和减缓贫困的激励和约束机制。郃秀军等（2017）依据宁夏回族自治区 10 个移民新村的调查数据，采用 FGT 贫困测度指标、偏相关分析方法分析了生态移民户的贫困水平、趋势和相关性，探讨了集中连片和集中但不连片两种安置方式减贫效果差异的原因。研究发现：移民户集中但不连片居住的安置方式，既有利于使移民户保持原有的社会联系，同时有助于移民户利用附近的农业产业园区，形成就近务工，增加市场行为；还有利于增加与已有居民的社会联系，促使移民户在转换生计方式、思想观念等方面发生变化，这些因素都有利于移民户实现减贫脱贫。杜洪燕等（2017）以延庆区的 448 户农户的调查数据为例，采用二值选择模型，研究了生态因素和生计因素对农户参与岗位类生态补偿项目的影响。研究结果表明：农业生产活动多、非农劳动多或者家庭规模大的农户均倾向于参与岗位类生态补偿项目；目前的岗位类生态补偿项目存在富裕户和贫困户收益不对等、对贫困户的识别和瞄准机制不完善、不能有效刺激贫困户就业等方面的问题。建议：注重农业生产在农村地区的基础性作用、加强项目实施前后的基础信息收集、注重项目的提质增效、对就业不充分的贫困户给予有效关照、做好涉农政策普及等。

（二）绿色减贫的理论基础创新

1. 坚守发展和生态两条底线的“两山理论”

在经历了用绿水青山去换金山银山，即以牺牲生态环境为代价换取经济增长，之后逐渐意识到生态环境的重要性，所以在对待生产发展和生态环境的关系上更加倾向于探寻两者之间的平衡点从而促进人与自然的和谐发展。早在 2005 年，总书记首次提出“两山”理论。即“既要绿水青山，又要金山银山”，“绿水青山就是金山银山。”两山理论从生态和经济发展的双重角度阐述了两者之间的辩证关系，其本质也体现了绿色减贫的内在机制。首先，对于“既要绿水青山，又要金山银山”，强调在经济发展的同时，要提升对绿色资源的保护意识，经济与绿色发展缺一不可。其本质是突破了以 GDP 为核心的单维度发展意识，正视绿色发展维度对于整体发展的重要性。绿色资源具有一定的自然生产力，如土地、山川、河流、气候以及生物多样性等都属于自然生产力，其完整性和丰满程度决定着生产力总体的容量、空间和潜力。保护生态环境就是保护生产力，相反破坏环境就是在破坏生产力。因此，绝不能以牺牲环境为代价发展经济。其次，“绿水青山就是金山银山”从内部将经济发展与绿色资源连接起来，挖掘出绿色资源的经济价值，使其生态优势变成经济优势，形成了一种浑然一体、和谐统一的关系，这一阶段是一种更高的境界，体现了发展循环经济、建设资源节约型和环境友好型社会的理念。这一理论将生态环境纳入了“生产力”范畴，破解了发展中环境、生态与生产力之间的内部矛盾。在“两山理论”的指引下，以“绿水青山”为基点实现经济发展方式的转型，自觉开发绿色经济增长的新动力、新市场和新环境，创建“绿水青山”型经济，为全面建成小康社会提供扎实的绿色根基。

2. 产业绿色化扶贫理论创新

绿色产业化是指通过包容可循环的机制形成绿色资源的长效发展，其本质是通过在绿色资源承载范围内达到效用最大化利用。具体而言，可以通过积极采用清洁生产技术，无害或低害的新工艺、新技术，大力降低原材料和能源消耗，实现少投入、高产出、低污染，尽可能把对环境污染物的排放消除在生产过程之中的减贫理念。产业扶贫的绿色化转型主要体现在以下两个方面：(1) 绿色资源理念扶贫。绿色资源理念融合主要指在扶贫开发过程中注重对当地绿色环境的包容性发展，提升当地政府、企业以及贫困人口自身的绿色资源保护意识。(2) 生态补偿扶贫。生态补偿是将生态环境保护与贫困人口减贫完美结合的有效路径。生态补偿主要包括几方面内容：一是从生态系统自身角度出发，对恢复或破坏生态环境系统所产生的费用进行补偿。二是通过各种渠道使生态环境产生的外部经济效益内部化。三是对一个区域或个人在生态环境保护方面所投入的真实成本和机会成本进行补偿；四是对于一些具有显著生态价值的生态环境区域进行投入。生态补偿扶贫主要依靠以上途径对贫困地区或贫困人口倾斜，使生态环境受到直接或间接保护的同时，促进贫困人口减贫，同时，提升当地企业和个人对于生态环境可持续发展的意识。

3. 绿色资源价值转化理论创新

绿色产业化扶贫理论的本质是绿色资源价值的转化利用。绿色资源不同于一般其他资源，其具有共享性、可持续性和循环性，而绿色产业化是指通过有效利用绿色资源的多重属性，完成绿色资源本身价值向绿色减贫价值的体现，及绿色资源价值向经济、社会和生态价值的转化，形成贫困地区核心内源驱动减贫动力。绿色资源除了本身具有的生态属性之外，同时还具有消费性，对人类发展而言，生态资源具有除了自然价值外的经济价值，人类在对生态资源利用开发时产生的利益就是生态资源的价值。首先，绿色资源具有一定的观赏属性，人类通过付出一定的经济支出来获取这种观赏需求从而付出一定的观赏费用，从绿色资源来看，就完成了一轮生态资源到经济资源的转化，从而对拥有绿色资源的贫困地区具有一定的经济带动，达到扶贫作用，最典型的例子就是旅游扶贫。其次，绿色资源具有一定的实用价值，通过提升绿色资源的结构从而延长其产业链，提升其经济效益，比如对于农业而言，可以通过有效结合生产 - 加工 - 销售为一体，延长农业产品的产业链，降低成本，提升农产品获得的整体经济效益；同时，可以通过拓宽农业产品的消费属性，结合生态环境、地理条件、现代信息科技等因素，形成具有休闲性质的观光体验农业等模式，一二三产业融合，使农产品突破仅靠第一产业带来的经济效益，扩大第二产业、第三产业在农产品中的适用性，增加当地贫困人口的经济来源，从本质讲同样达到绿色资源的价值转化。除此之外，绿色资源具有一定的精神属性，比如不少少数民资贫困地区具有较为鲜明的文化习俗等绿色资源，为贫困地区与外界搭建一个互相交流和沟通的平台，同时也为绿色资源的转化构建一个高效渠道，通过发展文化节、文化展以及各种周边产品，使贫困地区达到文化资源输出的同时，也依靠其他产品获得更高的经济效益。而在此同时，当地文化资源也因更多人的关注得到进一步的保护和延续，达到绿色资源的可持续性利用。

4. 绿色减贫评价机制创新

关于减贫成效的评价，长期都处于以经济为标准的阶段，然而实践表明经济并不能准确体现贫困人口的减贫水平。绿色减贫评价从理念上打破了以经济为衡量减贫成效的单维度标准，而从可持续发展角度出发，结合生态承载能力、社会保障、教育、文化等多维度因素，对绿色减贫成效进行综合全面的评价。北京师范大学中国扶贫研究中心从 2013 年开始进行了深入研究，并构建一套中国绿色减贫指数和指标体系，及时呼应了联合国 2030 可持续发展议程和十八届五中全会提出的“创新、协调、绿色、开放、共享”的发展理念以及《中共中央国务院关于打赢脱贫攻坚战的决定》所包含的精神，体现了精准扶贫的绿色路径和绿色减贫的精准化方略，是一套绿色减贫成效评估参照标准，从中可以对各地的绿色减贫效果做出评估和比较，衡量绿色减贫进程进而揭示其中问题，具有非常重要的政策含义和实用价值。绿色减贫指数包含了发展的三个维度，第一是可持续的维度，在发展的同时要保护资源环境；第二是人民福祉的维度，发展和减贫主要不是体现在经济增长，尽管经济增长对减贫有重要贡献，但是发展的目标是改善人民的福祉；第三是公平的维度，发展要缩小差距，实现公平。指数很好地反映了绿色减贫的核心。绿色减贫指数最大的用途在于进行比较，指数提供了三种比较，第一，纵向的比较，以反映进步的速度。第二，横向的比较，反映不同地区的差异。第三，各部分的比较，反映一个地区的发展短板。指数的设计能够较全面、客观、科学地描述各个贫困片区的绿色减贫总体水平，并且可从各个分项指标的高低比较中得出不同片区的不同特点和优劣势，从而揭示出各个片区在绿色减贫进程中面临的问题以及有待改善的方向。指数的设计不仅是从理念上进行创新，更是对未来绿色减贫工作的一种尝试性的新探索、新举措。在不以 GDP 论英雄的时代，绿色减贫指数为决策者，特别是地方的决策者提供了新的目标。贫困地区不再以经济增长速度为目标，绿色减贫指数可以替代 GDP 成为贫困地区的发展的目标。

三、新时代中国绿色减贫的实践

伴随绿色减贫理念的升华，我国的绿色减贫工作也迅速推进。2013 年以来，中国打赢脱贫攻坚这一历史性减贫工程，涌现出了很多具有中国特色的新模式、新方法和新方式，这既是中国社会主义道路自信、制度自信和文化自信的具体表现，也是中国在探索大国减贫经验方面奉献给世界的特殊贡献。多元化、多方式的绿色减贫路径探索，无论是产业绿色化减贫的探索，还是绿色科技减贫的应用，甚至是绿色资源资产收益性减贫等等实现方式上的新变革，无不浸透着减贫实践的智慧与才华。

（一）生态扶贫的创新实践

中国在实践中探索和形成了环境友好产业发展、贫困人口参与生态保护建设和维护、生态补偿和生态移民等主要生态扶贫形式。

1. 生态补偿扶贫

对于生态补偿的概念，国内还未形成统一共识，目前主要有两种观点：一是以提供者为侧重，仅对生态服务提供者进行补偿；二是奖惩并用，在对保护生态环境行为进行补偿同时，也对破坏生态环境的行为进行干预并采取收费。一个地区的贫困不仅仅体现在贫困人口自身的贫困上，同样也体现在这个地区外部环境的贫瘠，主要指绿色生态环境的脆弱性，目前中国较多贫困地区生态环境破坏严重。因此减贫和生态环境保护都是同样重要的两大任务，更确切地说，生态环境的“减贫”也是贫困人口减贫中的一项重要内容。生态补偿是将生态环境保护与贫困人口减贫完美结合的有效路径。根据定义，生态补偿主要包括几方面内容：一是从生态系统自身角度出发，对恢复或破坏生态环境系统所产生的费用进行补偿。二是通过各种渠道使生态环境产生的外部经济效益内部化。三是对一个区域或个人在生态环境保护方面所投入的真实成本和机会成本进行补偿；四是对于一些具有显著生态价值的生态环境区域进行投入。由此可知，生态补偿扶贫主要依靠以上途径对贫困地区或贫困人口倾斜，使生态环境受到直接或间接保护的同时，促进贫困人口减贫，同时，提升当地企业和个人对于生态环境可持续发展的意识。具体来看，生态补偿扶贫主要通过几种形式对贫困人口进行扶持：第一类是以中央政府为主导的生态补偿扶贫机制，主要是政府实施生态补偿政策，通过对贫困人口进行一定经济补助达到减贫效果。在中国最典型的、也是减贫力度和生态环境保护均较突出的政策当属退耕还林政策。1999 年由四川、陕西、甘肃 3 省率先开展退耕还林试点后，2003 年中国正式实施退耕还林补助政策。对退耕还林的农户，国家按一定标准补偿粮食，保障农户的粮食来源。在 20 世纪 90 年代西部退耕还林还草的试点工作中，现金补助标准为每亩退耕地每年补助 20 元。2007 年在 20 元的基础上，再根据地区划分分别额外补助每亩 105 元（长江流域及南方）和 70 元（黄河流域及北方地区）。2016 年补助调整为退耕还林每亩补助 1500 元，退耕还草每亩补助 1000 元。第二类主要通过地方政府参与设立专项基金进行扶贫，比如农业部对沼气工程项目的补助基金，林业部对森林生态补助基金等。第三类形式主要是依靠国际生态补偿机构进行合作扶贫，生态补偿在国际上发展实践较长，机制较完善，通过长期合作对贫困地区减贫效果显著。生态补偿对于中国生态系统保护以及贫困人口生活水平提高具有显著成效，以退耕还林为例，截至 2011 年年底，工程区退耕还林面积保存率达到 98.9%。

2. 环境友好型产业发展扶贫

在贫困地区发展环境友好型产业，增加贫困人口的收入，是生态扶贫的一种重要形式。自 1986 年中国开展大规模有计划扶贫以来，发展依托当地资源环境友好的产业扶贫，一直被作为重要的扶贫增收形式。在中国 30 多年的扶贫开发中，各地都探索和开展了切合当地生态环境条件的具有较高经济回报的产业和产品，包括林果种植、养殖、特色种养业、生态旅游等，成为贫困农户脱贫致富的重要收入来源。

构树扶贫工程。中科院北方资源植物重点实验室沈世华研究组在收集评价构树基因资源和种质创新的基础上，通过杂交育种结合现代生物技术培育出富含粗蛋白的杂交构树。该树种具有生产能力强、生态效果好、适应面广的特点，在饲料、造纸、生态绿化等方面具有重要的经济和生态价值，已在全国20多个省区的贫困县进行了试验示范。

生态旅游扶贫。贫困地区具有丰富的生态旅游资源和丰富多彩的人文旅游资源。发展生态旅游近来正成为全国部分贫困村重要的脱贫形式。据国家旅游局的观测调查数据，2015年度有观测对象包括46532户174456人，其中贫困人口37869人。观测点从事乡村旅游从业贫困人员10022人，占贫困人口从业人员总数的75.1%。观测点2015年脱贫人数为11840人，其中通过乡村旅游脱贫人数为3777人，占脱贫人数的30.5%。乡村旅游正成为农村贫困人口脱贫的重要力量。

3. 生态修复型扶贫

中国贫困地区多属于水土流失严重的生态脆弱地区或严格禁止开发的生态功能区。生态修复和建设是国家整体经济社会发展和国家安全赋予这些地区的重要责任。自20世纪90年代末期以来，中国政府实施了三北等防护林体系建设工程、天然林资源保护、退耕还林还草工程、京津风沙源治理、岩溶地区石漠化治理、青海三江源保护、水土保持等重点生态工程，以控制水土流失、遏制贫困地区土壤沙化退化趋势、缓解土地荒漠化、石漠化。据国家林业局统计，1998年至2014年仅天然林保护工程、退耕还林工程、京津风沙源治理工程和三北及长江流域等重点防护林工程，累计投资超过5000亿元，累计造林850万公顷。在生态修复建设过程中，各地的贫困地区探索和总结出了生态环境改善与扶贫协同推进的扶贫方式。这些主要包括：在生态治理中建设基本农田；组织动员贫困人口参与生态保护建设工程；结合国家重大生态工程建设，因地制宜发展舍饲圈养和设施农业，大力发展具有经济效益的生态林业产业。

长期以来中国在扶贫开发中，一直将结合生态修复建设基本农田当作重要的扶贫措施。据统计，截至2013年，全国累计综合治理小流域7万多条，实施封育80多万平方千米。全国水土流失面积由2000年的356万平方千米下降到2011年的294.91万平方千米，减少了17%。通过综合治理，大量坡耕地改造为梯田，并配套农田道路和水利设施，有效提高了土地生产力。到2013年全国共修筑梯田1800余万公顷，累计增产粮食3000多亿公斤。

通过民工建勤的方式开展生态治理是中国自1950年以来一直采取的方式。1984年以后很长时期内，以工代赈项目支持农村贫困地区的生态修复。在生态修复过程中，贫困地区的农民参与生态保护建设工程，获取劳务报酬，在一定程度上增加了贫困农户的收入。随着1999年以后退耕还林还草等重点生态工程在全国的实施，贫困地区有更多的劳动力通过参加生态保护建设工程，获得了更多的劳务收入。中国《十三五脱贫攻坚规划》要求退耕还林还草等生态工程计划分配向贫困地区倾斜，并且较大幅度提高其劳务报酬比例，将进一步增加扶贫对象从参与生态保护建设工程的受益。

结合生态修复，发展具有较高经济效益的生态产业，是生态修复扶贫的重要方式。据统计，过去60年全国水土保持措施，累计实现林产品及饲草等效益约5600亿元。在水土流失治理过程中，各地把治理水土流失与当地特色产业发展紧密结合起来。近十年，水土流失治理区已建成上百个水土保持生态建设大示范区，培育了一大批水土保持产业基地，江西赣南的脐橙、晋陕峡谷的红枣和甘肃定西的土豆等，都已成为当地群众脱贫致富的重要支撑，使群众在治理水土流失、保护生态与环境的同时，取得了明显的经济效益，从而进一步激发群众治理水土流失的积极性。近十年来全国水土保持治理区人均纯收入普遍比未治理区高出30% ~50%，有1.5亿群众直接受益，解决了2000多万山丘区群众的生计问题。

4. 绿色生态型扶贫

生态保护区内的农民，为了保护生态环境被迫放弃许多正常的生产和创收活动，其所拥有的自然资源和劳动力资源的利用受到很多的限制，成为生态保护区内不少农民的主要致贫原因。通过生态补偿、提供公益岗位等方式，在一定程度上补偿保护区内农民所遭受的损失，增加就业收入，近期已成为相关贫困农户脱贫的重要方式。

2005 年 10 月，中共十六届五中全会公报首次要求政府“按照谁开发谁保护、谁受益谁补偿的原则，加快建立生态补偿机制”。2006 年，生态补偿作为重要内容纳入国家“十一五”规划。2016 年国务院办公厅发布《关于健全生态保护补偿机制的意见》，中国逐步建立了生态保护补偿机制。。

中国根据不同生态保护类型，确定了不同的生态补偿政策。森林生态补偿，主要是完善以政府购买服务为主的公益林管护机制。据统计，2001—2015 年中央累计安排森林生态效益补偿资金 986 亿元。全国有 27 个省（区、市）建立了省级财政森林生态效益补偿基金，用于支持国家级公益林和地方公益林保护，资金规模达 51 亿元。

草原生态补偿，主要是提高退牧还草工程补助标准和逐步加大对人工饲草地和牲畜棚圈建设的支持力度，提高禁牧补助和草畜平衡奖励标准。2011—2015 年中央安排草原奖补资金 773 亿元。地方政府筹集和安排了数量不等的奖补配套资金。2010 年，青海省在三江源试验区率先开展草原生态管护公益岗位试点，从业人员 3 万多人，每人每年补助 1. 2 万元。

湿地生态补偿，率先在国家级湿地自然保护区、国际重要湿地、国家重要湿地开展试点。2014—2015 年中央财政累计安排湿地生态效益补偿试点资金 10 亿元。

流域生态补偿，形成了政府主导模式、市场主导模式、异地开发模式等多种补偿模式。采取政府主导模式的如北京市与张家口市境内水源地之间的水资源保护协作；浙江省杭州市对新安江上游流域的生态补偿和广东省对境内东江等流域上游的生态补偿等。市场主导模式有受益者付费、破坏者补偿、排污权交易、水资源交易模式等。异地开发模式如浙江省金华市建立了“金磐扶贫经济开发区”，作为该市水源涵养区磐安县的生产用地，并在政策与基础设施方面给予支持。

据统计 2016 年全国为扶贫对象新增加了 20 万个生态公益岗位。但是对生态补偿政策减贫效果的实证研究还比较少。杜洪燕和武晋（2016）基于农户异质性视角，采用均值回归和分位数回归方法，发现现金型生态补偿项目能够显著提高中等收入农户的家庭收入，岗位型生态补偿项目能够显著提高极端贫困户的家庭收入。孔令英等（2014）研究发现生态补偿项目的实施能够显著增加贫困牧民收入或就业机会、改善贫困地区的发展环境以及促进贫困地区替代产业和新生产业的发展。

5. 生态移民扶贫

生态移民是应对贫困地区脆弱生态环境人口承受能力低、建设和维护成本高的情况而采取的一种特殊生态扶贫形式。从2001年开始，国家发展改革委安排专项资金，在全国范围内陆续组织开展了以生态移民为主的易地扶贫搬迁工程。截至2015年年底，已累计安排易地扶贫搬迁中央补助投资363亿元，搬迁贫困人口680多万人。一些地方也根据本地实际，统筹中央财政专项扶贫资金、扶贫移民、生态移民、避灾搬迁等资金，还增加实施了搬迁工程。通过实施易地扶贫搬迁工程，改变了搬迁对象“越穷越垦、越垦越穷”的生产状况，有效遏制了迁出区生态恶化趋势，实现了脱贫致富与生态保护“双赢”。由于易地扶贫搬迁将有专门的报告进行讨论，在此不再赘述。

（二）新型能源扶贫实践

1. 光伏扶贫

“光伏遇上扶贫”始于2013年，在2016年渐成气候，并在各种产业扶贫的模式中脱颖而出，成为各省级政府在2015年年底国家关于打赢脱贫攻坚战、加快贫困地区能源开发建设，推进脱贫攻坚战中最受青睐的精准扶贫、精准脱贫模式之一。国家发展改革委、国家能源局等5部门联合下发《关于实施光伏发电扶贫工作的意见》，明确表示在2020年前，要以整村推进的方式，保障16个省471个县约3.5万个建档立卡贫困村的200万建档立卡无劳动能力贫困户（包括残疾人），每年每户增收3000元以上。光伏扶贫的关键不是输血，而是帮助贫困地区或贫困户造血，实现粗放扶贫到精准扶贫的转变。光伏扶贫是有效利用光伏发电产业对贫困地区、贫困人口进行精准扶贫的新型扶贫模式。光伏发电清洁环保，技术可靠，收益稳定，既适合建设户用和村级小电站，也适合建设较大规模的集中式电站，还可以结合农业、林业开展多种“光伏 +”应用。光伏扶贫项目开启了扶贫开发由曾经的“输血式扶贫”向现在的“精准扶贫”转变，以实现一次投入、长期受益。从各地的实践看，目前光伏扶贫主要有 4 种类型：一是户用光伏发电扶贫，利用贫困户屋顶或院落空地建设的 3 至 5 千瓦的发电系统，产权和收益均归贫困户所有；二是村级光伏电站扶贫，以村集体为建设主体，利用村集体的土地建设 100 至 300 千瓦的小型电站，产权归村集体所有，收益由村集体、贫困户按比例分配，其中贫困户的收益占比在 60% 以上；三是光伏大棚扶贫，利用农业大棚等现代农业设施现有支架建设的光伏电站，产权归投资企业和贫困户共有；四是光伏地面电站扶贫，利用荒山荒坡建设 10 兆瓦以上的大型地面光伏电站，产权归投资企业所有，之后企业捐赠一部分权益，由当地政府将这部分收益分配给贫困户。

2015 年 7 月 30 日，国家能源局、国务院扶贫办印发了实施光伏扶贫工程工作方案，计划利用 6 年时间开展光伏发电产业扶贫工程并开展安徽、宁夏等三十余个首批光伏试点。部分试点在光伏扶贫上已取得一定的成效，“中国光伏应用第一城”合肥，截至 2014 年，已经有 500 户贫困户家庭受益于“光伏扶贫”，农户年均增收 2500 元，到 2018 年将会完成 1000 户贫困家庭“光伏扶贫”目标。从全国总体来看，2015 年，光伏扶贫工程帮助近 43 万建档立卡贫困户实现增收，其中包括 8.8 万户失能贫困户，助力 956 个贫困村摆脱了无集体收入的窘境。光伏扶贫是绿色减贫新途径，通过对贫困家庭开发安装屋顶光伏电站等形式促进贫困户增收，有利于人民群众生活方式的变革，开辟了贫困人口增收新渠道，达到绿色减贫效果。

2. 电商扶贫

电商扶贫是我国扶贫脱贫的新突破和新运用，是以电子商务为手段，拉动网络创业和网络消费，推动贫困地区特色产品销售的一种信息化扶贫模式。阿里研究院发布的《电商赋能弱鸟高飞——电商消贫报告（2015）》也提出了电商消贫的定义，即通过建设和安装新型基础设施，培育和培养电商生态和电商意识，建立本地化的电子商务服务体系，从而促进贫困人群利用互联网技术和手段开展创新与创业，提高信息化服务水平，最终改变贫困人群的生产和生活方式，实现脱贫致富。2015 年 11 月国务院下发的《关于打赢脱贫攻坚战的决定》提出加大“互联网 +”扶贫力度，在顶层设计上为电商扶贫发展明确了思路。国务院发布的《关于促进农村电子商务加快发展的指导意见》中明确把电子商务纳入扶贫开发工作体系，以建档立卡贫困村为工作重点，提升贫困户运用电子商务创业增收的能力，鼓励引导电商企业开辟革命老区和贫困地区特色农产品网上销售平台，与合作社、种养大户等建立直采直供关系，增加就业和增收渠道。2016 年 1 月 22 日，国务院扶贫开发领导小组办公室与京东集团在京签署《电商精准扶贫战略合作框架协议》，双方将共同探索“产业扶贫、创业扶贫、用工扶贫”三大模式，发挥京东电商平台优势，以电子商务手段助力国家“精准扶贫”战略。“十三五”脱贫攻坚规划中指出要培育电子商务市场主体，改善农村电子商务发展环境。电商作为一种新兴的市场手段和精准的扶贫方式开始成为社会扶贫力量，电商企业探索的“互联网 + 扶贫”正在成为扶贫新路径。在我国目前的实践中，电商扶贫主要采取几种主要形式。一是通过教育培训、资源投入、市场对接、政策支持、提供服务等方式直接帮扶贫困家庭，帮助贫困户直接以电子商务交易实现增收，如帮助贫困户在电子商务交易平台上开办网店达到减贫脱贫效果。二是通过当地从事电子商务经营的龙头企业、网商经纪人、能人、大户、专业协会与地方电商交易平台等，构建起面向电子商务的产业链，帮助和吸引贫困户参与。

2012 年以后，随着农产品电商的爆发，越来越多的贫困地区开始根据本地实际探索电商脱贫的路径，涌现出了如甘肃成县、吉林通榆、黑龙江明水、甘肃陇南等一批电商扶贫的县域先行者，为县域电商扶贫探索提供了宝贵的经验和典范。目前已有山东、甘肃、河北等多地印发电商扶贫文件，将通过“平台 + 园区 + 培训”等方式，整合贫困地区优势产品对接市场。此外，各大电商平台的电商下乡战略为县域扶贫提供了难得的发展契机。至 2015 年上半年，832 个国家级贫困县在阿里零售平台上，共有用户 1972.65 万个，共有卖家 29.27 万人。截至 2015 年 9 月，农村淘宝已覆盖 22 个省份 147 个县市，包括 31 个国家扶贫开发工作重点县和 42 个省级扶贫开发工作重点县。互联网现代科学技术运用，大大提升了扶贫脱贫的效率，例如贵州省利用国家大数据建设试点的机遇，开发并运用于扶贫脱贫管理的“扶贫云”，就是通过互联网手段和技术，构建了贵州扶贫脱贫的大数据新平台，并以此实现扶贫脱贫高效率的扶贫供给需求对接、扶贫脱贫动态信息管理的现代化即时化。

（三）统筹区域发展与绿色减贫的新实践—易地搬迁扶贫

易地搬迁是“五个一批”精准脱贫的重要内容，是中央发出脱贫攻坚战总动员后的第一仗，也是我国打赢脱贫攻坚战的重要内容，中共中央在“国务院关于打赢脱贫攻坚战的决定”中第七条就提出“实施易地搬迁脱贫”，“对居住在生存条件恶劣、生态环境脆弱、自然灾害频发等地区的农村贫困人口，加快实施易地扶贫搬迁工程。”国家发改委、扶贫办会同财政部、国土资源部、人民银行五部门联合印发《“十三五”时期易地扶贫搬迁工作方案》，明确了“十三五”时期易地扶贫搬迁对象主要是居住在深山、石山、高寒、荒漠化、地方病多发等生存环境差、不具备基本发展条件，以及生态环境脆弱、限制或禁止开发地区的农村建档立卡贫困人口。2015 年 12 月 1 日，“做好易地扶贫搬迁，打赢扶贫攻坚战全国易地扶贫搬迁工作电视电话会议”在京召开，此次会议对四个一批中的“移民搬迁安置”的细化阐述与再强调，是易地扶贫搬迁工作的有力指导。会议强调易地扶贫搬迁，主要是对生活在生存条件恶劣、本地难以发展地区的群众进行搬迁安置。此项工作艰巨复杂，但意义重大，是打赢脱贫攻坚战的关键举措。说明易地搬迁是一项从根本上帮助农村贫困群众脱贫致富的综合性工程，其突出特点是可以实现“输血”与“造血”，外部支持与内在动力的统一。“十三五”期间，将对全国 22 个省（区、市）约 1400 个县（市、区）981 万建档立卡贫困人口实施易地扶贫搬迁，按人均不超过 25 平方米的标准建设住房，同步开展安置区（点）配套基础设施和基本公共服务设施建设、迁出区宅基地复垦和生态修复等工作。安排中央预算内投资、地方政府债券、专项建设基金、长期贴息贷款和农户自筹等易地扶贫搬迁资金约 6000 亿元。同步搬迁人口建房所需资金，以地方政府补助和农户自筹为主解决，鼓励开发银行、农业发展银行对符合条件的项目给予优惠贷款支持。在分解下达城乡建设用地增减挂钩指标时，向易地扶贫搬迁省份倾斜。允许贫困县将城乡建设用地增减挂钩节余指标在省域范围内流转使用，前期使用贷款进行拆迁安置、基础设施建设和土地复垦。

截至2015年，国家累计安排易地扶贫搬迁中央补助投资363亿元，搬迁贫困群众680万余人。其中，2001—2010年，安排中央补助投资132亿元，搬迁贫困群众286万余人；“十二五”以来，共安排中央预算内补助投资231亿元，搬迁贫困群众394万人，在扶贫减贫中起到了重要作用。尤其对于贫困人口规模大且山区较多的省份来说，易地搬迁扶贫作用尤其明显。例如贵州省自2001年以来已累计搬迁了104万农村贫困人口。据有关调查资料显示，到2020年，我国将对1000万贫困人口实施易地搬迁扶贫，占到整个扶贫脱贫人口的近15%，国家为此将投资6000亿资金来组织实施。易地搬迁属于生态扶贫和绿色减贫模式的范畴，其主要原因就是易地搬迁遵循自然规律与经济规律，对于生态环境较差地区，实施保护型减贫策略，通过搬迁、因地制宜确定安置方式改善贫困人口的客观生存环境等方式，从而，有效缓解扶贫开发造成的环境破坏，促进当地经济社会的可持续发展。

四、中国绿色减贫未来发展展望与对策

绿色生态是贫困地区最宝贵的资源、最核心的竞争力，贫困地区的资源禀赋大多具有独特性、稀缺性、不可复制性，是参与区域竞争的重要法宝。生态资源不同于一般资源，具有共享性、可持续性和循环性，一个地区生态资源不仅对当地人口、对周边乃至更大范围区域的生态和居民生态水平都具有重要意义，同时也不仅对当代居民造成影响，对下一代乃至下下一代的人类同样具有可持续影响。

（一）新世代绿色减贫战略新思想的总体思路

要想让“绿水青山”带来“金山银山”，其关键在于要赋予绿色资源更长远的意义和价值，挖掘和开拓绿色资源的潜在经济价值，打破传统使用资源—产品—废物的单向方式，有效将绿色资源转化为具有市场价值的绿色资本进行投资，从而达到价值的最终转化。而绿色资源产生的经济价

值提高绿色资源在经济市场中的需求，带动社会、政府及贫困人口自身对绿色资源保护的重视度提升，从而促进贫困地区绿色资源的可持续发展。

第一，首先要坚持绿色发展与减贫相融合，坚守绿色减贫的两条底线不动摇。这是绿色扶贫绿色脱贫及绿色减贫的指导思想。也就是说要坚持绿色发展和扶贫脱贫的融合推进，积极探索习近平绿色减贫的理论体系，为此需要努力探求绿色减贫的机制、动力、路径和政策配套体系，丰富和发展习近平扶贫开发战略思想的理论体系建设。

第二，坚决反对和杜绝一切违反绿色减贫的行为，尽快制定绿色减贫各项法律和制度体系，将习近平绿色减贫战略思想从制度上、政策上和法律上确定并在实际工作中得以规范化的落实结合实施。

第三，以增强地方能动性为导向，完善绿色减贫的考核体系以及生态补偿机制。一方面，完善以绿色减贫为核心的贫困县考核机制，以绿色发展和减贫成效为两大落脚点，建立以贫困地区为重点和突破领域的评价和考核机制，以考核机制为导向把贫困地区的减贫工作统一到绿色减贫的框架中，提升地方政府及其官员的积极性。另一方面，以贫困地区为重点和试点完善我国的生态补偿制度。贫困地区重点和突破领域，加强生态保护和生态补偿立法工作，落实受益主体，量化其利益，着力解决补偿虚化，未补偿到真正受损者等问题。

第四，积极探索绿色减贫市场化的新路径和新方法，积极探索碳汇交易制度，发展绿色生态金融，为实现习近平绿水青山就是金山银山的绿色减贫战略目标，献计献策。绿色减贫的市场化方法方式、绿色生态金融创新产品的设计、贫困地区自然资源价值和资本价值核算和交易新方法新体系创新、绿色生态产业化和产业绿色生态化的价值实现体系等等的探索和实践创新，都将成为践行习近平绿色减贫战略新思想重要任务，学习和深刻领会并贯彻习近平绿色减贫战略思想，也是打赢脱贫攻坚战的理论和思想保障。

（二）新时代绿色减贫的重点和努力的主要方向

我们认为，未来的绿色减贫的重点主要体现在以下几个方面：

1. 聚焦转型发展，继续强化绿色性

生态文明建设与经济发展并不矛盾。虽然生态文明建设的提出正是基于对高投入、高消耗、高污染和低产出、低效益、低品质的传统发展方式的系统反思。然而，生态文明建设不是不要发展，而是要高产出、高效益、高品质的发展。发展也不仅仅是指经济发展，更不能简单地等同于GDP增长。资源节约、环境保护、生态保育、科技创新、文化繁荣和社会进步等都是发展的重要内容。“绿水青山就是金山银山”，破坏了绿水青山的金山银山，宁可不要；以贫困地区人身健康为代价的发展，宁可不要；损害贫困地区根本利益的发展，宁可不要。因此，应尽快促进四川连片特困地区转型发展，不要走先污染后治理的老路，应以新型工业化、新型城镇化建设为契机，重点强化经济发展的绿色性，充分挖掘连片特困地区有各自特色的绿色资源，形成持久发展动力。

2. 聚焦理念引导，重点强化文化性

绿色减贫强调在发展中要尊重自然、顺应自然、保护自然，特别强调转变发展理念，同时也强调体制创新、机制创新、科技创新，强调转变生产方式和生活方式，要求从每个人做起、从现在做起。要实现绿色减贫，就必须将相关理念和顶层设计相融合。特别是在发展观念、环境意识上，需要落实到每个公民、每个家庭、每个单位、每个组织的资源节约、环境友好、生态保育等行为上。将生态文明建设理念、可持续发展理念，向基层干部、向群众解释，需要基层政府以具体举措贯彻落实，需要基层政府鼓励和引导。只有基层干部、广大群众认识到绿色发展的好处，才能从根本上促进绿色减贫战略的成功实施。因此，贫困地区绿色减贫不能忽视价值、文化层面的影响，重点应把培育绿色发展和生态文化作为重要支撑，将绿色发展、生态文明纳入社会主义核心价值体系宣传当中，加强绿色发展、生态文化的宣传教育，倡导勤俭节约、绿色低碳、文明健康的生活方式和消费模式，提高全社会生态文明意识。

3. 聚焦脱贫奔康，重点强化包容性

贫困地区能否全面建成小康社会关键在贫困地区、贫困人口能否脱贫，关键在于将绿色发展与包容性减贫相结合，走包容性绿色发展的脱贫之路。包容性绿色发展是通向可持续发展之路，其本质是强调机会平等的增长，为贫困人口创造越来越多的机会，为贫困人口提供创造或提升其能力的方式，为贫困人口提供免遭暂时或持久的生计损失的方法。只有使绿色发展的成果为贫困地区、贫困人口共享，才能进一步坚定贫困地区绿色发展的道路。现行资源开发机制的不公，客观上导致了资源开发过程中利益分配的失衡，积极创新收益补偿机制，建立健全资源补偿制度，完善税收制度，是实现绿色减贫的关键一步。因此，绿色减贫必须强化绿色发展的包容性，通过减税和加大税收返还力度，增加中央政府对资源所在地的地方政府以及居民的经济补偿；建立自然资源的折旧补偿制度，避免资源在开发与利用过程中的流失和消减。通过建立资源耗减及补偿账户，加大对资源开发与利用企业的资源折旧与耗减核算，实现资源的资产化管理，帮助片区将“资源优势”转化为“经济优势”，使资源收益实现共享，最终在各贫困片区内实现包容性发展。

4. 聚焦公共服务，重点强化内生性

绿色减贫之所以有利于贫困地区持续、稳定脱贫，关键在于其可持续发展成果的共享，而共享机制中的公共服务机制尤为关键。特别是就目前连片特困地区脱贫障碍来看，急需提升的公共服务是教育和基础设施建设。一方面，需要广泛宣传各片区农户脱贫致富的典型，让其他贫困户从身边那些脱贫致富的农牧民身上寻找自己贫困的原因，找到一条适合自身“发家致富”的道路，实现扶贫工作从“要我富”到“我要富”的转变，从根本上激发贫困人口的内生动力，增强贫困人口自身的“造血功能”。另一方面，要高度重视片区与发达地区交通联通以及区域内部交通网；注重继续实施投资基础设施建设的政策，在片区内修建通县公路、通乡公路和村村通等，实现区域内部经济一体化，降低区域内部以及与发达地区间的交易成本，为片区脱贫攻坚奠定坚实基础。因此，绿色减贫应重点瞄准公共服务，特别要注重政府政策调控与服务，将生态补偿等绿色经济成果转化为良好的公共服务，特别是要提升教育与基础设施建设水平。

5. 调动政府、企业和社会各方面的力量，统筹开发与保护

大型生态治理和修复项目，资金需求大、技术难度高，需要政府统筹资金、协调各方力量、搭建合作平台，为推进生态扶贫提供服务保障；生态修复后也需要政府参与管护，巩固生态建设成果。生态扶贫的核心目标是促进农户脱贫增收，要大力实施精准扶贫战略，充分调动农户参与保护和开发的积极性，激发困难群众的内生动力，不断提升农户的可持续发展能力。扶贫开发，产业是支撑，要以市场为导向，积极引导企业参与生态建设，发展生态经济，吸纳贫困人口就业，把生态资源优势、人口资源压力转化为经济优势。

实现生态、环境、经济与社会协调可持续发展，关键在于建立政府、企业和群众协同发展的共赢机制。从政府的角度来看，首先，要以市场化为导向，完善体制机制，引导企业通过创新技术不断提升市场竞争力和产业发展效益，带动农户脱贫致富；其次，要完善产权制度，创新政企合作方式，充分调动企业参与治沙扶贫的积极性；要引导企业和农户建立多元化的利益共享机制，要根据不同农户的资源禀赋特征，实施一户一策，做到精准扶贫。

第二部分　专题研究报告

习近平绿色减贫思想是新时代我国扶贫脱贫的理论基础和政策指引，更是我国打赢和打好脱贫攻坚战的保障，正是在这种新时代下我国开启了扶贫脱贫的新征程，也在实现2020年全面建成小康社会的第一个百年目标新使命进程中谱写了扶贫脱贫的历史新篇章。脱贫攻坚就是新时代第一个要完成的伟大使命、伟大的斗争和伟大的工程。绿色减贫的不同模式与创新，就是人民群众的实践结晶。本部分就是通过近几年到贫困区的调研，分别对绿色减贫不同模式专题研究分析的阶段性成果。

专题研究报告之一：

绿色农业产业化扶贫模式分析

绿色农业是我国政府于2003年，首次正式提出的一种新型农业发展模式，目的是为了加快推动现代农业发展，和更好地满足我国对食物数量和质量的双重要求。2003年10月，在由联合国亚太经社理事会、中国绿色食品发展中心与中国绿色食品协会主办的“亚太地区有机农业与绿色食品市场通道建设”国际研讨会上，中国绿色食品协会提出了开展“绿色农业”理论研究及“绿色农业”运动，建立适合亚太地区发展现状的“绿色农业体系”，建立区域性组织，进一步加强国际合作，以更好地推动亚太地区农业发展的倡议。这是中国绿色食品协会首次在公开场合提出“绿色农业”这一概念。

一、绿色农业产业化扶贫背景及其意义

绿色农业指的是以全面、协调、可持续发展为基本原则，以促进农产品安全（数量安全和质量安全）、生态安全、资源安全和提高农业综合效益为目标，充分运用先进科学技术、先进工业设备、先进管理理念，汲取人类农业历史文明成果，遵循循环经济的基本原理，把标准化贯穿到农业整个产业链条中，实现生态、生产、经济三者协调的新型农业发展模式（刘连馥，2007；徐柏园，2008；杨唐盛、张长厚，2006）。绿色农业产业化则指的是绿色农业作为一项产业逐步实现商品化、市场化和社会化（张瑞峰，2005）。绿色农业产业化的发展是适应社会市场化的要求，以经济

效益为中心，优先组合各种生产要素，尤其注重良好的生态环境这一要素，进而实现规模经济、建设社会主义新农村的有效途径（景侠，2009）。“绿色产业扶贫”是以绿色低碳循环为原则，通过绿色发展理念和方式，提高贫困地区绿色产业、资源和资产水平，提升贫困人口就业、收入水平和生计发展能力，在保护生态资源资产环境的同时，实现扶贫脱贫。绿色产业扶贫，是落实习近平同志精准扶贫、精准脱贫战略思想的内在要求。在新的历史时期，在“精准扶贫”的大背景形势下，绿色农业产业化扶贫式精准扶贫的必由之路，为贫困地区的发展提供内生动力，为贫困群体提供自我发展，自我造血的能力，同时在其脱贫之后绿色农业产业能够为他们今后更好的发展和美好生活提供一个契机。

当今世界，农业发展面临着新的形势：一是人口持续增长对食物数量和质量的需求压力加大；二是现在常规农业的发展出现瓶颈，面临资源和市场的双重约束；三是经济社会对农业多功能的需求越来越迫切，能否实现可持续发展至关重要。而发展绿色农业面临着经济增长与生态环境保护、资源永续利用和保护、农业污染根治的基本矛盾，即绿色农业优质、高产、高效实现和经济效益、生态效益、社会效益三者统一的问题。

我国有史以来存在着农业人口多，农业资源少，生产规模小，劳动生产率低，农业环境污染严重，产品质量差，粮食供求不平衡等压力。尤其，我国的贫困地区往往是自然资源富集区，又是重要的生态屏障区和生态脆弱区；既是经济发展、生态保护战略区，又是经济社会相对落后和贫困人口聚集区。具有一般性贫困和生态性贫困叠加的特征。中国的贫困地区、贫困人口是全面建成小康社会的“短板”，必须把生态文明建设与反贫困有机结合起来。这是贫困地区科学发展的基本原则，也是生态脆弱贫困地区扶贫开发、生态文明建设的努力方向①。

由此可见，贫困地区的致贫原因里多是因为地区产业发展薄弱，主导产业带动力不强，市场竞争力弱，且生态环境脆弱。减少贫困地区人口，实现中国改革开放发展成果由各级人民共同享有是社会主义的本质要求。

---

① 北京师范大学中国扶贫研究中心课题组张琦．中国绿色减贫指数研究［J］．经济研究参考，2015.

然而贫困地区面临实现经济增长的首要任务，在过分强调经济增长的同时，往往忽视对生态、人口、资源环境的保护，贫困地区需要通过发展来减少贫困甚至是消除贫困。如何发展、怎样发展等亟待解决，现实和经验告诉我们，必须要走一条绿色减贫的发展道路。

生态文明建设与反贫困结合就是要在贫困地区实施绿色发展与减贫结合战略，在可持续发展和减贫背景前提下，推动绿色发展、实现绿色减贫。绿色农业产业扶贫即同时兼顾经济、社会、生态文明三个目标，通过因地制宜，发展特色经济，不在贫困地区大搞不符合当地实际的项目，同时发挥政府的作用，增加资金投入和项目支持，实施精准扶贫、精准脱贫，因乡制宜、因村施策、因户施法，扶到点上、扶到根上。由此一来，既能增加贫困群体的经济收入，同时也有助于建立良好的生态、健康的环境、和谐的人与自然的关系。

二、绿色农业产业化扶贫模式的政策设计

党的十八大以来，把扶贫开发工作提升到治国理政的新高度，广泛凝聚社会各方力量，推进实施精准扶贫战略，为全面建成小康社会奠定了坚实的基础。习近平总书记关于治国理政的思想提到“扶贫开发是我们第一个百年奋斗目标的重点工作，是最艰巨的任务”。在新时期要加大精准扶贫的力度，习近平总书记指出首先是贫困地区发展要靠内生动力，要增强贫困地区的造血能力，发展绿色农业产业化则是提高其内生动力的关键一步，真正从根源上解决增加农民收入、带动农业经济增长的问题。同时，坚持以人为中心的发展思想，努力做到发展为了人民，发展依靠人民，发展成果由人民共享，动员和凝聚全社会力量广泛参与，是打赢攻坚战的保障。

2001 年《中国的农村扶贫开发》白皮书，指出要坚持开发式扶贫的方针，就是以经济建设为中心，支持、鼓励贫困地区干部群众改善生产条件，开发当地资源，发展商品生产，增强自我积累和自我发展能力。开发式扶贫方针是中国政府农村扶贫政策的核心和基础，主要包括五个方面内容：第一，倡导和鼓励自力更生、艰苦奋斗的精神，克服贫困农户中普遍存在的“等、靠、要”思想。第二，针对贫困地区基础设施薄弱、抵御自

然灾害能力较差的实际情况，国家安排必要的以工代赈资金，鼓励、支持贫困农户投工投劳，开展农田、水利、公路等方面的基础设施建设，改善生产条件。第三，国家安排优惠的扶贫专项贴息贷款，制定相关优惠政策，重点帮助贫困地区、贫困农户发展以市场为导向的种植业、养殖业以及相应的加工业项目，促进增产增收。第四，开展农业先进实用技术培训，提高贫困农户的科技文化素质，增强自我发展能力。第五，扶贫开发与水土保持、环境保护、生态建设相结合，实施可持续发展战略，增强贫困地区和贫困农户的发展后劲。

在扶贫开发的过程中，中国政府坚持以经济建设为中心，发展贫困地区的生产力，走开发式扶贫的道路，通过多种方式和途径，采取综合配套措施，帮助农村贫困人口脱贫。在产业脱贫方面提出要积极推进农业产业化经营，即按照产业化发展方向和要求，对具有资源优势和市场需求的农产品生产，进行连片规划建设，形成有特色的区域性主导产业。积极发展“公司加农户”和订单农业。引导和鼓励具有市场开拓能力的大中型农产品加工企业到贫困地区建立原料生产基地，为贫困农户提供产前、产中、产后系列化服务，形成贸工农一体化、产供销一条龙的产业化经营。同时在贫困地区的开发中，重视生态环境的保护，鼓励农民发展生态农业、环保农业。

2010 年 10 月 18 日，中央出台《关于国民经济和社会发展十二五规划的建议》，在产业化扶贫方面进一步提出推进农业现代化，加快社会主义新农村建设的建议。从加快发展现代农业，加快转变农业发展方式，提高农业综合生产能力、抗风险能力、市场竞争能力；加强农村基础设施建设和公共服务，加快改善农村生产生活条件；提高农民职业技能和创收能力，多渠道增加农民收入；完善农村发展体制机制，积极探索解决农业、农村、农民问题新途径等几方面提出了要求。在农业产业化方面，发挥科技创新和技术的重要作用，发展高产、优质、高效、生态、安全农业，促进农业生产经营专业化、标准化、规模化、集约化。

2011 年发布的《中国农村扶贫开发纲要 2011—2020》，提出一方面要积极推进农业产业化经营，充分发挥贫困地区生态环境和自然资源优势，推广先进实用技术，培植壮大特色支柱产业，通过扶贫龙头企业、农民专业合作社和互助资金组织，带动和帮助贫困农户发展生产，带动贫困农户增收；另一方面，要贯彻经济效益与生态效益并重的理念，强调扶贫开发必须与资源保护、生态建设相结合。

2015 年 11 月 29 日，《中共中央国务院关于打赢脱贫攻坚战的决定》在习近平总书记“两山”理论的基础上提出绿色发展，即牢固树立绿水青山就是金山银山的理念，把生态保护放在优先位置，扶贫开发不能以牺牲生态为代价，探索生态脱贫新路子，让贫困人口从绿色发展中得到更多实惠。与此同时，对绿色农业产业化扶贫提出了更进一步的要求：一方面，继续推进开发式扶贫，坚持发展特色产业脱贫。在扶贫开发过程中，突出问题导向，实现四个转变，即由“大水漫灌”向“精准滴灌”转变；创新扶贫资源使用方式，由多头分散向统筹集中转变；创新扶贫开发模式，由偏重“输血”向注重“造血”转变；创新扶贫考评体系，由侧重考核地区生产总值向主要考核脱贫成效转变。同时通过“一村一品”、农业合作社、一二三产业融合等多方面的扶贫措施，增强贫困人口自我发展能力，激发其内生动力。另一方面，兼顾生态保护脱贫。通过大力开展生态补偿和生态保护工程，加大贫困地区新一轮退耕还林还草力度，在项目和资金安排上进一步向贫困地区倾斜等，加大贫困地区生态保护修复力度，使贫困人口在发展生产的同时，提高其在生态方面的受益水平。

2016 年 11 月 23 日《国务院关于印发“十三五”脱贫攻坚规划的通知》对新时期的脱贫有了新一步的要求：立足贫困地区资源禀赋，以市场为导向，充分发挥农民合作组织、龙头企业等市场主体作用，建立健全产业到户到人的精准扶持机制，每个贫困县建成一批脱贫带动能力强的特色产业，每个贫困乡、村形成特色拳头产品，贫困人口劳动技能得到提升，贫困户经营性、财产性收入稳定增加。《通知》从发展养殖业、林产业，促进产业融合发展，扶持培育新型经营主体，加大农林技术推广和培训力度等方面对绿色农业产业扶贫也提出了新的要求。

现如今，扶贫开发工程进入脱贫攻坚的关键阶段，各政府层级要深入贯彻习近平总书记系列重要讲话精神和治国理政新理念新思想新战略，统筹推进“五位一体”总体布局和协调推进“四个全面”战略布局，牢固树立和贯彻落实创新、协调、绿色、开放、共享的发展理念，按照党中央、国务院决策部署，坚持精准扶贫、精准脱贫基本方略，坚持精准帮扶与区域整体开发有机结合，以革命老区、民族地区、边疆地区和集中连片特困地区为重点，以社会主义政治制度为根本保障，不断创新体制机制，充分发挥政府、市场和社会协同作用，充分调动贫困地区干部群众的内生动力，大力推进实施一批脱贫攻坚工程，加快破解贫困地区区域发展瓶颈制约，不断增强贫困地区和贫困人口自我发展能力，确保与全国同步进入全面小康社会，坚持绿色农业产业化工程则是一条有方法、见成效的扶贫道路，真正实现了经济效益、社会效益和生态效益的统一，不仅能够为贫困地区、贫困人口带来增收，增强其发展的内生动力，而且兼顾生态效益和社会效益，在发展中守住了生态底线。

三、绿色农业产业化扶贫的创新模式

绿色农业产业化扶贫在国家贫困治理体系中起着至关重要的作用。中央层面的顶层设计明确了总体目标以及各项改革的布局，省级层面则在顶层设计的基础上，结合省域实际形成指导性方案，市县一级着力将国家和省级层面的政策设计结合县域的实际，形成实操方案，从而形成“三级精准”的体系，也正因为不同地区的特色优势和短板因素有所差异，在破解制约减贫与发展的体制机制障碍的过程中有不同的实践，由此形成各个地方符合自身发展实际的绿色农业产业化的扶贫模式。

产业化扶贫链的要素分为产业、企业、基地、科技、市场、农民、政府等，并根据产业化扶贫链中起龙头作用的环节要素的不同，以及各要素的组合和相互关系不同，可以将产业化扶贫路径分为优势产业、企业（公司）、科技引导、合作社（协会）、专业市场等五种产业化扶贫模式（尧水根，2008）。郑瑞强等学者比较了贫困区域农村产业化的主要模式：一是抱团模式，注重产业引领，其中包含了龙头企业引领模式和合作经济组织引领模式；二是资源模式，关注产业关联，涵盖了乡村旅游模式和返乡创业带动模式；三是综合模式，重视规模效应，包括了集贸市场（工业园区）综合带动模式和智慧乡村建设模式（郑瑞强等，2016）。

不同地方围绕绿色农业产业化扶贫模式进行了不同实践，形成了不同的扶贫创新模式。孙雅静分析了我国农业产业化的几种成功模式（孙雅静，2006)，有“北芪模式”，即公司 + 生态农业产业化运作模式；“超大模式”，是由超大现代农业集团开创的一种农业产业化运作新模式，依靠的是科技人才的标准化模式；“光友模式”，是四川邹光友薯业有限公司探索出的一种“双哑铃”的经营结构，“双哑铃”指的是“科研—培训—生产”和“农户—公司—市场”，发挥市场网络的优势；“君临模式”，是广东茂名君临果业有限公司创造的农业发展模式；“漳州模式”，即绿色食品物流配送中心模式，与现代物流业衔接；“哈达模式”，即一种延长农业产业链的模式；以及“兴邦模式”，即产业化与专业化结合的模式。

具体而言，福建省漳州市在扶贫工作开展过程中，不断探索产业扶贫开发模式、探索适合贫困村发展的路子，并形成了五种典型的模式，分别是“公司 + 基地 + 农户”模式、“合作社 + 基地 + 农户”的模式、家庭农场带动发展的模式、由企业或科研单位对现有项目进行改造提升的模式以及村干部、能人带头创业的模式（方赐德，2016)。而且，形成了资金跟着穷人走，穷人跟着能人走，能人穷人跟着产业项目走，产业项目跟着市场走的产业扶贫模式。江西省在绿色农业产业化扶贫中，结合自身的实际，探索出了四种发展模式，即“科技园 + 农户”的发展模式、“主导农产品 + 龙头企业”的生产模式、“特色农产品 + 龙头企业”的农业产业化生态经济模式以及循环生态农业产业化发展模式（李瑶等，2010)。湖北省咸丰县在产业扶贫模式探索与创新的实践中，大力推进“121 + 3”的产业发展组织模式，即“对接一个龙头企业”；“组建两个合作社”，即金融互助社和专业合作社；“发展一个主导产业”；以及“三个社”，即县级一个专业合作社联合社、每个乡镇一个供销合作社、每个贫困村一个贫困户集体经济股份合作社，由此探索一条产业扶贫的新路径。陕西省平利县的“支部 + 社区工厂 + 贫困户”的扶贫模式强调的是支部指路、带头人引路、产业铺路，大力发展耗能低且无污染的社区工厂小微企业，为贫困人口增加就业机会，激活县域经济发展的内生动力，为平利的脱贫攻坚提供一条新路子。安徽省寿县作为国家扶贫开发重点县兼国家级历史文化名城的“双帽县”，一直致力于绿色农业产业化减贫探索出“寿县模式”，即与生态环境相结合、与绿色产业相对接的模式。

这些关于绿色农业产业化的成功模式经验坚持了可持续发展的理念，

走生态农业的道路，同时与各类人才的优势、组织创新、科技、市场、信息化和现代化相结合，值得我们借鉴和学习。

四、绿色农业产业化扶贫的典型案例

通过梳理国家精准扶贫政策体系中的绿色农业产业化扶贫工程的政策安排，在本节中，将选取山东省莘县和安徽省岳西县作为典型案例进行其绿色农业产业化扶贫经验的呈现与总结，了解该扶贫模式的实施情况及成效，试图为其他贫困地区的绿色农业产业化扶贫模式提供借鉴与参考。

（一）莘县的“产业+生态+扶贫”模式

山东省莘县，地处山东省西部，聊城市西南部，冀鲁豫三省交界处，总面积1420平方千米，总人口达105.37万人，是聊城市内面积最大、人口最多的县。全县辖24个镇（街道），1154个行政村，农业人口84.81万，耕地93745.16公顷，是典型的农业大县。莘县地处黄泛平原，土地肥沃，日照充足，农业生产长期以粮棉为主，是全国十大产棉县之一。由于产业结构单调，传统的粮棉生产效益不高，农民收入低而不稳。又因农户缺乏致富意识、缺乏种植技术以及因病因残丧失生产劳动力等，导致贫困人群频频增加，2015年1月，莘县有省定贫困村108个，建档立卡贫困户30762户、贫困人口72016人，是全省脱贫任务较重的县（市区）之一，也是聊城市扶贫任务最重的县之一。

随着扶贫攻坚号角的吹响，如何打赢扶贫战，成为政府工作的重点和难点。扶贫工作是一项长期性、艰巨性、复杂性的工作，只有在扶贫过程中找准病根、整合资源、因地制宜、精准施策，才能打赢这场“硬仗”。为此，县政府化劣势为优势，因地制宜发展绿色产业。从产业选择到产业扶持，再到市场培育，步步精心，稳步推进；从扶贫对象的识别到贫困人口的核定，再到贫困群众的帮扶，细化致贫原因，归类脱贫意愿，深度挖掘穷根。

结合莘县地区自然资源和贫困群体特点，创新扶贫开发方式，采取绿色产业扶贫专项行动，将绿色产业发展融入扶贫、脱贫工作的全过程和全领域，作为精准扶贫、精准脱贫的新内涵与新任务，形成绿色精准脱贫新模式即“产业＋生态＋扶贫”。该模式包括瓜菜种植扶贫、食用菌生产扶贫、畜牧养殖扶贫、林业扶贫、电商扶贫、光伏扶贫，具有低投入、高产出、低消耗、可循环的效能特点。“产业＋生态＋扶贫”模式根据当地不同的资源禀赋，实行不同的产业扶贫；根据不同的贫困群体，甄选不同的扶贫措施。使扶贫项目和资金重点向真正需要扶持的贫困户倾斜。这种扶贫模式不仅能够激发贫困户内生力，提高贫困地区可持续发展能力，而且突出了以人为本的扶贫理念，使不同环境、不同特点的贫困户合理地享受到政府和社会给予的扶贫资源，从而使脱贫致富步伐更坚实、更协调。

莘县在探索绿色精准扶贫“产业＋生态＋扶贫”的可持续发展道路的基础上，分别在瓜菜种植扶贫、食用菌生产扶贫、畜牧养殖扶贫、林业扶贫、电商扶贫、光伏扶贫工程的带动下，贫困村减少至38个，脱贫率为64.8%，贫困户减少至8409户，脱贫率为72.7%，贫困人口减少至1.5万人，脱贫率为79.2%。可见，绿色产业助力精准脱贫成效显著。同时莘县创新精准扶贫新模式，采用“扶贫＋扶志＋扶技、扶贫＋邻里互助式护理、扶贫＋企业＋合作社”三个模式支撑进行保障性扶持，确保绿色产业发展过程中每个要素都完备，将生态发展模式推向常态化、可持续化、可复制化。

“产业＋生态＋扶贫”是帮助贫困户脱贫的突破口，是确保贫困户脱贫的重要途径，也是确保贫困户脱贫不返贫的最有效方法；能有效整合土地资源、提高劳动力素质，齐心协力搞规模化绿色产业，发展生态经济。它打破了长期以来扶贫政策对贫困户的“大水漫灌式”“输血救助式”扶贫模式，既让不同程度的贫困对象能合理享受到国家给予的扶贫资源，破解了“扶贫到户”“精准到人”的难题，又发挥了当地资源优势，实现了低碳扶贫和可持续扶贫的结合；既创新了扶贫政策对贫困对象的“瞄准”机制，有效避免了“脱靶”现象，又创新了扶贫过程对贫困地区经济发展的“保障”机制，有效避免“数字脱贫”“脱贫返贫”现象，体现了科学发展观的本质要求，是新时期扶贫开发工作的生动典型实践。

（二）岳西县开发绿色“金元宝”的扶贫模式

岳西县位于安徽省西南部，与湖北省接壤，地处大别山腹地。岳西县耕地面积22.9万亩，其中海拔600米以上的耕地占60%以上。高山区夏季温凉的气候，不适宜水稻生长，易发生“青封灾”，种粮往往是“种一坡、收一锅”，当地农民经常食不饱腹，“时值九月冷异常，红薯野菜当细粮”是当时群众生活的真实写照。

该县扬长避短，化劣为优，利用高寒山区夏季温凉的气候和丰富的泉水资源，加快农业科技创新步伐，依托新型农业经营主体示范带动，积极引导和激励贫困户种植高山茭白，走出了一条山区农民的脱贫致富道路。岳西县坚持精准扶贫、精准脱贫国家基本方略，牢固树立绿色发展理念，立足县情，坚持绿色减贫、绿色发展道路，始终坚持把发展高山茭白作为关键载体，逐步形成了规模经营、示范带动、产业联动的产业发展格局。岳西县通过十七年的坚守，做大了一个产业，脱贫了一方百姓。

该县先后将茭白列入扶贫攻坚六大工程和农村经济发展的支柱产业，从组织、政策、资金上予以保障和扶持，并将茭白产业发展列入乡镇经济责任目标考核内容，引导乡镇加快发展。县财政每年安排250万元财政扶持资金，对茭白产业的“基地建设、新品种新技术试验示范、技术培训、水利基础设施建设、市场开拓、品牌建设”等方面给予扶持，对特困户、贫困户、一般户新发展茭白每亩分别补助400元、200元、100元。“十二五”以来，安排各类扶持资金达2500万元，有效地保障了茭白产业的稳定发展。岳西茭白实现了从无到有、从小到大、从弱到强的历史性跨越，规模化、专业化、产销一体化的特色正在形成，成为该县农村经济发展的特色主导产业。

其次在产业扶贫的过程中，充分依托科技发展。岳西县坚持抓好新品种引进和提纯复壮技术推广工作，保持高山茭白的优良品质；通过优良品种应用、标准化生产、产学研联合，岳西县茭白从最初每亩产量1100公斤、产值1500元，分别提升到每亩产量1400公斤、产值4000多元。

再次，发挥合作社的关键作用。通过“公司（合作社、家庭农场）+农户+基地”模式，采取统一提供生产资料、统一供应种苗、统一技术标准、统一品牌包装、统一收购销售的“五统一”方式带动贫困户发展茭白产业，引导贫困户利用发展资金入股和土地入股，取得分红，实现增收。安徽少威农产品进出口有限公司采取“免费提供种苗与技术+保护价收购”模式，与贫困户架起了一座“连心桥”，带动了一大批贫困户脱贫增收。

最后，则是发挥市场的优势，创建特色品牌。岳西县突出打好“生态牌、安全牌、知名牌”三张王牌。生态方面，倡导绿色生态种养模式；安全方面，从投入品控制入手严把产地准出关；知名度方面，不断加大品牌宣传推介力度，全方位报道茭白产业发展和助推精准扶贫的经验和做法，极大地提高了岳西茭白的知名度。

产业扶贫是解决贫困群众、贫困地区生存和发展的根本手段，是脱贫的必由之路。山东省莘县和安徽省岳西县的绿色农业产业化扶贫模式充分体现了绿色资源开发和生态环境保护能够较好地兼顾。两个典型案例都强调了龙头企业对贫困人口的带动作用，以及依托科技探索新型扶贫工程等方面的优势，同时也都依据当地特有的绿色资源，打造特色的绿色经济，寻找适合本地发展的最优配置。此外，岳西县将茭白视为发展的“金元宝”，更加强调品牌和市场的建立；而莘县则从瓜果、菌菇、畜牧、林业等多个方面实现该县的多方全面发展，与此同时，更加注重邻里互助以及合作社的作用，实现产业发展、生态保护以及扶贫成效的统一。

在国家的顶层设计之下，省市县在落实中需要根据各地的实际情况因地施策。典型案例中的样板县的扶贫模式中有一些一般性的经验可以值得其他贫困地区借鉴，但是与此同时，也应当考虑到本地区发展的特殊性，需要在一般意义的基础上突出重点。究其最终目标，则都是探索绿色农业产业化扶贫之路，创新生态发展模式，利用绿色资源实现减贫。

五、小结

当前，绿色农业产业化扶贫模式的实践在取得一些成就的同时，也存在一些问题。主要是产业化扶贫顶层设计不到位，政府在绿色农业产业化的推进过程中投入力度不够；产业发展的内生动力不足；产业精准度低，带动力不足；产业化组织模式陈旧，基础设施薄弱；人们对绿色农业产业化的认识还需要提高；有时候过度重视经济发展而忽略了对生态环境的维护等方面。探索今后绿色农业产业化发展的路径和方法，加快转变绿色农业产业化的发展方式，推动农业生产经营的专业化、标准化、规模化、集约化等，更进一步地推动绿色农业产业化，努力构建引领绿色农业产业化扶贫模式的典型和模板。

贫困地区有着自身的资源优势，通过产业化经营，能够增强贫困地区资源优势转化为经济优势的能力，一方面直接增加了贫困户的经济收入，另一方面也扩大了贫困户的就业，提升了其技术水平。产业化扶贫，是以增加农民收入为目标，通过扶持龙头企业，培育专业技术合作社和经营合作社，带动贫困地区农业产业结构调整，形成若干骨干产业，进而促进区域经济发展的一种扶贫模式。绿色农业产业化的扶贫模式是带动贫困村、贫困人口脱贫增收的有效政策模式。按照“五个一批”的要求，在全面建成小康社会的背景下的脱贫攻坚的过程中，要通过产业发展的方式带动贫困人口脱贫。

首先，要转变发展观念，在新常态经济的背景下，贯彻“创新、协调、绿色、开放、共享”五大发展理念。一方面要树立统筹发展的理念，从整体出发进行总体扶贫规划；另一方面也要树立生态优先考虑的观念，真正构建绿色农业产业化扶贫的格局。其次，政府应该加大投入和支持力度，坚持政策引导，同时要有针对性地突出重点，为贫困地区和贫困人口的发展提供契机，同时也要加大资金的投入力度，为其提供金融支持。再次，在提高人口素质方面，要加大农民的技能培训力度，提高其生产技能，增强主观能动性，培养新时代高素质的农民，同时普及绿色农业产业化的知识，提高人民群众的认识水平。第四，是在科技创新方面，绿色农业对于科技具有高度的依赖性和内在的迫切要求，科学技术面对绿色农业，自身也亟待不断创新，以适应发展形势。要加大绿色农业技术的研发与应用，凭借高新技术进行发展，正所谓“科学技术是第一生产力”，要将科学技术应用到绿色农业生产中去，真正地将科技转化为经济效益。最后，要结合地方的实际，因地制宜。依据地方特有的绿色资源，对发展的产业进行产业定位，并形成自身发展的品牌，更好地回应贫困人口对于发展的需求。

绿色农业产业化的扶贫模式在国家贫困治理体系中的作用至关重要。未来在这一扶贫模式的开展中，绿色农业产业化的发展将会带动龙头企业发展加快，形成新的经济增长点和绿色产业带，同时实现产销一体化的绿色农业产业化的体系，同时自主科技创新将会成为发展的主流。由此，不仅能够带动贫困地区、贫困人口的脱贫增收，实现全面建成小康社会的目标，而且能够在生态环境和资源保护的限度内发展，真正实现全面协调可持续，增强社会和个人的幸福感。

参考文献

[1] 北京师范大学中国扶贫研究中心课题组张琦，施发启，宋涛，许凌筠，石新颜．中国绿色减贫指数研究总论［J］．经济研究参考，2015（10）．

[2] 尧水根．产业化扶贫模式研究［J］．老区建设，2008（24）．

[3] 严立冬，何伟，乔长涛．绿色农业产业化的政策性金融支持研究［J］．中南财经政法大学学报，2012（2）．

[4] 李瑶，张志奖，付英，周海波，黄千红．江西绿色农业产业化发展模式及对策研究［J］．江西农业学报，2010（7）．

[5] 严立冬，孟慧君，刘加林，邓远建．绿色农业生态资本化运营探讨［J］．农业经济问题，2009（8）．

[6] 景侠，董智美．黑龙江省绿色农业产业化发展研究［J］．北方经贸，2009（2）．

[7] 杨唐盛，张长厚．浅析绿色农业产业化经济的发展［J］．商场现代化，2006（25）．

[8] 张瑞锋，黄红蒲．推进绿色农业产业化的对策研究［J］．中国农机化，2005（5）．

[9] 方赐德．产业化扶贫中面临的问题及对策建议——基于福建省漳州市产业化扶贫的思考［J］．经济师，2016（12）．

[10] 胡士华．绿色农业产业化发展与财政金融支持［J］．产业观察，2006.

[11] 孙雅静．农业产业化发展模式研究［J］．理论学刊，2006（12）．

[12] 申鹏．贫困地区绿色农业产业化经营发展研究［J］．中国农业信息，2016（20）．

[13] 严立冬，屈志光，邓远建．现代农业建设中绿色农业发展模式研究［J］．农产品质量与安全，2011（4）．

专题研究报告之二：

绿色生态旅游扶贫模式分析

贫困治理与生态文明建设相结合是习近平贫困治理思想的重要内容。《十三五脱贫攻坚规划》明确将坚持绿色协调可持续发展作为脱贫攻坚的基本原则，要求“牢固树立绿水青山就是金山银山的理念”，“探索生态脱贫的有效途径，推动扶贫开发与资源环境相协调”。发展绿色生态旅游扶贫顺应了贫困地区实现绿色协调可持续发展的要求，是贫困地区绿色减贫的重要路径，是践行习近平贫困治理思想的重要模式创新。

一、绿色生态旅游扶贫的意义背景

（一）发展绿色生态旅游扶贫的背景

贫困的梦魇，一直困扰着人类的生存和发展，人类的发展史也是一部反贫困史。贫困问题也是困扰中国发展的重大民生问题。1978 年改革开放之后，中国政府在致力于经济和社会全面发展的进程中，全面实施了以解决贫困人口温饱问题为主要目标的大规模扶贫开发，极大地缓解了贫困现象。当前，中国已经进入到全面建成小康社会的脱贫攻坚阶段。这一阶段脱贫攻坚依然面临着贫困人口众多、减贫难度增大、减贫时间紧迫的严峻形势。想要如期实现 2020 年贫困人口全部脱贫的目标，必须创新贫困治理的模式，为全面小康的脱贫攻坚提供新的驱动。绿色生态旅游扶贫是贫困治理的重要模式创新，是实现贫困地区绿色减贫的重要路径，能够有效推动脱贫攻坚的进程。绿色生态旅游扶贫模式可弥补传统扶贫模式的缺陷，系统地解决贫困地区经济、社会、生态协调发展的问题。贫困地区发展绿色生态旅游扶贫具备良好的条件。一方面，贫困地区丰富的生态旅游资源为绿色生态旅游扶贫奠定了基础。我国的贫困地区一般处于革命老根据地、边远地区、少数民族地区的边境山区，人文和自然资源未受到破坏，自然生态系统保存完好，蕴藏着极其丰富的绿色生态旅游资源。可以将贫困地区的生态资源与扶贫开发进行有机结合，充分发挥贫困地区的生态资源优势。另一方面，国家生态发展的战略为绿色生态旅游扶贫提供了契机。十八大以来，习近平总书记形成了以绿色为导向的生态发展观，他提出了“绿色 GDP”概念以及“绿水青山就是金山银山”等战略，推动着我国绿色生态旅游扶贫的顶层设计。2012 年 7 月，国务院扶贫办和国家旅游局签署了合作框架协议，共同探索新时期旅游扶贫新模式。2016 年 9 月，国家旅游局、国家发展改革委、国土资源部等 12 个部门制定并印发的《乡村旅游扶贫工程行动方案》提出，“十三五”期间力争通过发展乡村旅游带动全国 25 个省（区、市）2.26 万个建档立卡贫困村、747 万贫困人口实现脱贫。可见，发展绿色生态旅游扶贫不仅是国家贫困治理模式创新的需要，也拥有良好的发展契机。

贫困地区发展绿色生态旅游扶贫具有重要的意义。其一，绿色生态旅游扶贫能带动相关产业发展，增进扶贫成效。绿色生态旅游产业是高度关联的经济型产业，需要多个部门的支持与配合，反过来它又可促进和带动各个部门和行业的发展。绿色生态旅游产业能够为贫困地区创造更多的就业机会，从而解决贫困地区的农村富余劳动力问题。此外，通过发展绿色生态旅游产业可加强与外界交流、增进了解，促进招商引资，为旅游业和相关产业创造新的增长点。其二，绿色生态旅游扶贫可有效改变区位条件的约束，充分发挥资源优势。贫困地区大多位于边远山区，区位条件是制约贫困治理的一个关键因素，但是贫困地区蕴藏着丰富的生态旅游资源，充分发挥资源优势可有效改变区位条件的制约。绿色生态旅游扶贫可以做到因地制宜，发挥资源优势，改变区位条件的约束，挖掘具有民族文化内涵和地方特色的旅游产品，突出特色产业，树立当地的旅游形象，从而促进区域经济的协调发展。其三，绿色生态旅游扶贫可加强生态保护的意识，推动贫困地区可持续发展。绿色生态旅游业合理利用生态资源发展生态产业，推动了产业结构的优化升级和贫困地区人们观念的更新，减少了对自然资源的过度依赖，加强了环境保护意识，正是将“绿水青山”变成“金山银山”的生动写照。以生态保护优先的绿色生态旅游扶贫将绿色生态资源转化为生态资本要素并融入区域经济社会发展之中，推动了贫困地区社会经济的可持续发展。

（二）绿色生态旅游扶贫的相关概念

1. 绿色发展

由联合国开发计划署出版的《2002年中国人类发展报告：让绿色发展成为一种选择》中对中国绿色发展做了深刻的阐述：绿色发展强调经济增长与环境保护的统一与和谐发展，是一种以人为本的可持续发展方式。十八届五中全会把绿色发展列入新发展理念，从内涵看，绿色发展是建立在生态环境容量和资源承载力的约束条件下，将环境保护作为实现可持续发展重要支柱的一种新型发展模式。具体来说包括以下几个要点：一是要将环境资源作为社会经济发展的内在要素；二是要把实现经济、社会和环境的可持续发展作为绿色发展的目标；三是要把经济活动过程和结果的“绿色化”“生态化”作为绿色发展的主要内容和途径。

2. 旅游扶贫

关于旅游扶贫的概念，国内相关学者均给出了自己的见解。有研究者指出，旅游扶贫是指通过开发贫困地区丰富的旅游资源，兴办旅游经济实体，使旅游业形成区域支柱产业，实现贫困地区居民和地方财政双脱贫致富①。也有研究者指出，旅游扶贫开发是以贫困地区旅游资源特色为核心，开发具有独特优势和较强市场竞争力的旅游产品，带动相关产业发展，增加贫困地区“造血机能”，实现贫困地区人民脱贫致富的一种开发型扶贫方式。② 总体来看，旅游扶贫是通过对贫困地区旅游资源的合理开发利用，发展旅游业并促进相关产业的发展，从而增强贫困人口自我发展的能力，

① 丁焕峰．国内旅游扶贫研究综述［J］．旅游学刊，2005（5）．

② 李嘉，朱创业等．四川苍溪县旅游扶贫开发的实践研究［J］．国土与自然资源研究，2005，（4）．

实现贫困地区脱贫致富。旅游扶贫至少有以下几层内涵：一是开发贫困地区丰富的旅游资源；二是开发旅游产品带动相关产业的发展；三是促使贫困地区经济、社会、生态的全面协调发展。

3. 绿色生态旅游扶贫

绿色生态旅游具有保护当地的绿色生态资源和提高当地居民收入的双重目标，是一种可持续性旅游扶贫战略。[①] 绿色生态旅游扶贫是指在欠发达地区或者民族地区，以当地绿色生态旅游资源为依托，在其他外部推动力量的基础之上扶持当地特色生态旅游业发展，通过旅游业对其他行业的带动性而加快实现群众脱贫奔小康的目标。[②] 总体来看，绿色生态旅游扶贫至少有以下几层内涵：一是要保护当地的绿色生态环境，走可持续发展的道路；二是要将生态环境和扶贫开发结合，绿色生态旅游的发展要为当地贫困人口谋福利，通过生态资源的合理开发，达到经济效益、生态效益和社会效益的最大化。

（三）绿色生态旅游扶贫的理论基础

1. 系统发展理论

系统论的核心是立足于整体的观念，能够纵观全局，整体动态地去把握系统、要素、环境三者之间的关系。党的十八大，习近平提出了经济、政治、文化、社会、生态文明建设“五位一体”的总布局，也体现了建设中国特色社会主义要系统协调发展的思想。旅游扶贫涉及社会、经济、文化、生态等多个子系统，也遵循统一的运动规律。因此，运用系统发展理论，将绿色生态旅游扶贫当作一个开放的系统，分析绿色生态旅游产业和扶贫各系统与要素之间的互动机制，依托生态资源，进行系统化的旅游开发设计，进而更好地使绿色生态旅游产业与扶贫相融合。

2. 区域发展理论

贫困问题首先是区域问题，区域发展理论中的地域式发展理论强调本

---

① 王军军．漓江流域生态旅游扶贫开发研究［D］．广西师范大学，2008.

② 刘益，陈烈．旅游扶贫及其开发模式研究［J］．热带地理，2004（4）.

地区人民参与区域规划过程的重要性，它为个人和地域组织提供更多的发展机会，并且为政治、社会、经济上的共同利益而发挥其所有能力与资源。习近平指出，“推进扶贫开发要坚持从实际出发，因地制宜，理清思路、完善规划、找准突破口。”的思想，对于因自然、民族、历史等原因使常规扶贫模式难以奏效的集中连片贫困地区，采取区域开发、综合治理的思路，让当地居民参与到旅游扶贫开发的工作中来，充分利用当地丰富的绿色生态旅游资源，顺畅区域资源要素，因地制宜地将区域的资源转化为资本，改变农村地区性贫困，使贫困人口快速脱贫致富。

3. 可持续发展理论

可持续发展理论涉及可持续经济、可持续生态和可持续社会三方面的协调统一，它将环境问题与发展问题有机地结合起来，要求人类在发展中讲究经济效益、关注生态和谐和追求社会公平，最终达到人的全面发展。旅游可持续发展是指以资源和生态环境承受能力为基础，以符合当地经济和文化发展状况为标准，实现旅游资源的永续利用，促进旅游发展的经济效益、社会效益和生态效益的统一。与此同时，旅游业的合理发展也有助于改善产业结构、改变开发和利用资源的方式，因地制宜地将绿水青山转化为绿色的金山银山，实现可持续减贫和绿色发展。

二、绿色生态旅游扶贫的政策演变及导向

1. 第一阶段：自发阶段（20 世纪 80 年代）

随着改革开放的深入，人民生活水平不断提高，更加注重生活质量，一些老、少、边地区开始萌生利用当地的旅游资源，发展旅游产业，以走上发展的道路。20 世纪 80 年代后期，国家“七五计划”中，旅游业被正式纳入国民经济和社会发展计划。一批贫穷落后、但拥有较高质量旅游资源的地区得到了国家和地方资金有计划的支持，开始了有计划的旅游资源开发工作，取得了显著成效。这个阶段的旅游资源开发主要是基于地区发展的考虑，旅游业成为地区产业的重要力量，主要由地方政府在组织实施，但是并没有明确地将旅游资源的开发与贫困治理相结合，可视为绿色生态旅游扶贫的自发阶段。

2. 第二阶段：发展阶段（20 世纪 90 年代）

各地区旅游业的不断发展，促进了当地经济的发展，其地位和功能引起了全国各地的重视。贵州在 1991 年全国旅游局长会议上明确提出了"旅游扶贫"口号，标志着旅游业作为一种反贫困的有效手段正式被旅游管理部门重视。1993 年国务院下发《关于加快国内旅游发展的若干意见》文件，是第一部有关国内旅游发展的顶层设计，标志着中国旅游发展进入了一个新的阶段。1996 年，国家旅游局在旅游发展调研中把旅游扶贫问题选为重要议题之一。同年，国务院扶贫办召开全国旅游扶贫工作会议，对旅游扶贫开发工作进行了专题研究，正式开启了政府主导的旅游扶贫模式。1998 年国务院开始发行长期建设国债，其中一部分是旅游国债。旅游国债的发行区域主要是贫困地区，主要项目是贫困地区的旅游基础设施项目。这一阶段旅游扶贫成为我国贫困治理的重要模式之一，有效推动了我国贫困治理的进程。

3. 第三阶段：创新阶段（21 世纪开始至今）

进入 21 世纪，随着我国扶贫工作的不断深入，绿色生态旅游发挥着越来越重要的作用。与此同时，旅游扶贫也逐步被纳入到扶贫开发的战略体系，在实践中不断创新发展。2002 年 1 月召开的全国旅游工作会议进一步提出了"试办国家旅游扶贫试验区"的工作设想和具体意见，正式开启了旅游扶贫工作创新的序幕。2005 年，国家旅游局制定了《中国旅游业发展第十一个五年规划纲要》，明确规定了"十一五"期间我国旅游扶贫的相关行动背景、行动目标、行动内容及行动方式。这成为新时期我国旅游扶贫工作的行动纲领和指导性文件。2010 年，国家旅游局编制了《中国旅游业"十二五"发展规划》指出把旅游业培育成国民经济的战略性支柱产业。这确立了旅游业的战略地位，发挥了旅游产业的作用。2012 年 7 月，国务院发表的《关于鼓励和引导民间资本投资旅游业的实施意见》指出要坚持旅游业向民间资本全方位开放，通过民间资本推进旅游产业投资。此政策发展了社会企业，拓宽了投资渠道，带动了经济增长，解决了就业困难，保障了村民的收益。2015 年 1 月《国务院关于促进旅游业改革发展的若干意见》指出大力发展乡村旅游。加强乡村旅游从业人员培训，鼓励旅游专业毕业生、志愿者和科技工作者驻村帮扶，为乡村旅游发展提供智力支持。此《意见》促进了本土旅游人才的培养，加强了旅游地人才资源市场体系的完善。2016 年 9 月，国家旅游局、国家发展改革委、国土资源部等 12 个部门制定并印发《乡村旅游扶贫工程行动方案》确定了乡村旅游扶贫工程的五大任务和提出了将实施乡村旅游扶贫八大行动，科学地制定了旅游发展规划，有利于宏观调控的规范化进行。国务院 2017 年中央一号文件指出：充分发挥乡村各类物质与非物质资源富集的独特优势，利用“旅游 +”“生态 +”等模式，推进农业、林业与旅游、文化等产业融合。这一阶段的政策为绿色生态旅游扶贫提供了行动指南，涉及基础设施建设、资金筹措方式、旅游人才培训、生态环境保护等。

从政策演变来看，可以发现绿色生态旅游扶贫创新发展的历程。20 世纪 80 年代，政府仅仅将旅游产业作为经济发展的一种推动方式，20 世纪 90 年代，旅游产业与扶贫开发正式结合，成为扶贫开发的一种辅助模式，21 世纪以来，旅游扶贫正式上升到扶贫开发的战略高度，并对发展理念、参与主体、资金来源、运作模式等进一步创新，特别是将绿色发展和生态保护与扶贫开发结合，为未来贫困地区的绿色生态旅游扶贫指明了方向。

三、绿色生态旅游扶贫的创新模式

（一）地域模式

1. “车溪模式”

车溪是以民俗文化生态旅游为特色，运用“文旅融合模式”，促进当地贫困农户脱贫。“文旅融合模式”是将民俗文化与旅游业相融合，在民俗文化浓厚的贫困地区融合自然风光，重点挖掘民族地区所蕴含的文化内涵、民族风情风俗、生活特色、生产特点等，通过贫困村民参与民俗文化项目的经营，最终帮助贫困村民走上致富的道路。该模式的特点为：（1）重点挖掘三大特色文化，拓宽贫困农户就业路。车溪重点挖掘和展示三大特色文化，为贫困农户提供更多的就业途径。一是土家文化，贫困村民通过参与土家山歌、堂戏、皮影戏等 30 余套的民间歌舞戏曲节目表演，以此增加就业渠道；二是农耕文化，开发出古造纸作坊、酿酒作坊、铁匠铺等，每个场馆主要由当地的贫困村民负责经营管理。三是“公社”文化，在王家坝人民公社旧址里，将“文革”时期的标志物品进行陈列展览，由当地贫困村民参与景区的维护与管理。(2) 以“梦里老家”为特色，形成文旅扶贫品牌。车溪以“梦里老家”为主题建设了民俗旅游区，以“土家窗口”“公社文化”“水车之乡”三大民俗旅游景区来突出特色，唤醒游客儿时的记忆和浓郁的“老家”情结。打响了该地绿色生态旅游扶贫的品牌，使贫困地区的游客接待量不断攀升，带动了贫困地区旅游业的发展，促进了该地区经济的发展。(3) 社区共同致富，成果共享。该地绿色生态旅游开发为每户贫困村民的发家致富搭建了广阔的平台，实现人人都能参与旅游扶贫，比如男人抬轿子、女人开馆子、孩子盘店子、爹爹做车子（水车纪念品）、婆婆看摊子、能人开厂子等，让大多数的贫困家庭都从参与旅游业的经营中获得收入，劳动成果由参与劳动的贫困村民共享。

2. “朗德上寨模式”

郎德上寨绿色生态旅游扶贫主要采用的是“社区参与模式”，“社区参与模式”是以以人为本、全程参与、社区自主、利益均衡为原则，以贫困农户利益为主体，充分听取贫困农户的意愿，培养贫困农户自主参与旅游开发的决策、实施和利益分享等，提升贫困农户旅游参与能力，以此推动贫困地区的经济发展和贫困农户就业增收。其模式的特征如下：

(1) “村民组织 + 村民”形式的广泛参与

郎德上寨以苗寨民族文化风情为特色，农户组建成村组织，村组织负责与旅行社接洽安排村民进行民俗表演。自下而上形成决策，与本村旅游相关的重要事件，都需经过全村村民共同讨论决定。村民自行组织修建旅游的基础设施，还参与旅游接待，包括游客进入苗寨前给游客敬酒、出售苗寨工艺品、表演苗族歌舞、开办农家乐以及提供苗族特色美食和住宿，从满足游客的食宿购物需求中获取收入。

(2) 以分计酬，按劳分配

坚持以传统的“工分制”为基础，村民主要参与民俗表演获得劳动工分，比如拦路酒、歌舞表演、芦笙等，之后由成立的村民组织按照村民参与旅游接待的贡献程度记工分，到了月底或年底分配相应分值的现金，旅游开发所获得的利益由村民自己支配，贫困村民由务农获取收入转变为依靠旅游表演赢得收入。

（3）照顾弱势群体，注重公平

朗德村民遵循人人平等的原则，认为每个村民都有参与旅游接待并从中获得利益的权利，不管性别与年龄，男女老少都可以参与到旅游接待、旅游表演中来，全村民参与，全村民皆获得利益。同时，工分制制度中的一些规定也向老人、妇女和儿童倾斜，体现了公平原则。

3. “石柱模式”

石柱采用“农旅结合模式”帮助贫困户成功脱贫。“农旅结合模式”是依托贫困地区丰富的绿色生态资源，将旅游景区内的农事和旅游有机结合起来，以贫困乡村农田风光、农业生产活动和特色农家产品为旅游吸引物，开发各式各样的农旅活动，引导贫困农户在旅游景区内以从事农业活动致富。该模式呈现出以下特点：

（1）以“康养”为主题，引领贫困地区旅游产业融合

石柱县大力发展以“观养、住养、动养、文养、食养、疗养”六养为主题的康养产业，该县每年举办莼菜文化节、星光花海旅游文化节、星光摇滚音乐节、露营狂欢月等节庆活动，游客通过参与节庆活动的接待与经营，增加收入。此外，大力开发康养产品，着力打造康养旅游品牌，吸引众多游客到该地旅游，为该地经济发展做出贡献。

（2）贫困农户自主修建农家乐

石柱是避暑乘凉的胜地，在夏季游客数量呈上升趋势，住房资源供不应求。因此，政府鼓励当地的贫困农户大力兴办农家乐，贫困农户纷纷修建农家乐开放迎客，政府对住宿标准验收合格的农家乐一次性发放 3 万元补助，还对开办农家乐的贫困农户进行专业的餐饮服务培训。游客在农家乐中住农房、吃农菜，享受美好的休闲度假时光。依托当地凉爽的气候和优美的自然环境，农家乐的兴办为贫困农户实现了盈利。

（3）以修建观光休闲农业产业基地，带动贫困户脱贫

石家乡和山娇村重点以莲藕产业为基础，打造观光农业基地。政府自

筹资金从璧山县引进优质藕种20万斤，并将种子免费提供给贫困农户，同时派驻专业技术人员，指导贫困农户种植、管理，打造美丽荷塘，从而吸引游客前来观光欣赏。另外，修建了玉皇殿生态休闲农业观光园，该园集观光、采摘、休闲娱乐于一体，园区吸纳当地的贫困农户就近务工，带动更多贫困农户脱贫致富。

（二）“双带双加”模式

1. “景区带村”

“景区带村”是以景区景点为载体，利用贫困村天然的生态优势资源，将贫困村重新规划和打造，开发为旅游景区，大力培育特色乡村旅游景区和旅游路线。通过乡村景区的建设、乡村基础设施的完善，引导贫困村民参与到绿色景区旅游开发中来，村里的贫困户开办特色农副产品商店，为游客提供餐饮与休息场所。同时贫困村民从事旅游产品的销售以及旅游接待服务方面的工作，在景区开发所带来的就业机会中实现收入的增加。

2. “能人带户”

“能人带户”是有丰富管理经验、经济实力强、能力强的成功人士回乡创业，发挥能人的技能、经济、创业优势，投资开发绿色生态旅游项目，带动身边的贫困户实现就业。第一，多样化途径带动脱贫。包括让贫困户土地入股，公司开发蔬菜果园基地，贫困户自己进行种植，最后卖出的收入按照入股份额分给贫困户；针对闲散的贫困户在景区开发中提供打零工的机会，拉动贫困户就业。第二，挖掘村民骨干，先富带后富。扶持和培养组织能力强、文化素质高的贫困户来从事绿色生态旅游扶贫相关的产业，让这批有能力的贫困户先富起来，实现先富带后富。

3. “合作社＋农户”

“合作社＋农户”是从事种植或者养殖产业的农户自愿组织起来，形成专业合作社。以上联市场、下联农户为特点，组织农户按照市场的需求有针对性地进行种植业养殖，由合作社给农户提供种植或养殖的技术，对外销售农产品，带动农户发展优势产业，实现市场与农户的有效对接。

同时，贫困农户可出资金、土地、林地或生产要素入股合作社，想进行种植或养殖的农户到合作社领取幼苗或幼羊，合作社提供技术支持，最后合作社以市场价格进行收购。不愿意种植或养殖的农户可以根据入股的资金或土地份额按规定比例年底进行分红。

4. “公司＋农户”

“公司＋农户”是在政府的扶持和引导下，旅游公司到贫困村进行旅游项目的开发，负责景区的经营管理，优先安排就业困难、经济困难的贫困户顺利就业。第一，照顾性安排贫困农户就业。公司始终倾向于贫困户，根据每户家庭不同的情况，照顾性地安排贫困村民参与景区的日常管理，推动贫困人口收入稳步增加。第二，优势互补，相互合作。贫困农户与公司建立形成一种长期的合作关系，公司为农户所居住的村寨提供技术支持，农户则为公司旅游开发提供所需的劳动力，两者在绿色生态旅游服务开发中都能共同获利，彼此协同发展。

四、绿色生态旅游扶贫的减贫机理

绿色生态绿色扶贫是我国扶贫脱贫实践中探索模式，其扶贫脱贫机制与一般的扶贫机制是有差异的，对此，需要我们进行认真的分析和把握。

（一）绿色生态旅游与减贫的关系

我们认为，绿色生态旅游与减贫之间存在着密切关系，这种关系，在新时代中国脱贫攻坚战的特殊历史时期，更加明显。

1. 绿色生态旅游的目标与减贫的目标相契合

绿色生态旅游是以尊重自然、保护生态环境平衡为前提，以自然绿色生态资源为基础，对自然生态资源进行开发，倡导的是一种绿色消费。一方面，绿色生态旅游开发的项目都是属于绿色产业，这样便容易形成一种循环经济，能够维持资源利用的可持续性。绿色生态旅游的最终目标是要促进绿色社会、和谐社会的建设以及区域的可持续性发展。另一方面，贫困地区脱贫不能以破坏环境作为代价，在如今这个倡导绿色发展的社会，减贫的真实目的不是仅仅完成经济和物质层面上的脱贫，而是要保持贫困人口收入增长的可持续性，实现区域的和谐发展，这样才能真正实现变

“绿水青山”为“金山银山”①。

2. 绿色生态旅游为减贫提供资源优势

贫困地区往往是自然资源比较丰富的地方，受到的环境污染较少，具有得天独厚的绿色自然资源和民族文化资源。绿色生态旅游利用的是对自然生态环境的开发、生态结构的优化，在保护生态环境、实现绿色增长的原则中带动旅游业的发展。而减贫根据资源合理利用这一原则，依托贫困地区的绿色生态资源，用绿色生态资源形成当地独特经济优势。通过深入挖掘贫困地区的生态经济潜力，在旅游开发中让农户获得就业的岗位和农业经营项目。有了绿色生态资源这一基础，才能进行有效的旅游开发，最终达到让贫困农户依靠绿水青山实现脱贫致富。

3. 绿色生态旅游为贫困居民减贫创造就业

贫困山区的村民大部分靠务农为生，就业方式单一。而绿色生态旅游系统的开发，会出现大量与景区项目相关的就业岗位，包括技术性岗位、管理性岗位、务农性岗位等，是贫困村民实现就业的一个良好机会。根据就近就业和减少人力资本的原则，这为贫困居民根据自己的实际情况和能力选择相适应的就业岗位创造了一个良好的平台，实现了贫困居民通过多种渠道的就业来增加收入，减少贫困。总之，绿色生态旅游开发的直接受益人群是贫困村民，在绿色生态旅游中创造就业平台，让贫困村民直接受益，完成减贫发展。

（二）绿色生态旅游减贫的成效

1. 提供就业岗位，创造贫困人群自主创业的机会

第一，提供就业岗位。旅游公司在对自然生态资源进行旅游开发时，给当地的农户提供了较多的就业岗位，就业机会增多，吸纳了大量妇女、年轻人、无技术或技术水平低的人员就业，促进贫困农户收入增加，部分农户通过参加技能的培训，增强了通过绿色生态旅游脱贫的意识，从而实

---

① 莫光辉．绿色减贫：脱贫攻坚战的生态扶贫价值取向与实现路径——精准扶贫绩效提升机制系列研究之二［J］．现代经济探讨，2016，（11）：13.

现减贫。第二，通过绿色生态旅游实现自主创业。贫困地区旅游业的发展，为当地贫困农户提供了较多的自主创业的机会，比如兴办农家乐、开办旅游产品商店、开办餐馆和酒店等，充分挖掘贫困农户自我发展的潜力，拓展了脱贫致富的空间，提升了贫困农户参与绿色生态旅游事业的积极性和主动性。

2. 促进贫困地区经济的持续增长，带动旅游业快速发展

其一，绿色生态旅游拉动地区生产，促进当地消费。首先，拉动地区生产。市场和游客的需求促使该地生产出一些旅游的衍生品，比如纪念品。同时合作社和基地的建立，产出种植业及养殖业等相关的农副产品。其次，促进当地消费。游客旅游有就餐和休息的需求，贫困户农家乐的开展可以满足这一需求；部分游客还会在当地购买特色的农产品或者纪念品。地区生产和消费的拉动实现了贫困地区经济的持续增长。其二，带动旅游业快速发展，绿色生态旅游地域知名度提高。如今，社会大众在生活质量提高的基础上更加追求精神层面的享受，绿色自然风光也一直备受大家青睐，自然风景区所接待的游客量与以往相比大幅增加，为资金引入创造了条件，吸引更多的企业投身到绿色生态旅游开发中来，推动了旅游业的发展。旅游人数的增加及各种媒介方式的宣传，产生名牌效应，提升了对绿色生态旅游地域的知晓度。

3. 成为脱贫攻坚的重要力量，加快脱贫攻坚的步伐

第一，在脱贫攻坚中发挥至关重要的作用。绿色生态旅游项目的开发，为现阶段脱贫攻坚提供了新的思路和途径，同时绿色生态旅游的理念与减贫理念想契合，都是为了实现绿色发展和经济循环，为促进脱贫攻坚奠定了理论基础。绿色生态旅游业的逐渐兴起，给脱贫攻坚带来新的希望，绿色生态旅游扶贫与其他扶贫方式相比，以强大的市场优势、新兴的产业活力、强劲的造血功能、巨大的带动作用助力脱贫攻坚，使绿色生态旅游扶贫在脱贫攻坚中发挥着越来越重要的作用。第二，促进脱贫攻坚进程加快。打赢脱贫攻坚这场硬仗，产业扶贫极为关键，而以绿色生态旅游为主的旅游业在发展过程中也相应地带动了其他产业的发展，比如种植业、养殖业、林业、渔业等，发展出与旅游业相关的一系列产业链条。以绿色生态旅游业为主，集中各项优势产业力量资源攻坚克难，加快了现阶段脱贫攻坚的实现进程。

（三）绿色生态旅游减贫的机制

通过绿色生态旅游实现减贫需要开发绿色生态资源，那么各地绿色生态资源就成为开发的主体，实施主体则包括政府、企业和农户，在减贫过程中这三个主体都不可或缺，它们相互作用、相互影响。通过利益链接机制、参与机制、合作机制和监督机制有效处理了三者之间的关系。

1. 利益链接机制

在绿色生态旅游扶贫中，政府、龙头企业和农户发挥着不同的作用，三个主体之间的利益分配关系通过多种利益分配方式表现出来，如股份合作、土地流转等。三者之间的利益链接机制以利益分配关系为基础，实行“政府 + 企业 + 农户”的利益链接机制，企业因政府的合理规划展开绿色生态旅游项目实施，贫困户因企业的带动而脱贫，政府、企业与农户三者形成了相对稳定的平等互利的关系，。政府、企业和农户在景区项目发展中共同受益，三者利益共享，结成了利益共同体。

2. 参与机制

一是政府参与政策制定与绿色生态资源开发的整体规划。政府认真分析各地绿色生态资源的功能分布情况，以减贫为目标合理规划各种方案，制定扶持当地绿色生态旅游的相关政策。二是企业参与景区开发与经营管理。一方面，企业积极参与景区项目开发与设计、基础设施建设、公路桥梁修建等，对整个景区进行有效的经营管理，为绿色生态旅游提供了良好的技术支持。另一方面，旅游企业经验较丰富、资金充足，能够更好地分析旅游市场局势，促进绿色生态旅游与市场经济接轨，为景区开发奠定经济基础。三是农户参与政策制定、农业经营。在绿色生态旅游减贫中，贫困农户是利益主体，农户有权表达自己的需求，为政府决策建言献策，政府所制定的政策要体现农户的真实需求。农户通过种植养殖、农家乐的兴办、旅游特色产品商店的开办等，参与到景区经营中来。

3. 合作机制

在绿色生态旅游减贫中，政府、企业和农户是相互合作的模式。政府对企业进行引导调控，主要发挥引导协调的作用，同时保障贫困农户的利益；旅游企业在开发主体中投入资金和技术，同时为贫困农户提供就业岗位；农户在旅游开发中主要从事农业方面的工作，为景区开发提供劳动力。三个主体之间优势互补、资源结合，营造共同发展的良好局面。

4. 监督机制

企业为贫困农户提供就业机会，农户反过来也可以监督旅游企业扶贫开发工作。同时，政府简政放权，将绿色生态旅游扶贫相关的工作信息和制度透明化，进行开放式管理，让农户的诉求能够有效传达从而得以解决。此外，对绿色生态旅游扶贫工作的绩效进行社会监督和评估，开展贫困地区农户对扶贫工作满意度的调查。

五、绿色生态旅游扶贫的实践发展：以凤冈县“茶旅一体化”发展为例

凤冈县“茶旅一体化”扶贫模式属于产业化扶贫模式，通过利用凤冈县特有的茶叶资源，确立主导产业，即茶产业，建立生产基地，并以市场需求为导向，进一步推出茶文化旅游产品，促进茶产业和旅游业的融合，实现农户和企业的双赢，从而持续稳定地带动贫困农户脱贫致富。该模式具有发展壮大龙头企业、促进凤冈产业结构调整、提高农业生产组织化程度以及有利于增加农民收入等优势，并满足绿色发展、生态和谐的理念，可实现稳定可持续地脱贫。

（一）凤冈县“茶旅一体化”扶贫模式的背景

1. 凤冈县概况

凤冈县位于贵州省东北部，地形上属黔北中、低山丘陵峡谷地貌类型，自然资源以永安镇大规模的富锌富硒茶海最为典型，“林中有茶、茶中有树、林茶相间”，万亩绿浪翻滚的有机茶园，使凤冈也拥有了“中国富锌富硒有机茶之乡”这个响亮的称号，进而为发展“茶旅一体化”绿色

生态旅游提供了载体和基础。

2. 凤冈县“茶旅一体化”的发展背景

受杭州、福建旅游业与当地茶产业的结合发展的启发，凤冈县根据自身情况，以田坝为试点，在原有茶叶生产的基础上发展旅游业。20 世纪 80 年代开始种茶，1992 年获全国造林绿化“千佳村”的称号，2006 年 3 月，湄潭、凤冈、余庆三县合作正式成立了“中国西部茶海特色经济联合体”。2007 年，贵州省政府出台了《关于加快茶产业发展的意见》，明确将茶产业作为贵州的支柱产业进行培育。此后，凤冈县正式提出发展以茶叶为基础的茶旅一体化产业。2011 年，凤冈县政府提出“茶海之心”的概念，并与临近的茶产业大县——湄潭连在一起，共同打造“西部茶海”旅游风景区。

（二）凤冈县“茶旅一体化”扶贫模式的主要特点

凤冈县农民、企业、政府之间的相互作用，在道路交通、茶叶加工、茶青市场和茶园景观之间形成有机的联合整体，最终形成以绿色生态文化为核心的茶旅一体化模式。

1. “公司＋基地＋专业合作社”模式，确保了茶叶的高品质

在凤冈县田坝村，此模式是茶叶企业经营的主要模式。政府、企业、农民在共同的经济利益下达成合作关系，由政府组织成立合作社，农民自愿加入合作社，再以合作社的形式加入到企业的茶叶基地中去。此模式的优势是：（1）政府和企业对合作社提供技术指导，确保了茶叶品质；（2）公司和农户签订购销合同，农民将茶青出售给公司获得利润，确保了对公司茶叶的供给，最终达到共同致富目标。

2. “公司＋农户＋有机茶专业合作社＋基地＋农场”模式，体现了绿色生态循环理念

此模式为多种经营模式共存的典型，此种模式在原有的“公司＋基地＋专业合作社”基础上加入了养殖场，农民养猪可以取得养殖的经济效益，同时，猪粪通过发酵后产生的沼气又可作为天然的有机肥供给茶叶生长，能源的多角度利用取得了成效。此模式的优势在于：（1）拓宽了企业的经营渠道；（2）增加了农民的收入；（3）能源循环利用，既确保了茶叶的品质，又降低了企业的经营成本。

3. “农户＋市场”模式，充分发挥了贫困人口的自主性

在此种模式中，农民自主经营，既没有加入茶叶协会、茶叶专业合作社等中介组织，又没有与茶叶公司之间有任何形式的协议，政府对农民给予技术指导，农民直接自主生产，参与市场销售。在此模式中，农户有较多的自我支配时间，但和加入合作社的农户相比，因为缺乏统一的管理，茶青品质不尽相同。

（三）“茶旅一体化”扶贫模式的主要成效

凤冈县因地制宜，发挥茶叶优势，积极发展旅游业，取得了实质性的扶贫成果。

1. 农民收入提高，生活有了较大的改善

以田坝村为例，田坝从前是凤冈最穷的一个村，因为土地干旱、不适宜种粮食，政府曾组织种植烤烟，但没有成功，还引发了“九三群体事件”。现在因为发展茶叶和绿色生态旅游业，成为凤冈最富有的村庄，农民人均收入高于相邻村近2000元。

2. 减少隐性失业，促进打工回流

我国农村人口的急剧膨胀，造成了无限的劳动力供给，而茶叶的种植属于劳动密集型产业，在采摘的过程中解决了农村很多老、弱、病、残的就业问题。茶企业和绿色生态旅游等第三产业的发展，需要大量从事服务行业的人员，这些人员可以是周边村民，吸引外出打工者回乡投身旅游业，避免了农村人力资本的流失。

3. 促进农民企业家的诞生和农民合作组织的形成

无论是发展茶业还是旅游业，农民在参与的过程中接受了来自企业、政府部门的培训，对市场经济、种养殖及加工技术、操作和服务技能等都有了新的认识和提高，从而逐渐发展成为农民企业家。除此之外，为了避免市场信息不灵、市场竞争力弱等制约因素，农民自发建立各种旅游合作组织，充分发挥农民的主体性。

（四）凤冈县"茶旅一体化"扶贫模式的问题及发展方向

1. 凤冈县"茶旅一体化"扶贫模式的主要问题

（1）凤冈茶叶品牌价值不高

凤冈茶企业虽多，但都规模不大，且每个企业都开发了自己的多个品牌，毛尖、银针、翠片、翠芽等，层出不穷。品牌资源缺乏整合，茶叶品牌杂乱，知名度很小；各个县各自为政，缺乏联动协作意识，导致凤冈及其周边茶叶难以被国内、国际茶叶市场认同。

（2）茶旅一体化市场尚未形成

凤冈旅游客源主要集中于省内区域，旅游市场尚未形成规模。全县的支柱产业目前是茶业，旅游业在整体收入中所占的比重不大，尚未形成规模。同时，旅游产品除了茶叶以外缺乏其他产品的开发，住茶园、品茶饮、购茶产、赏茶景、体验茶俗的"茶旅一体化"发展思路在凤冈未全面实施。

（3）发展资金严重缺乏

茶文化旅游是一项品位高、档次高的文化旅游活动，需要投入大量的人力物力和财力。目前凤冈茶文化旅游开发的资金主要来源于茶业生产企业投资和政府财政支持，农户茶庄设施改建主要依靠农村信贷和茶庄利润。投资主体比较单一，资本市场和社会资金未被充分挖掘和利用。

（4）从业人员素质偏低

凤冈的茶文化旅游企业多为当地茶农经营，缺乏旅游从业经验，服务意识不强，对游客需求难以把握，导致了茶旅景点游客满意度较低。同时，茶产业和旅游产业专业人员的缺乏，对茶旅产品的开发缺乏科学的指导、创新不足，导致茶产业的品位不高，而且缺乏参与性强的旅游项目。这都制约了凤冈旅游服务质量的提升和产品的营销推广。

2. 凤冈县"茶旅一体化"扶贫模式未来的发展方向

（1）提高茶产品质量，提升品牌形象

凤冈地区因为土地富含锌硒而特产锌硒有机茶，应当充分利用好自身的优势，在茶产品的质量上严格把关，建立一整套完善的监督管理机制。

其次，要积极引进、研发茶叶新品种，提高有机茶产品质量，尤其要增加产品附加值，开发多种新型旅游产品。以此来增加企业核心竞争力，打造品牌茶园，提升品牌形象。

（2）加强宣传，开拓茶旅一体化市场

凤冈要利用好国家AAA级旅游景区与茶产业“二位一体”同步发展的新模式，搭建有影响力的宣传平台，创新宣传促销手段，结合当地民俗，举办一些大型节庆活动来吸引游客，提高凤冈的知名度。同时，市场开拓也要做到有重点、有层次，以茶旅节事活动为载体，结合传统营销和网络促销渠道，继续拓展客源市场。

（3）招商引资，发挥商业示范效应

凤冈茶旅发展仅靠政府财政的支持是远远不够的，必须通过市场途径解决。引进企业不但可以起商业示范作用，发挥企业“鲶鱼效应”，调动一些村民投入到市场中，积极参与竞争，也为地区引进新技术、新工艺、新设备、新的管理观念等。因此，政府还须大力招商引资，引进企业，鼓励多方参与，拓宽融资渠道，解决茶旅一体化发展的融资问题。

（4）培养高素质的专业人才，为茶旅一体化提供智力支持

茶文化旅游蕴含着丰富的文化内涵，而高素质的专业人才是旅游业与茶产业融合发展的纽带。通过定期举办茶艺表演活动及茶文化知识讲座等，不断更新员工知识，培养其对茶文化内涵的修养，提高从业素质。除此之外，可以实施奖励制度，吸引高层次科研和技术开发人才来开展以茶为基础的绿色生态旅游资源的研究和开发，为绿色生态旅游发展奠定扎实的人才基础。

六、结论及政策建议

农村地区扶贫问题一直是社会关注的重点问题，绿色生态旅游在扶贫中发挥着独特的优势。通过绿色生态旅游扶贫，有效地带动了与旅游业相关产业的发展，实现了产业结构优化升级，促进了区域经济的协调发展和持续增长，同时改善了贫困地区的生态环境，有助于形成循环经济，促进社会经济发展的可持续性。

如前所述，全国各地有代表性的创新模式包括：以地域特征为主的

“文旅融合模式”“农旅互助模式”“社区参与模式”；以产业带动模式为主的林业扶贫、土地扶贫、种植业扶贫；“双带双加模式”中的“景点带村”“能人带户”“合作社+农户”“公司+农户”。绿色生态旅游依托自然生态风景的资源优势，利用景点建设、旅游产业协同发展、龙头企业和能人带动以及贫困居民的参与等方式增加贫困居民的收入，带动贫困地区经济发展，从而实现脱贫。绿色生态旅游扶贫在一定程度上取得了显著的成效，但还存在绿色生态旅游项目内容单一、缺乏特色；缺乏从事绿色生态旅游相关的专业人才；宣传力度和营销力度不足；贫困地区农户参与程度不高等问题，并针对以上问题，提出以下四条政策建议：

（一）挖掘特色旅游产品，塑造绿色生态旅游品牌

特色是一个旅游景区的核心，更是灵魂和生产力所在。某些地区往往一味地盲目效仿其他地方的做法和经验，没有结合实际情况进行创新开发，出现绿色生态旅游产品结构单一、影响力无法提升、经济发展止步不前的负面效应。因此，贫困地区要重点打造当地特色旅游产品，着力培养出拳头产品，有重点、有特色地发展绿色生态旅游。自己的特色是一个可以永久利用的旅游资源，有了特色旅游产品之后，才能保持贫困地区经济的持续发展，提升景区对游客的吸引力和印象，产生品牌效应。同时，注重品牌的塑造，以品牌为旗帜，走品牌经营化道路，吸引更多的游客，创造出更多的社会价值和经济价值。特色产品具有极大的吸引力，吸引力的提升带动游客数量的增加，同时又带动了贫困地区绿色生态旅游业的发展，从而促进当地经济的发展，从真正意义上帮助贫困地区的农户脱贫致富。

（二）培养和引进绿色生态旅游专业人才，提升服务质量

在现在这个阶段，从事绿色生态旅游扶贫的专业人员较少，工作人员具备的专业基础知识不够扎实。人才是绿色生态旅游业发展的关键，旅游业作为第三产业逐渐兴起，与其他产业关联性较强，需要专业人才进行管理经营。因此政府要大力引进绿色生态旅游专业相关的高素质人才，可以到专业学校进行招聘和选拔，支持和鼓励优秀专业学生到贫困地区从事绿

色生态旅游服务，同时在外界市场筛选经验丰富的管理层人才到贫困地区从事管理工作，以此加快贫困地区脱贫致富的步伐，并促进贫困地区经济持续发展。另外，对于已经就职于绿色生态旅游业的人员，定期进行在职培训，建立考核奖惩制度，增加旅游接待的能力。在提高绿色生态旅游从业人员的素质和专业技能的同时，才能有效保障贫困地区绿色生态旅游服务的质量，从而促进当地旅游经济发展。

（三）发挥政府和市场的作用，提高绿色生态旅游营销力度

媒介作为现代社会信息传播的一种有效工具之一，使社会大众使用电子产品的频率越来越高，而一些自然资源丰富、民族风情浓厚的贫困地区的绿色生态旅游景区已经开发，但却少为人知，知名度得不到提高，造成旅游发展不平衡，竞争压力也越来越大。那么政府作为引导者的角色，需要出台相关政策，结合贫困地区绿色生态旅游资源的特点和市场的需求，加强该地旅游产品的形象设计，对旅游产品进行包装宣传。同时，利用市场运作的方式，借助电视、报纸、广播、网页等“互联网＋旅游”的方式对贫困地区绿色生态旅游业进行宣传，向外界市场提升影响力度。丽江、云南等地利用电视宣传起到了广泛的宣传作用，其他贫困地区可以利用这种渠道，绿色生态旅游以电视综艺节目宣传为主，提升公众对该地的知晓度，促进当地绿色生态旅游业的发展。

（四）增强农户绿色生态旅游脱贫意识，提升参与度

随着政府对绿色发展理念的大力倡导，提出通过绿色生态旅游来实现脱贫，脱贫的受益主体为贫困农户，但贫困农户由于知识文化素质偏低，大部分农户对于绿色生态理念的认识还不够。因此政府要加大对贫困地区的绿色生态旅游扶贫知识和理念的宣传，通过多种方法和形式向贫困农户解释绿色生态旅游与减贫之间的内在联系，转变以往的脱贫思维，进而让农户树立绿色生态旅游减贫的意识。在意识得到提升之后，政府要以农户为受益主体，所制定的旅游开发规划要保证农户可以参与进来，基于赋权理论的视角，从制度上保证农户的参与。

在转变贫困农户利用生态经济脱贫致富的同时，邀请专家对农户进行

与旅游业相关的技能培训，尤其是旅游经营技能，让农户也能成为绿色生态旅游经营者，在旅游开发中获益，从而主动参与到该地的绿色生态旅游扶贫开发中来，最终实现收入的增加。

参考文献

[1] 王泽荣. 民族地区生态旅游扶贫开发研究 [D]. 中南民族大学, 2015, (04): 40-41.

[2] 汤明, 王仁俊, 李忠远, 张红伟, 覃亮. 车溪：乡村旅游扶贫的成功范例——对宜昌车溪特色村寨建设的调查 [J]. 经济发展处, 2015, (06).

[3] 莫光辉. 绿色减贫：脱贫攻坚战的生态扶贫价值取向与实现路径——精准扶贫绩效提升机制系列研究之二 [J]. 现代经济探讨, 2016, (11): 13.

[4] 李冠杰. 发展生态经济的减贫路径模式研究 [J]. 现代经济信息, 2014, (11): 11.

[5] 四川省县域经济学会课题组. 连片贫困地区绿色减贫政策建议 [J]. 当代县域经济, 2017, (08).

[6] 何景明. 旅游扶贫的理论及其实践发展——来自贵州的案例 [M]. 经济科学出版社, 2016.

[7] 刘汉成, 夏亚华. 大别山旅游扶贫开发研究 [M]. 中国经济出版社, 2014.

[8] 蒋满元. 基于区域扶贫开发视野的乡村旅游可持续发展问题研究 [M]. 中南大学出版社, 2016.

[9] 秦远好. 连片特困地区旅游扶贫与生态保护耦合态势研究——以重庆市武隆县仙女山镇为例 [J]. 西南大学学报, 2016, (03).

[10] 王茗. 生态农业旅游是我国西部地区旅游扶贫的最佳模式 [J]. 农村经济, 2009, (10).

专题研究报告之三：

观光农业扶贫模式分析

观光农业是农业与旅游业有机结合的一种新型的交叉型产业。观光农业旅游是一种新型的旅游开发项目，它突破了传统旅游资源的开发观念，将第一产业和第三产业联结起来，实现了“产业融合”，建立了“以农业养旅游，以旅游促农业的互动机制”①。观光农业拉动了城乡一体化建设和发展，推动了扶贫开发的工作进程，对我国的扶贫开发工作具有十分重要的意义和价值。观光农业和扶贫工作的有机结合形成了扶贫工作的一个新模式，即观光农业扶贫模式。观光农业具有其自身的扶贫优势，有力地促进了相关地区的扶贫脱贫工作，但在发展观光农业扶贫的过程中也出现了一系列问题。本章旨在对观光农业及观光农业扶贫模式进行介绍和分析，总结观光农业扶贫过程中的经验与不足，并提出相应的应对策略，以期探索出持续、和谐发展的观光农业扶贫发展模式，为下一步的扶贫工作提供参考。

一、观光农业扶贫模式兴起的背景和意义

观光农业是农业和旅游业有机结合的一种新型农业发展模式，是传统农业发展模式的升级。观光农业与扶贫工作存在着紧密的联系，发展观光农业是当前脱贫攻坚的一个有效的途径和方式。在扶贫工作的探索过程中将观光农业与扶贫开发有效地联系起来，有力地推动了扶贫工作的进程，

① 祖鹏．关于观光农业与农村扶贫的思考［J］．湖南经济管理干部学院学报，2006（6）．

扶贫工作取得了良好效果。观光农业和观光农业扶贫模式的出现和发展具有各自特定的社会经济背景，观光农业扶贫模式是践行习近平总书记“两山理论”的重要体现，对我国扶贫开发工作具有十分重要的意义和价值。

（一）观光农业兴起的背景

观光农业的兴起是我国农业社会历史发展特定阶段的必然产物。改革开放以来，特别是党的十三届四中全会以来，农业劳动生产率的快速提高导致我国农村产生了大量的剩余劳动力。与此同时，我国经济快速发展，产业结构加快转型，劳动力逐步由第一产业转移至第二、第三产业，农业从业人员的比重逐年下降。此外，以自给自足的小农经济为特征的传统农业在土地贡献率、供应总量、价格成本比等方面有很大的限制，与社会、经济发展的步伐脱轨，我国农业产业升级与转型迫在眉睫，观光农业正是在这一历史背景下应运而生的。直言之，观光农业正是我国农业产业升级与转型的必然产物。

随着经济的发展和人民生活水平的提高，人们对闲暇休闲活动的追求越发强烈。城市化水平的提高、收入水平的提升、人们休闲时间的增多、便利的交通条件以及人们娱乐消费可支配收入的增加是观光农业兴起的社会经济背景。可以说，观光农业也是社会经济发展到一定程度的必然产物，主要表现在以下几个方面：

一是都市化社会的到来。一方面，随着城市化的高速发展，大批人口涌入城市，城市人口密度迅速提高，越来越多的人长期生活在喧嚣拥挤、空气污浊、景观呆板的城市社会中，生活充满压抑。面对呈爆炸式增长的城市人口，城市休闲活动场所与设备建设相对滞后，远远无法满足城市居民日益增长的休闲娱乐需求。另一方面，城市人口的增加，客观上为发展观光农业旅游提供了巨大的客源市场。而走出城市，走进自然，到郊区和乡村进行休闲观光旅游，让自己得以静心安神、舒缓压力，已经成为很多城市居民的选择，观光农业旅游业已成为城市居民的一种休闲娱乐方式。①

---

① 张梅．北京市休闲观光农业可持续发展研究［D］．2009 年中国农业科学院硕士毕业论文．

二是收入水平的提高。改革开放以来，我国城乡居民的收入逐年递增。收入水平的提高，为观光农业的兴起奠定了经济基础。恩格尔系数（Engel's Coefficient）是食品支出总额占个人消费支出总额的比重。自改革开放以来，我国城乡居民的恩格尔系数呈逐年下降趋势，可见，我国城乡居民用于其他消费的可支出比例则呈现逐年递增趋势，这在客观上为观光农业的发展提供了可靠的经济基础和强大的推动力。

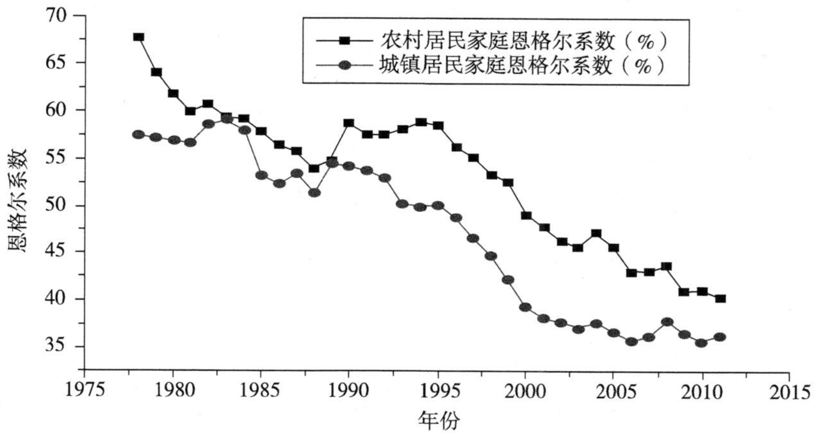

图1　1975—2015年我国城乡恩格尔系数变化曲线

据国家统计局数据显示，2011年和2012年中国大陆人均GDP分别为5577美元和6264美元。2013年中国大陆人均GDP为6995美元，2014年则为7595美元。我国2014年人均可支配收入为28844元。① 马斯洛需求层次理论把人的需要分为五类，它们分别是生理的需要、安全的需要、归属和爱的需要、尊重的需要和自我实现的需要。在马斯洛看来这五种需要由较低层次到较高层次依次排列，认为人的需要是一个从低级向高级发展的过程。当城市居民，尤其是大城市居民的吃穿住等基本需求能够得以满足之后，其消费倾向便逐步转向精神、文化、旅游等消费领域，消费层次由低层次向较高层次发展，其消费追求也日益多样化和个性化。而且，随着城市居民收入水平的提高，这一消费群体会越来越大，从而成为休闲农业

① 《2016各省居民人均收入和人均GDP排名》，观察指导－百家号，网址：https：//baijiahao.baidu.com/s？id＝1563618527771566&wfr＝spider&for＝pc。

旅游所要吸引的主要目标群体。对城市居民而言，城市生活的种种压力和持续紧张的都市生活使得他们向往到农村观光旅游，渴望身心能够得到充分的放松。观光农业因此得以成为城市人口新的消费热点之一。①

三是休闲时间的增加。我国自 1995 年开始实施每周 5 天的工作制，2004 年的新法定节假日制度规定的假期以及周末法定休息日达到了每年 115 天。此外，加上带薪休假制度的贯彻实施，我国城市居民每年的闲暇时间达到 120 天以上，超过了工作时间。闲暇时间的增加为休闲旅游活动提供了机会，而长短假期的安排对居民旅游消费的空间具有制约作用，居民根据假期时间的长短而选择不同的旅游产品。“小长假”期间居民一般会选择中短途的旅游目的地、度假村进行休闲娱乐，而在“十一”春节黄金周及带薪假期期间则可选择较远距离的旅游目的地进行度假。②总之，休闲时间的增加为观光产品和服务市场的兴起提供了不可或缺的条件。

四是道路与交通条件的改善。1949 年以来，我国的公路建设规模快速增长，高速公路也从无到有。纵横畅通的高速公路是经济运行的大动脉。1999 年我国高速公路总里程突破 1 万公里，2003 年年底超过 2.9 万公里，位居世界第二，2014 年年底超过 11 万公里，位居世界第一。③ 截止到 2015 年，我国公路总里程达到了 450 万公里，国家高速公路网基本建成，高速公路总里程达到 10.8 万公里，覆盖了 90% 以上的 20 万以上城镇人口城市。截至 2016 年年底，我国高速公路总里程已经突破 13 万公里。根据交通运输工作的主要目标，2017 年我国将新增高速公路 5000 公里，新改建农村公路 20 万公里，新增通客车建制村 4000 个。④ 全国高速公路的迅速发展、城市周边区县道路基础设施建设的逐步完善，为城市居民外出观光旅游提供了方便的交通条件。

① 张梅．北京市休闲观光农业可持续发展研究［D］．2009 年中国农业科学院硕士毕业论文．

② 张梅．北京市休闲观光农业可持续发展研究［D］．2009 年中国农业科学院硕士毕业论文．

③ 张宁宁．交通部：2016 全国高速总里程已突破 13 万［J］．卡车之家，http：//www.360che.com/news/161228/73297.html，2016 年 12 月 18 日。

④ 马艺文：《交通部：2015 年中国公路总里程将达到 450 万公里》，中国网，http：//www. chinahighway. com/news/2011/602674. php，2011 年 10 月 12 日。

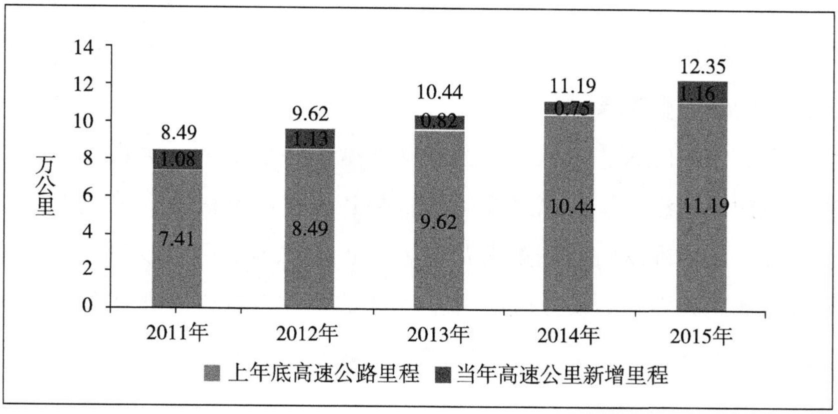

图 2　2011—2015 年我国高速公路发展图示①

五是娱乐消费可支配收入的增加。随着经济的发展，我国城乡居民恩格尔系数呈现逐年下降趋势，城镇居民的食品消费支出会进一步下降。同时，娱乐教育文化服务消费所占比重则持续提高。娱乐教育文化服务消费主要满足人们精神消费的需要，该类消费的变化可以反映居民消费结构质量的变化。居民娱乐消费需求的增加，为观光农业的发展注入了强大的动力。②

（二）观光农业扶贫模式产生的背景

随着工业化进程的加快，我国的生态环境日益恶化，这种状况已危及我国人民自身的生存与发展。在这种历史条件下，党中央及时提出了科学发展观的战略规划，主张保护环境，提倡可持续发展。观光农业是农业与旅游业有机结合的一种新型的交叉型产业，有效地融合了农业和旅游业的优势，是一种生态农业类型。在传统的扶贫工作中，存在着破坏贫困地区生态环境、发展长效性不足等问题，导致扶贫效果也大打折扣。而观光农业扶贫则是一种可持续的绿色生态扶贫工作模式，契合五大发展理念的内在义理，观光农业与扶贫工作的结合而成的观光农业扶贫模式就成为历史

① 交通部：《2016 全国高速总里程已突破 13 万》，网址 http：//www. 360che. com/news/161228/73297. html

② 张梅. 北京市休闲观光农业可持续发展研究［D］. 2009 年中国农业科学院硕士毕业论文.

的必然。

自我国发展观光农业扶贫以来，全国有多个贫困乡村地区凭借着当地得天独厚的农业资源条件，通过发展观光农业扶贫，最终脱掉了贫困的帽子，走上了致富的康庄大道，成为带动当地经济发展的有力助手。这些地区的实践和成功经验反过来又推动了全国各地贫困地区对自我脱贫道路的探索进程，在精准扶贫的政策大背景下，各个贫困地区的政府部门也更加注重对当地观光农业扶贫条件的考察和评估，并将观光农业扶贫开发工作作为践行精准扶贫的重点工作方向之一，观光农业扶贫也逐渐被认定成为精准扶贫模式中的一种。

观光农业扶贫模式之所以成为当前精准扶贫精准脱贫的重要工作方式之一，主要体现在以下两个方面：首先，这是由观光农业扶贫模式的自身特点决定的。观光农业扶贫特别强调因地制宜，是一种区域性的扶贫开发模式。观光农业扶贫必须依托于贫困地区本身的农业资源，这与精准扶贫的精神本质相契合。其次，观光农业扶贫工作过程与精准扶贫工作过程高度吻合。在观光农业扶贫工作开始之前，必须首先对当地农业资源进行精准识别和评估，之后再根据贫困地区的具体情况开展相应的精准帮扶，量身定制符合当地情况的观光农业扶贫项目，并对所发展项目进行精准扶贫管理。这与精准扶贫模式对工作过程的要求是极为相似的。

（三）发展观光农业扶贫模式的意义

发展观光农业扶贫模式对于我国的脱贫攻坚工作具有重要意义，主要体现在以下几个方面：

1. 观光农业扶贫模式充分体现了五大发展理念的本质及内涵

中国共产党第十八届中央委员会第五次全体会议强调，实现“十三五”时期发展目标，破解发展难题，厚植发展优势，必须牢固树立并切实贯彻创新、协调、绿色、开放、共享的发展理念。一方面，观光农业扶贫模式特别注重因地制宜和绿色发展。另一方面，观光农业扶贫模式主张动员贫困地区人口参与到脱贫工作过程中来，主张让贫困人口在扶贫开发中享受到真正的经济利益。观光农业扶贫模式是一种益贫性的扶贫开发模式，它关注当地的经济增长、不平等和贫困之间的关系，主张实现有利于贫困人口的经济增长。可见，观光农业扶贫模式充分体现了创新、协调、绿色、开放和共享的五大发展理念。

2. 观光农业扶贫模式充分践行了习近平总书记的“两山理论”

观光农业扶贫模式是一个能够践行绿色减贫和稳定脱贫的重要实践方式。习近平总书记提出了“绿水青山就是金山银山”的重要思想，强调要守住发展和生态两条底线。“两山理论”是实现“减贫富民强国，构筑美丽中国梦”的重要理论来源。改革开放以来，我国在脱贫攻坚工作中取得了显著的成绩，但是国内贫困现象依然没有消除，我国尚存有庞大数字的贫困群体，这些贫困群体主要集中分布于一些老少边穷和生态脆弱地区。如何帮助贫困地区民众在不破坏当地生态环境的前提下实现脱贫致富是我国当前脱贫攻坚战的一项艰巨任务。观光农业扶贫模式主张因地制宜，充分保护贫困地区的生态人文环境，主张利用当地优势农业资源发展旅游业，农旅结合，相互促进，推动贫困地区的可持续发展，是“两山理论”在扶贫工作过程中的创新应用，是绿色减贫战略的重要体现。观光农业扶贫模式将环境资源保护和促进社会、经济稳定发展有机融合到一起，形成了一种相互促进的良性循环机制，有助于贫困地区环境保护和脱贫致富双重目标的实现。

3. 观光农业扶贫模式能够推动城乡统筹发展

由于城市化的发展，城市居民更加渴望回到农村去体验田野生活，享受大自然的美景，这就为农村发展观光农业提供了源源不断的巨大客源市场。另一方面，我国广大农村地区拥有历史久远的农耕文化和农业资源，但却苦于没有得到开发利用。观光农业扶贫模式能够通过贫困乡村农业资源的开发，吸引城市客源，不仅能够将需和求有效链接起来，而且可以促进城乡人员、信息、科技、观念等各方面的交流，增强城市居民对农村、农业的认识和了解，加强城市对农村、农业的支持，发挥城市对农村的辐射和带动作用，借以带动当地经济社会的全面发展，从而有力推动城乡统筹协调发展的进程。

二、政策梳理

我国的观光农业于 20 世纪 80 年代最先兴起于珠江三角洲和长江三角洲等改革开放的前沿地带，这些地区最先建立起了一批规模较大的观光农业园。基于观光农业对于农村和农业发展的重要意义，我国政府一直高度重视观光农业的发展并在政策层面制定了一系列的政策和规范，以引导和促进观光农业的健康快速发展。

（一）早期的一些引导性政策和文件

早在 1998 年国家旅游局就推出了“华夏城乡游”的旅游主题，并将观光旅游定义为乡村旅游的重要组成部分，并要求各级政府重视并积极推进观光旅游的发展。[①] 接着，国家旅游局又在 2001 年制定了《农村旅游发展指导规范》，首次公布了观光农业旅游的示范点，为国内各地观光农业旅游的发展提供了参照。2005 年党的第十六届中央委员会第五次全体会议通过了《中共中央关于制定国民经济和社会发展第十一个五年规划的建议》，提出“建设社会主义新农村”的目标，建议提出要按照“生产发展、生活宽裕、乡风文明、村容整洁、管理民主”的要求，扎实推进社会主义新农村建设。在新的历史背景下，党的十六届五中全会提出的建设社会主义新农村具有更为深远的意义和更加全面的要求。这“20 字方针”也成为我国观光农业得以发展的宏观政策背景，为观光农业的发展提供了良好的环境。2013 年，国家旅游局组织编制了《旅游质量发展纲要（2013—2020 年）》。纲要强调，要培育和打造一批具有国际竞争力的旅游目的地，开展中国最佳或优秀旅游目的地（城市、乡村）、特色旅游村镇和旅游度假区、生态旅游示范区、乡村旅游示范县（示范点）等建设工作。同年，我国颁布了《休闲农庄建设规范（中华人民共和国农业行业标准）》，这一标准的颁布有利于加强和完善休闲农业企业实践运营过程中的管理，确保了休闲农庄的健康发展。2014 年 3 月 16 日，新华社发布中共中央、国务院印发的《国家新型城镇化规划（2014—2020 年）》，旨在引导我国努力走出一

① 戴香智．促进观光农业发展的社会政策支持［J］．中国集体经济，2008（25）．

条以人为本、四化同步、优化布局、生态文明、文化传承的中国特色新型城镇化道路。新型城镇化建设中的这些理念为观光农业的发展提供了历史契机，加快了观光农业在农村和城镇的发展步伐。最为重要的是，新型城镇化“以人为本、以人为核心”的观念直接影响了观光农业园的规划设计，使得生态观光农业园的设计规划更加人性化，从而能够引导观光农业的绿色可持续发展。2014 年年底，农业部下发了《关于进一步促进休闲农业健康持续发展的通知》，通知中强调要“结合当地特色，推进农业与文化的融合，加强农业文化和古村落、古民居的保护，发展具有文化内涵的休闲乡村。”该通知的贯彻和执行有利于引导休闲农业的健康持续发展。

（二）近期较为完备细化的政策文件

近两年，尤其是自 2015 年中央一号文件中出现休闲农业以来，我国相继制定了较为完备配套的有关观光农业和观光农业扶贫的政策和文件，相关政策和文件发文机构的涵盖范围也日益广泛，甚至出现了九个部门联合发文的情况，足以显示出我国对观光农业扶贫的重视程度。

1. 有关观光农业的相关政策梳理

2015 年的中央一号文件中首次出现了休闲农业的字眼，提出要积极开发农业多种功能，体现了党和国家对观光农业的重视程度。文件指出要重点发展特色乡村旅游，包括挖掘乡村生态休闲、旅游观光等。并提出“推进农村一二三产业融合发展。增加农民收入，必须延长农业产业链、提高农业附加值。积极开发农业多种功能，挖掘乡村生态休闲、旅游观光、文化教育价值。”对观光农业的发展进行了精细化的概括和引导。国家也将继续加强对观光农业的资金投入，并力求保证观光农业管理质量、服务质量，从而为观光农业的全方位发展提供了必要的政策条件。之后，国务院办公厅发布了《关于推进农村一二三产业融合发展的指导意见（国办发〔2015〕93 号）》，意见指出推进农村一二三产业融合发展是拓宽农民增收渠道、构建现代农业产业体系的重要举措。并特别指出要拓展农业多种功能，加强统筹规划，推进农业与旅游、教育、文化、健康养老等产业的深度融合。该意见的颁布标志着我国观光农业的发展进入新的历史阶段。同年 6 月，农业部发布了《关于积极开发农业多种功能大力促进休闲农业发展的通知》，要求进一步优化政策措施，开发农业多种功能，大力促进休闲农业发展，着力推进农村一二三产业融合发展。在资金支持方面，自 2015 年下半年国家将旅游项目纳入专项建设基金支持领域以来，我国就启动了首批 100 亿元专项建设基金和第二批 120 亿元建设基金的申报工作，这批专项资金主要用来重点支持休闲度假旅游、乡村旅游、文化旅游、研学旅行、旅游小城镇和新产品、新业态项目，为我国观光农业的发展提供了充足的资金支持和保证。自 2016 年以来，我国连续出台政策，助力休闲农业发展。2016 年的中央一号文件再次重申要大力发展休闲农业和乡村旅游，强调要大力发展休闲农业和乡村旅游，强化规划引导，采取以奖代补、先建后补、财政贴息、设立产业投资基金等方式扶持休闲农业与乡村旅游业发展。国务院发布的《全国农业现代化规划（2016 ~ 2020 年）》，也再次对拓展农业的多种功能做出部署，强调拓展农业多种功能，依托农村绿水青山、田园风光、乡土文化等资源，大力发展生态休闲农业。之后农业部于 2016 年 9 月印发《关于大力发展休闲农业的指导意见》，明确地提出了观光农业的发展目标。其目标是到 2020 年，产业规模进一步扩大，年接待客人达 33 亿人次，营业收入超过 7000 亿元，形成新兴支柱产业。《意见》同时还明确了七项工作任务：加强规划引导、丰富产品业态、改善基础设施、推动产业扶贫、弘扬优秀农耕文化、保护传统村落、培育知名品牌。国家发改委、科技部和工信部制定并印发了《长江经济带创新驱动产业转型升级方案》，提出在旅游休闲方面，充分发掘长江上中下游独具特色的历史文化和风土人情。同年发布的《国务院关于印发“十三五”旅游业发展规划的通知》中指出，要大力发展乡村旅游，坚持个性化、特色化、市场化发展方向，加大乡村旅游规划指导力度，促进乡村旅游健康发展。更为重要的是，通知中明确提出了“旅游 + 现代农业”的战略。这些相关政策的出台和实施为旅游业的发展提供了良好的环境，也为现代农业与观光旅游的融合提供了政策支持。

2. 观光农业扶贫政策梳理

观光农业扶贫的相关政策也主要集中在 2016 年，这些政策文件中不仅有总领性的政策，也包括一些针对特定贫困地区进行观光农业扶贫的政策。2016 年 2 月 1 日国务院印发《关于加大脱贫攻坚力度支持革命老区开发建设的指导意见》要求各地区各部门依托老区良好的自然环境，积极发展休闲农业、生态农业，打造一批具有较大影响力的养生养老基地和休闲度假目的地。并提出优先支持老区创建国家级旅游景区，旅游基础设施建设中央补助资金进一步向老区倾斜，积极推进老区贫困村旅游扶贫试点。2016 年 3 月，发改委等七部门联合印发《关于金融助推脱贫攻坚的实施意见》，落实金融助推脱贫，打通旅游扶贫路。提出了金融助推脱贫攻坚的细化落实措施，包括各金融机构要立足贫困地区资源禀赋、产业特色，积极支持能吸收贫困人口就业、带动贫困人口增收的绿色生态种养业、经济林产业、林下经济、森林草原旅游、休闲农业、传统手工业、乡村旅游、农村电商等特色产业发展。健全和完善区域信贷政策，在信贷资源配置、金融产品和服务方式创新、信贷管理权限设置等方面，对连片特困地区、革命老区、民族地区、边疆地区给予倾斜。该项意见的实施有助于增强扶贫金融服务的精准性和有效性。2016 年 5 月，农业部、国家发展改革委、财政部、中国人民银行、国家林业局、国家旅游局、银监会、保监会、国务院扶贫办九部门联合印发了《贫困地区发展特色产业促进精准脱贫指导意见》，提出要大力发展休闲农业、乡村旅游和森林旅游休闲康养，在有关财政资金不改变用途的情况下，投入设施。农业、养殖、光伏、水电、乡村旅游等项目形成的资产，具备条件的可折股量化给贫困村和贫困户，重点从八个方面推进产业扶贫。该意见的印发将涉及 3000 万以上农村贫困人口的精准脱贫，对观光农业精准扶贫工作具有指导性的意义。2016 年 4 月 5 日，国家发展改革委、财政部、水利部、国务院扶贫办等印发了《关于切实做好水库移民脱贫攻坚工作的指导意见》，针对水库移民脱贫工作做了详细的引导和规定。意见提出，依托库区独特景观资源，结合水利风景区建设，加快发展库区观光、休闲、度假等特色旅游，建成一批以移民农家乐为主的生态旅游村，改善贫困移民生产生活条件。

三、观光农业扶贫模式的概念

（一）观光农业的概念

观光农业最早产生于19世纪30年代的意大利，而观光农业作为现代社会的一项新兴产业，则始于二战后的欧美国家。欧洲的阿尔卑斯山区，美国和加拿大的落基山区可以说是世界上最早的观光农业旅游区，观光农业而后在日本以及中国台湾等地快速发展。我国的观光农业大约兴起于20世纪80年代，虽然我国的观光农业在近些年来得到了快速蓬勃的发展，但总体上来说我国的休闲观光农业仍处于发展的初级阶段，发展水平仍较低，产品的开发深度不够，相关项目功能单一。

目前，国外学者对观光农业的概念尚无统一界定。从世界范围来看，欧美国家习惯用乡村旅游（rural tourism）的概念，而亚洲的日本和中国台湾等国家和地区则用观光农业、休闲农业的概念。① Inskeep② 将农业旅游、农庄旅游、乡村旅游视为同一个概念。Inskeep 将偏远乡村的传统文化和民俗文化旅游称之为农庄旅游（Village tourism）。Lane ③论述了观光农业与农业旅游、农庄旅游的关系并认为农业旅游是观光农业的重要组成形式之一。欧洲联盟（EU）和世界经济合作与发展组织（OECD）则将观光农业界定为发生在农村地区的旅游活动。④

根据对观光农业概念研究内容侧重点的不同，我国学者所研究的观光农业概念大体可分为两类：一类是以“农”为主的观光农业概念，另一类是以“旅”为主的观光农业概念，前者比较强调观光农业的农业特性，而后者则比较强调观光农业的旅游产品特征。

---

① 王兴水，尚志海．国外观光农业研究综述［J］．云南地理环境研究，2006（6）．

② INSKEEP E.《Tourism Planning—An Integrated and Sustainable Development Approach》［M］．US：Van Nostrand Reinhold. 1991.

③ LANE B，BRAMWELL B.《Rural Tourism and Sustainable Rural Development》［M］．UK：Channel View Publications. 1994.

④ REICHEL A，OWENGART O，MILMAN A.《Rural Tourism in Israel：Service Quality and Orientation》［J］．Tourism Management，2000，21（5）．

1. 以“农”为主的观光农业概念

该概念持有者认为观光农业是一种兼具发展农业生产提高农业经济附加值和保护乡村自然文化景观的农业开发形式。如郭焕成认为“观光农业是以农业为基础，农业和旅游业相结合的一项交叉性产业，是充分利用农业资源，改变单一农业结构，发展高效农业的一条重要途径。”认为观光农业是一种新型的“农业＋旅游业”性质的农业生产经营形态。① 赵春雷则认为我国的观光农业是一种“以市场为导向，以区域优势为基础，以高新示范园区为桥梁，以产业化经营为主线，融直接效益与观赏效益、长远效益与社会效益于一体的现代农业新体系。”② 白有光将观光农业定义为是把农业和旅游业结合在一起，利用农业景观和农村空间，吸引游客前来观赏、游览、品尝、休闲、劳作、体验、参与、购物的一种新型农业生产业态。③

2. 以“旅”为主的观光农业概念

该概念持有者认为观光农业是一种旨在满足旅游者对农业景观和农业产品需求、以旅游者为主体的旅游活动形式。如应瑞瑶等认为“乡村旅游”的内容包括了农业生产经营、农村观光游览以及与之有关的旅游经营、旅游服务等，是经营者广泛利用农村野外空间的活动。④ 周晓芳认为“都市观光农业是都市农业生产与现代旅游业相结合而发展起来的，是以都市农业生产经营模式、农业生态环境、农业生产活动等来吸引游客实现旅游行为的新型旅游方式。”⑤

综合上述学者对观光农业的定义，并考虑到我国观光农业发展的阶段性特征，我们认为观光农业是农业与旅游业相结合而产生的一种交叉型新兴产业，观光农业利用农村自然生态资源，农耕文化、民风民俗、农业经营活动等农业有形资源以及这些资源中所蕴含的观光游览、教育等无形资

---

① 郭焕成，刘军萍．观光农业发展之研究［J］．经济地理，2000（2）．
② 赵春雷．现代观光农业发展的几个问题［J］．农业经济问题，2001（12）．
③ 白有光，范子文．北京市观光农业发展的现状与未来趋势［M］．北京出版社，2002．
④ 应瑞瑶，褚保金．“旅游农业”及其相关概念辨析［J］．社会科学家，2002，17（5）．
⑤ 周晓芳．广州都市观光农业发展探讨［J］．农业现代化研究，2002（3）．

源，通过科学规划设计，满足城市游客观光、度假、购物、娱乐等多项休闲需求的农业经营活动。“休闲观光农业是传统农业或现代高科技农业与旅游业相结合的一种新型产业，是农业发展的高级形式。”①

（二）观光农业扶贫模式的含义

1. 观光农业扶贫模式的定义

观光农业扶贫模式是观光农业与扶贫工作相结合的产物，是我国广大基层政府扶贫工作人员在长期扶贫实践工作过程中，不断总结经验和教训而探索出的一条有效的扶贫攻坚方法。观光农业扶贫模式通过在扶贫工作中因地制宜地规划和开发贫困地区的农业旅游资源（自然生态环境等有形资源以及民风民俗等无形资源），以市场为导向，在政府和社会力量的扶持下大力发展旅游业，通过促进农业、旅游业、服务业的“三位一体”互动来辐射带动贫困地区的经济社会发展，改变贫困地区依靠“财政输血”的状况，提高贫困地区的“造血功能”，以帮助贫困地区的经济走上可持续发展的良性发展道路，实现贫困人口脱贫致富。也就是说，观光农业扶贫模式是一种以政府为主导，以贫困地区民众为主体，以贫困地区的农业旅游资源为开发对象，以帮助贫困地区人民摆脱贫困、提高其生活水平为目的综合性的扶贫途径和方式。观光农业扶贫的对象，主要是具有一定农业旅游资源发展基础的经济欠发达地区。这些经济欠发达地区既包括相对贫困地区（如大城市外围的郊区），也包括绝对贫困地区（如边远少数民族地区、深山老林区）。可见，观光农业扶贫的目标不仅在于帮助贫困地区脱贫，还要帮助其在脱贫的基础上逐步致富。

在我国的老少边穷地区，农业人口占绝大多数。农民既是扶贫的对象，又是参与扶贫产业发展的有生力量。观光农业扶贫模式的特点是在一些有观光农业资源的贫困地区培植旅游点，政府扶贫部门和旅游部门为村民提供适当的资金资助和相应的技术指导，使村民一方面务农，一方面从事旅游业，帮助贫困地区居民把传统的农事活动发展成为游客可观赏参

---

① 张梅．北京市休闲观光农业可持续发展研究［D］．北京：中国农业科学院，2009.

与的观光农业，把原始、简朴、浓郁的少数民族生活、文化习俗开发为受异地游客欢迎的旅游活动。从地域方面来讲，观光农业扶贫模式特别适合于风光旖旎、少数民族风情浓郁的贫困地区和城市周边条件适宜的农村。①

2. 观光农业扶贫模式的特征

综上，我们可以把观光农业扶贫模式的特征归结如下：一是强调因地制宜。观光农业扶贫模式所开发的农业资源依托于贫困地区本身所具有的资源，强调根据贫困地区自有的农业资源进行扶贫开发，通过对本地区资源的充分考察和评估，制定相应的发展规划，宜农则农，宜林则林。这是观光农业扶贫模式最基本的特征。这一特征与精准扶贫的精神本质是相契合的。

二是以造福于贫困人口为根本宗旨。观光农业扶贫模式以增强贫困地区自我发展实力为根本出发点。观光农业扶贫模式不仅着眼于扶贫地区的整体经济发展，而且关注贫困地区人口的发展，认为真正的脱贫是能够有利于贫困人口的经济增长，将造福于贫困人口作为其根本宗旨。可以说，贫困居民加入到脱贫过程中来是达到这一目的的不错选择。

三是观光农业扶贫模式是一种区域性的扶贫发展模式。这一特征表现在经济欠发达地区把旅游业打造为当地的重要产业，并通过当地农业资源和旅游业的充分结合，实现贫困地区经济、社会、文化、生态等各方面的全方位可持续发展。

四是观光农业扶贫模式特别注重“三产融合”。所谓“三产融合”，即农业、旅游业和服务业的结合。观光农业扶贫模式主张在开发农业资源的基础上，建设观光农业园区，发展旅游业和服务业，三者形成有效互动，整体上拉动贫困地区的消费，同时为当地民众提供就业岗位，带动当地居民参与到脱贫过程中，从而实现贫困地区脱贫攻坚的目标。

五是强调可持续发展。世界保护联盟将可持续发展定义为一种在不损耗或破坏资源的情况下所允许的开发过程。观光农业扶贫模式是一种可持续发

---

① 王颖．中国农村贫困地区旅游扶贫 PPT（Pro－Poor Tourism）战略研究［D］．上海：上海社会科学院，2006.

展的扶贫模式，它以本地区的农业资源为依托，在开发过程中注重当地环境的保护，旨在促进贫困地区的生态、社会、文化和经济的可持续发展。

四、观光农业扶贫模式的类型

观光农业扶贫模式的类型大体等同于观光农业的类型，只不过是将发展观光农业用于脱贫工作中，目的是为了帮助贫困地区摆脱贫困。观光农业可以存在于富裕地区，同时也可以应用于贫困地区，当运用于贫困地区时，就成为扶贫模式的一种，即观光农业扶贫模式。

应当说明的是，作为一个新兴产业，观光农业的发展阶段是与经济基础相对应的，在发展过程上，可以将观光农业分为三个阶段：自发式、自主式和开发式。我们所说的观光农业扶贫模式的开发阶段位于观光农业发展阶段的第三阶段上，是政府主导、企业和居民参与的合作模式，在建设和运营前期，政府扶贫部门会有周密的规划和建设运营方案。

综合各地区观光农业扶贫模式的创新和实践，按照不同的划分标准，可以将观光农业扶贫模式划分为不同的类型。

（一）按农业类型划分观光农业扶贫模式的类型

1. 观光生态农业扶贫模式

这是一种将多种农业类型结合在一起的综合性扶贫模式，通过在贫困地区因地制宜地建立农、林、牧、副、渔土地综合利用的生态模式，来加强农业生产过程的体验丰富性、趣味性、生态性，具体包括生产丰富多彩的绿色保健食品，为游客提供观赏生产环境的场所，形成农林牧结合、林果粮间作、桑基鱼塘等农业生态景观，如珠江三角洲形成的桑、鱼、蔗互相结合的生态农业景观典范。

2. 观光种植业扶贫模式

指利用现代农业技术，开发具有观赏价值的农园地或者利用现代化农业栽培手段，向游客展示农业最新成果，以帮助贫困地区脱贫的扶贫模式。如引进优质花卉、绿色瓜果、绿色蔬菜等；规划建设各种类型的农业观光园、自摘水果园、农果食品品尝中心等。

3. 观光牧业扶贫模式

利用具有观光功能的养殖场、牧场、狩猎场、森林动物园等，为游客观光和参与牧业生活提供空间和机会。具体的活动如草原放牧、狩猎、骑马比赛等。

4. 观光林业扶贫模式

指通过开发具有观光功能的果园、人工或天然林场、绿色造型公园等，利用人工森林与自然森林所具有的观光价值，满足游客避暑、野营、探险、森林浴等观光需求的扶贫模式。

5. 观光渔业扶贫模式

充分利用贫困地区的池塘、滩涂、水库等水体，开展具有观光、参与功能的旅游项目。如让游客学习养殖技术或享受垂钓乐趣，参与捕捞活动、品尝水鲜等。

（二）按功能划分的观光农业扶贫模式类型

按照观光农业的功能进行细分，可将其分为购物型、品尝型、观赏型、娱乐度假型、疗养型等。此外，每种类型下还可以根据此种类型具体的经营形式细分出更为详细的子类型（如表1）。

表1　观光农业类型图①

按功能划分的类型	其子类型
购物型	农产品购物中心、牧产品购物中心、水产品购物中心
品尝型	瓜果品尝中心、蔬菜品尝中心、奶制品品尝中心，水产品品尝中心。
观赏型	蔬菜、花卉、瓜果观赏园、珍稀水产观赏馆、观赏林区、生态农业观赏园。
采摘型	自摘瓜果园、挤奶场、捕捞中心、生态农业研究场。
娱乐型	斗牛场、斗鸡场、野营地、狩猎场
疗养型	海滨浴疗场、森林浴疗场
度假型	生态农业休养地、森林避暑营地

① 肖静．我国观光农业发展的对策研究［D］．四川：西南大学，2006.

（三）按经营形式划分的观光农业扶贫模式的类型①

1. 农业特产节模式

这是一种广为大众熟知和喜闻乐见的经营方式，主要表现为各地以展示名、特、优产品的名义所举办的多种庆典活动，借以吸引大量游客前来体验消费。如我国很多地区开办的荔枝节、西瓜节等等。

2. 市民农园模式

这种模式强调居民的参与性，一般采取农民提供土地，市民参与耕作的方式。其地域范围主要位于城市或者城市近郊，通过协商将农户的土地集中规划为若干，然后将这些地块出租给市民个人、家庭或团体，来经营家庭农艺或者种植花卉、蔬菜、果树等。这种经营模式的主要目的是让城市市民体验耕作乐趣，享受农业生产过程。

3. 农业公园模式

这种经营模式将农业生产场所、农产品消费场所和休闲旅游场所融合于一体，遵循公园的经营思路，通过收取门票来实现运营，以增加贫困地区的经济收益。

4. 民俗旅游模式

这种扶贫模式主要利用农村当地特有的风俗文化作为农业观光休闲活动的内容，比如农村民俗文物馆、乡村博物馆、民俗古迹等。如位于广西桂林的龙胜县，充分利用距离桂林市近的优势，摸索出了一条符合当地实际的观光旅游与民俗文化旅游相结合的道路，帮助当地居民成功脱贫致富，甩掉了戴了多年的“贫困县”帽子。

5. 休闲农场模式

这是一种由政府集资建立的综合性的休闲农业场所，在休闲农场内，游客可以体验农作、观光、近距离接触并了解农民生活、享受乡土情趣，也可以在休闲农场内游乐、住宿。休闲农场提供的娱乐活动一般包括农事

---

① 范子文．观光、休闲农业的主要形式［J］．世界农业，1998（1）．

体验、田园景观观赏、垂钓捕捞、野味品尝等。

6. 观光农园模式

观光农园模式是目前国内外观光农业扶贫比较普遍的一种经营形式。该模式是一种新兴的旅游农业形态，因为它既强调农园的生产、生态功能，也强调农园的观光功能。在运营过程中，经营者通过开放成熟的茶园、果园、菜园等，让游客进入园内采茶、摘果、拔菜，欣赏田园风光，感受田园乐趣。这种模式虽然增加了生产者对于观光农园包装以及凉亭、座椅等设施的投资，但同时也为其省去了采摘的人工费和运输费用，进而保证了农产品价格在市场上的竞争力。当然，对于消费者来说，这种自采自买的方式一方面可以让消费者愉悦身心，另一方面也让他们买得放心。

7. 教育农园模式

这是一种兼顾农业生产和教育功能的农业经营形态。实际上，对于从小生活在城镇中的居民尤其是青少年儿童来说，他们从小缺乏接触和学习农业知识和相关技能的机会，无法在自己生活的环境中体会到农业劳动的艰辛和快乐，而观光农业园则恰好为他们提供了见习机会和场所。农业园区中所种植的作物、饲养的动物以及配备的务农设施等，对他们极具农业教育意义，能够在一定程度上弥补他们农业知识和技能上的不足。经营者可以根据本地的实际情况开展如传统农具展示、花卉栽培技术讲解和演示等项目来吸引游客。

8. 森林旅游模式

这种模式依托于贫困地区先天具有的自然风光，一般适宜于地形多变、林地辽阔、林木丰富、山谷奇石遍布、溪流优美的地区。通过将其打造为公园或风景区以吸引都市游客来野营、休闲、度假、旅游、避暑。

实际上，我国学者对于观光农业扶贫模式的研究尚处于起步阶段，学者们关于旅游扶贫模式与机制的研究主要基于自身对于某一特定地区进行调研的基础上，进而总结出该区域范围内观光农业扶贫的主要模式，因此，这些模式呈现出描述性和实践指导性的特点。

（四）按参与主体发挥作用的不同而划分的观光农业扶贫模式类型

1. 政府主导模式

政府主导模式，即政府凭借其自身的行政权力、财政实力，通过制定相关政策、规划方案、进行项目投资、营造环境，协调各方行动，来促进贫困地区观光农业发展的一种扶贫工作模式。在此过程中，政府重点培育和扶持本地的观光农业，将其作为能够促进本地经济发展的优势主导产业，并全面参与发展规划的制定、实施、基础建设投资等各个环节，并在各个环节中起着绝对的主导作用。

2. 农企互助模式

农企互助模式，即在贫困地区观光农业资源的开发过程中，由当地居民提供劳动力和原材料，企业负责开发、销售和运营的一种脱贫模式。在这种模式中，村民的角色实现了转换，由闲散劳动力转变为在企业工作的员工，这种模式能够提高居民的参与积极性。如河南省鲁山县在开发温泉旅游产品的过程中，农民通过制作一些手工艺品与温泉度假区合作进行销售就是农企互助模式的一个典型例子。

3. 农民自主开发模式

农民自主开发模式，是指由政府提供优惠政策对农民予以扶持，让农民自主开发农业旅游产品，使其自身摆脱贫困的一种模式。在具体实践过程中，村民或通过协商成立合资企业，或以行政村为单位开发本地农业观光资源，也可在村际之间展开合作。需要指出的是，这种模式对领导者的能力要求较高。

4. 社区参与模式

参与式发展（Participatory Development）理论是伴生“社区发展”思想等发展起来的，这一理论于20世纪80年代末期开始传入我国。[①] 国内外学者依据此理论提出了社区参与旅游发展的概念，以克服旅游发展给旅

① 李小云．参与式发展概论：理论－方法－工具［M］．中国农业大学出版社，2001．

游目的地社区带来的广泛消极影响，实现目的地社区旅游业的可持续发展。[①] 社区参与模式强调在旅游扶贫进程中各有机组成部分间的充分参与及合作：国家在政策、资金上对贫困地区予以优惠，企业利用自身资金、管理优势参与其中，社区居民（村民）以劳动力或合作伙伴的形式积极参与，通过多方共同努力，达到脱贫的共同目的。

五、观光农业扶贫模式的减贫机理

观光农业扶贫模式是观光农业与扶贫工作相结合的产物。观光农业与扶贫工作的结合并不是自二者出现之日起就天然形成的，观光农业自身蕴含的扶贫优势与农村发展观光农业的优势合力构成了观光农业扶贫模式的减贫机理。

（一）观光农业扶贫模式所具有的减贫优势

观光农业扶贫模式的减贫优势十分明显，我们主要从观光农业扶贫模式的益贫性和观光农业扶贫模式对贫困地区人口的带动作用等方面进行分析。

1. 观光农业扶贫模式的益贫性

“益贫式增长是对穷人有利的经济增长，它关注经济增长、不平等和贫困三者之间的关系。”[②] 观光农业扶贫模式的益贫性主要表现在以下三个方面：

一是观光农业扶贫模式能够促进三产融合。这里的三产指的是第一、二、三产业，三产融合强调在注重农业基本地位的前提下，推动并最终实现农业、工业、服务业三大产业结构的融合发展。[③] 我们知道，观光农业旅游是新型的旅游开发项目。一方面，观光农业突破了传统的旅游资源的开发观念，拓宽了我国旅游资源的开发形式。另一方面，观光农业也能够

① 丁焕峰．农村贫困社区参与旅游发展与旅游扶贫［J］．农村经济，2006（9）．
② 张庆红．对益贫式增长内涵的理解：一个文献综述［J］．湖北经济学院学报，2013（4）．
③ 杜长青，李旭梅．三产融合——农村经济可持续发展的新举措［J］．中国农业信息，2016（11）．

促进三大产业的有效互动，能够调动资源、整合资源，助推贫困地区的脱贫进程。

二是观光农业扶贫模式有助于创生绿色和谐的农业生态系统。观光农业扶贫模式与五大发展理念相贯通，有助于建立以农业养旅游，以旅游促农业的互动机制，创生出一种绿色和谐的农业生态系统。作为一种新兴的交叉型产业，观光农业扶贫模式将农业与旅游业有机结合起来，提倡在保护环境前提下的绿色有效发展，最大化地保护了当地环境，从而有助于实现经济发展和环境保护的双重目标。

三是观光农业保证了贫困地区发展的高效益。一方面，观光农业扶贫模式将农业与旅游业相结合，加大了对农产品的深开发，改变了农业生产的单一性。通过形成农产品生产、加工、销售一体化链条，推动农业现代化的步伐，提升农产品的附加值，提高农业的经济效益，保证了农业发展的高效益。另一方面，旅游业投资少，见效快。“观光农业不仅不需要投入大量的资金，而且能赚回大笔收入，经营风险小，获利大。”①

2. 观光农业扶贫模式对贫困地区人口的有效带动作用

观光农业扶贫模式不仅关注贫困地区整体的经济发展，更为关注观光农业的扶贫开发为当地困难人口所带来的实际经济效益。与其他扶贫开发模式相比，观光农业扶贫模式在保证宏观目标的基础上更为注重微观目标的实现和达成。观光农业扶贫模式对贫困地区人口的有效带动作用主要表现在以下几个方面：

一是观光农业旅游能够为农村剩余劳动力提供新的就业机会。观光农业旅游是一种服务性的劳动密集型产业，它能够促进农村地区第三产业尤其是服务业的发展，吸纳并消化大量农村剩余劳动力，使广大贫困人口参与到脱贫工作的过程中，调动了贫困人口参与的积极性。

二是在农村发展观光农业有利于改变贫困地区居民落后的思想观念。实际上，贫困地区最大的贫困是思想观念上的贫困，若无外力干涉，贫困意识就会在代际传递中逐渐成为一种惯性力量，闭塞的贫困意识会使当地

① 祖鹏．关于观光农业与农村扶贫的思考［J］．湖南经济管理干部学院学报，2006（6）．

丧失诸多发展机遇，在根本上阻碍了贫困地区经济的发展。观光农业扶贫模式则有利于改变贫困地区居民落后的思想观念，帮助贫困地区摆脱其经济发展过程中的“无形”禁锢。由于参加观光农业的游客绝大部分来自于经济发达、信息丰富的城市地区，他们的到来无疑会为贫困地区带来新思想、新观念以及新的生活方式，这些都会对当地社会的各个层面发生潜移默化的影响，这些影响会对当地的传统思想形成有力的冲击，而这种冲击对于解放贫困地区居民的思想是十分有益的。①

（二）农村发展观光农业的优势

一方面，在城市化进程的过程中，城市人生活节奏的加快为农村地区提供了潜力巨大的客源市场；另一方面，我国农村地区也有发展观光农业的先天优势和外在环境优势。这些优势主要体现在以下几方面：

1. 我国农村具有丰富的旅游资源，为农村发展观光农业提供了先天条件

相比于城市，农村有优美的自然环境，淳朴的民风民情，丰富的民俗文化活动，这些对于城市居民具有极大的吸引力。首先，我国的地域辽阔，地形复杂，特别是适宜于种植能够在观光农业旅游中开发的水果、蔬菜等品种，这为观光农业的发展提供了良好的支持条件。② 其次，我国是历史悠久的农耕大国，农村具有内涵深厚的农耕文化，多民族的民俗风情文化资源十分丰富，这些都为我国农村发展特色观光农业旅游提供了得天独厚的条件。

2. 国家重视观光农业扶贫，为农村发展观光农业提供了有力的指导

观光农业扶贫模式集中体现了农村产业扶贫与五大发展理念的契合。我国的扶贫工作重点在农村，而农村是第一产业的主要聚集地，农村扶贫的工作重点自然在于扶持农业的发展，而观光农业的出现在一定程度上对

① 张河清．区域民族旅游开发导论｛M｝．中国旅游出版社，2005.
② 张艳芳，李开宇．中国发展观光农业的资源分析及对策［J］．人文地理，1999（3）.

农村扶贫工作具有重大的参考价值和现实意义。党的十八大沿着科学发展观的步伐把生态文明建设纳入中国特色社会主义事业五位一体的总体布局中，指出“绿水青山本身就是金山银山”。习近平总书记在中央扶贫开发工作会议上强调，打赢脱贫攻坚战，要解决好“怎么扶”的问题，并指出对有劳动力的地区，要鼓励和支持当地人民依靠自己的双手开创美好明天，引导他们立足当地资源，宜农则农、宜林则林、宜商则商、宜游则游，通过扶持发展当地特色产业，实现就地脱贫。近年来，党和政府针对观光农业扶贫制定和颁布了一系列的政策和文件，有力地引导了我国观光农业扶贫模式的发展和完善。

3. 观光农业投入成本小、产出高，便于我国农村开发农业观光旅游

首先，我国广大农村地区具有开发的基础，可以依托其原有资源来开发农业旅游基地，不需要人工营造相关资源景观，因此，农村地区进行观光农业开发所需的资金较少。其次，相比较来说，旅游业本身就是一个成本小但产出高的产业，农业旅游资源得到开发之后，维护成本较小，在某种程度上具有“一劳永逸”的效果，具有长效发展潜力，能够为当地提供源源不断的收入。农村旅游业的较少投入，就可以收到较大的产出。

六、观光农业扶贫模式典型案例评析

湖南省安仁县积极践行观光农业扶贫模式，依托本地稻田种植的优势，因地制宜地打造了一个集旅游观光、农耕体验、休闲娱乐、现代农业示范等多种功能于一体的“稻田公园”，帮助当地贫困农民走上了脱贫致富的道路。

（一）背景与概况

安仁县坐落于湖南省东部，位于罗霄山脉西麓，是罗霄山片区的脱贫攻坚县。该县辖区内有 5 个镇，8 个乡，166 个行政村，总面积 1478 平方千米，人口 45 万，其中农村人口有 39.5 万人，全县建档立卡贫困人口为 6.8 万人。安仁县属于国家革命老区，同时也是一个以农业种植为主导产业的县，当地生态环境保存完好。由于没有其他的收入渠道，2010 年当地农民人均年收入仅为 1800 元，县财政也比较困难。2012 年以来，县委县政府以观光农业扶贫模式为指导，立足于本地农业优势，因地制宜地确立了“以现代庄园经济为基础、以统筹城乡发展为抓手、以三大产业融合为目标，以生态文明倒推工业文明、城市文明”的转型发展思路。经过前期的实地调研和科学规划，以 10 余个村为核心，建设了一个农业湿地公园——“稻田公园”。稻田公园集农业观光旅游、农耕体验、休闲娱乐、科普教育、现代农业示范等多功能于一体。截至 2015 年，安仁县稻田公园被评为 4A 级景区，每年有大批游客前往稻田公园度假游玩。据不完全统计，安仁县稻田公园自对外开放以来，已累计接待省内外游客近千万人次，为当地带来旅游收入近 25 亿元，成功拉动了当地的经济社会发展，让贫困农民真正得到了实惠，成功走上了致富发展的道路。

（二）案例做法

1. 科学规划，统筹实施

依据安仁县稻田连片、生态保存完好的优势，县政府于 2013 年邀请了北京大学、湖南大学的高校教授和张家界市规划设计院的专业人员到安仁县进行了实地考察，帮助县政府制定了科学的规划方案，为园区的建设和发展提供了建设性的意见，确立了以新丰村为核心区域的“稻田公园”建设基地。制定好方案之后，县委县政府积极动员村民进行土地流转，并将流转出的 2000 多亩土地发包给一家当地生产大米的省级农业龙头企业。在融资方面，政府积极创新融资体制，筹集资金 4000 余万元，撬动社会资金 2 亿元投入“稻田公园”的建设过程中。在工程实施过程中，县政府严格保护耕地，注意保护原有的山水脉络。经过八个月的时间，公园建成并投入使用，县政府还主持成立了专门的管理处对整个公园进行专业管理。

2. 以农民获得发展红利为指引，促进观光农业旅游发展

为了让当地贫困民众得到切实的福利，政府投入了大批资金用以完善当地基础设施建设：将景区的道路予以硬化，在道路两旁安装了太阳能路灯。县政府还出台政策积极引导贫困村民在“稻田公园”内就业创业。借

助稻田公园的建设，当地政府在园内相继推出了一系列的旅游文化项目来吸引游客，观赏类项目如春季欣赏大片油菜花、荷花、向日葵、五彩稻田等；农耕体验类项目如自采农产品、下田插秧、收割水稻、下水捕鱼、采茶等。尤其是其每年三月份的油菜花节，已经成为远近闻名的品牌节会，每年都吸引着近200万人来安仁观光游览。人流量就意味着商机，意味着市场。随着人流量的加大，园区附近的农民看准商机，在园区内和园区附近开设农家乐、小商店、旅馆等，真正做到了足不出户，钱包变鼓。

3. 开发当地特色民俗文化资源

安仁县是人文始祖神农炎帝活动的重要区域，当地有很多与神农有关的遗址，也有很多与神农有关的习俗和传说，尤其是当地祭祀神农的米塑技艺更是本地的一大文化特色。县委县政府将这些传统文化与现代文明成果相结合，建设了千年凤岗古桥、水车游园、农耕博物馆，开设了以传承神农文化为宗旨的米塑、烫皮制作展卖店和体验式工作坊，宣传了本地的传统文化和特色，增加了其文化吸引力，源源不断的客流随之而来。

4. 打造现代农业科技园

在稻田公园的发展过程中，当地政府坚持两型农业理念，注重现代农耕科技的应用，并邀请了“杂交水稻之父”袁隆平先生为园区题写园名，还在园区内设立了院士工作站，在公园内引入超级稻、五彩稻，大力推广有机种植、有机养殖、免耕机插和病虫害绿色防治技术。湖南省现代农业科技园、国家级现代农业科技园分别于2015年和2016年落户安仁稻田公园。省内外多个县市区人员纷至沓来，到安仁进行考察、参观和学习。

（三）经验与启示

1. 坚持因地制宜

安仁县立足于本地的传统产业——稻田，并依托其山清水秀的生态环境以及浓厚的人文历史底蕴来发展观光农业旅游，促进当地贫困人口脱贫致富，充分体现了观光农业扶贫模式因地制宜的特点。

2. 坚持产业融合发展

安仁县将农业、加工业和服务业融合为一体。在稻田公园的发展模式中，其开发项目既有传统农耕、观光农园、果园、茶园；又有龙头企业的加入保证其米业的生产加工和市场推广；更有当地民众参与的农家乐、小商店等服务业，“三产”融合，为当地打造了一个脱贫致富的立体平台。

3. 政府主导，多方合力

在稻田公园的融资、建设和发展过程中，政府始终作为主导力量，协调各方利益，推动多方合作，为稻田公园的发展提供了强有力的保障。

4. 注重环境保护以及观光农业的复合型开发

“观光农业的复合型开发模式，就是根据观光农业本身的产品多功能复合型特点，结合游客多样化的需求，在不改变旅游地总体地域环境和田园氛围的前提下，进行旅游产品的多功能开发活动。”① 其复合性质主要表现为旅游项目、旅游产品开发的多样性，以广泛吸引不同层次、不同旅游动机的游客。安仁的稻田公园在田间地头种植四季花草果木，设置多类型的农耕体验项目，开设农耕文化博物馆等，使园区兼有观光、娱乐、教育、示范等多项功能，极大地丰富了公园的内涵。

七、观光农业扶贫模式存在的问题与政策建议

虽然有很多贫困地区通过发展观光农业而摆脱了贫困，积累了不少成功经验，但是由于观光农业在我国处于发展的初级阶段，各地在具体的实践过程中也面临着很多的问题和缺陷。

（一）观光农业扶贫模式存在的问题

我国疆域辽阔，地域性明显，为农业观光提供了丰富的生态旅游资源。各地区各民族历代传承的地域文化，为贫困地区发展观光农业旅游提供了丰富的民俗文化资源。在巨大的外力市场需求的推动下，我国贫困地区观光农业旅游飞速发展，势头迅猛。总体上来看，近年来我国贫困地区观光农业旅游在数量上迅速增加。但从供给的质量上来说，其发展过程中

① 肖光明．观光农业的复合型开发模式初探——以肇庆广新农业生态园为例［J］．经济地理，2004（5）．

仍然存在着一系列的问题，严重影响了观光农业的生态、经济和文化的可持续性发展。

1. 脱贫思路狭窄，存在恶性竞争

迈克尔·波特（Michael E. Porter）曾在其竞争战略理论中提出了三种竞争战略：总成本领先战略、差别化战略以及专一化战略。其中，差别化战略是将产品或公司提供的服务差别化，树立起一些具有独特性的东西。一方面，企业产品差异化能够对顾客产生极强的吸引力，增强厂商的定价能力，从而使厂商在市场中取得竞争优势。另一方面，产品的差异化也为潜在的市场进入者构筑了较高的行业壁垒，从而增强了企业自身的战略竞争力。贫困地区在运用观光农业扶贫模式对农业旅游资源进行开发的过程中要注重项目的独特性和乡土文化的挖掘，以吸引游客的注意，提升当地旅游景点吸引力。乡土文化的挖掘则能够提升观光农业资源的内涵，增加游客二次消费品的购买意愿，从而提高获利性，促进观光农业旅游的可持续经营。“创意、文化、产业与休闲旅游的整合，有利于休闲旅游体验的创造，带给游客美好的回忆并深化游客对休闲旅游的认同与依赖，厚植休闲旅游产业的资源竞争。”①

然而，在我国贫困地区发展观光农业旅游的过程中，却存在着项目机械模仿、恶性竞争的情况。一些地区的投资者或政府未根据当地实际情况制定周密的规划建设方案以及做市场调研，投资决策具有很大的随意性和盲目性。因此，建设的旅游景点或与当地景观不协调，或重复、雷同，缺乏特色；有些地区景点的投资者为当地居民，当他们认识到身边的环境资源具有经济利益的时候，便单纯模仿别人的模式仓促开发，完全没有前期的可行性研究。如：“在河南与陕西交界的地方有一个叫“磨滩”的小山村，那里满山都种有柿子树，到了秋天树上就挂满了灯笼似的柿子，然而，由于当地村民缺少观光农业开发的知识，盲目地对外开放，只赚取了少数的门票和住宿收入，就在不到两年的时间里造成了严重的环境污染，

① 沈进成，曾慈慧，林映秀．游客休闲涉入、体验、依附影响之研究——以南投水里蛇窑陶艺文化园区为例［J］．新竹教育大学人文社会学报创刊号，2008：113－132.

破坏了当地的生态环境。”① 有些地区忽视了农业旅游资源的地区综合开发，导致观光农业规划不合理、活动内容单一，难以满足游客的多方面需求，导致游客逗留时间短，经济效益低下；虽然我国有丰富的农业旅游资源和多样的地域文化，但目前各地农业旅游资源开发模式雷同，开发项目也多限于观光果园、垂钓园等，具有地方特色的观光农业扶贫项目如民俗观光村、民俗农庄等尚不多见。

2. 生态保护不足，未遵循可持续发展战略

一些贫困地区在开发当地农业资源的过程中存在大量的废农造景、滥建人工设施的现象，严重冲击了原本就比较脆弱的农业生态系统。比如，一些扶贫部门和经营者只看到观光农业的经济效益，不注重其生态效益，大兴土木，随意改变土地的使用形态，破坏了当地原有的生态平衡，建设了过多的人工化设施，背离了观光农业扶贫模式追求生态平衡、实现贫困地区可持续发展的目的。

3. 急于求成，缺乏科学规划和管理

由于经济基础、技术水平的相对落后，加之当地急于摆脱贫困的心态，一些地区出现了急功近利的现象。有些贫困地区简单盲目而又粗放地开发当地观光农业资源，有的甚至把景点一圈就对外收费，使旅游成为一锤子买卖，旅游者乘兴而来败兴而归，可持续发展难以为继。还有一些地方政府为出政绩，把一些旅游资源廉价租赁或转让给开发商几十年，开发商是以营利为目的的，他们在建设观光农业园时很少考虑当地农民的利益，有些开发商和投资商在没有进行科学规划的前提下就施工建设，因此只能收获短期效益，当地农民的利益也得不到保证。有些地区只关注眼前经济效益，只重开发不重保护，忽视当地环境的承载能力，盲目地增加客流量、扩大旅游规模，破坏了原有的社会环境和自然环境。② 此外，虽然有些地区的建设、农林、水利和旅游部门对观光农业旅游区进行相应的管理有利于观光园区的发展，但与此同时，多头管理又导致园区缺乏宏观的

---

① 张梅. 北京市休闲观光农业可持续发展研究［D］. 北京：中国农业科学院，2009.

② 郭清霞. 旅游扶贫开发中存在的问题及对策［J］. 经济地理，2003（4）.

管控和指导。目前，贫困地区观光农业旅游区的管理仍然是一个有待探讨的课题。

4. 产业链短，高附加值产业环节薄弱

旅游产业链思想来源于产业链理论。[①] 旅游产业链是指“在一定的区域范围内，以具有较强竞争力的旅游企业为核心，围绕满足游客游、娱、食、住、行等需求而形成的相关行业间、企业间的相互影响、相互制约的‘竞’与‘合’的关系，它包括满足旅游者需求的所有企业的集合。”[②] 观光农业扶贫产业链上存在着众多的产业环节，虽然每个产业环节都能创造旅游价值，但每个环节所能创造出的价值却是非等量的。一般来说，游、吃、住、行这四大要素是旅游业的基本消费，一般比较固定，这些环节所能创造的旅游价值弹性不大。而游客在购物和娱乐方面的消费，属于非基本消费，其弹性较大，有很大创造价值的空间，需要重点优化。纵观我国观光农业扶贫的发展现状，观光农业对于弹性大、具有高附加值的非基本消费的项目开发十分薄弱。贫困地区主要是依靠丰富的旅游资源来发展旅游产业，是明显的资源导向型旅游发展模式。此外，我国观光农业扶贫的产业链条短，与其他相关产业的关联度有待提高。在我国观光农业扶贫工作过程中，很多贫困地区对于农业资源的利用和开发仅仅停留在对初级农产品的利用和开发上，产业链条短，急需对第一、第二和第三产业进行关联性的整合。

5. 季节性强，重游度不高

一方面，观光农业旅游具有明显的游览时间集中性，城市居民主要选择在“五一”“十一”、春节等国家法定节假日集中出游。另一方面，观光农业的游览项目也具有最佳游览时间。目前，我国大部分观光农业扶贫地区的观光农业景观、农产品都具有很强的季节性，这就造成了旅游区淡旺季游客数量严重失衡的局面：旺季车水马龙，淡季人烟稀少。[③] 另一方面，

---

① 杨丽娥．旅游产业链刍议［J］．经济问题探索，2008（6）．

② 邓小海，曾亮，罗明义．产业链视域下旅游扶贫问题诊断及对策研究［J］．当代经济管理，2014（11）．

③ 毕洪文．我国旅游观光农业的特征及发展方向［J］．北方园艺，2009（6）．

有些贫困地区的观光农业园区整体建设水平比较低且没有得到有效的管理，旅游卫生条件较差，甚至存在“蒙客”“宰客”的现象，导致游客重游率低，严重影响观光农业扶贫的效果。

6. 忽视贫困人口参与及其利益

扶贫的目标在于贫困人口的脱贫和发展。因此，保证贫困人口在观光农业旅游扶贫工作过程中的利益、增加贫困人口的发展机会，理应成为观光农业扶贫的核心问题。在当前的扶贫工作过程中，政府与开发商、投资商的合作往往会把当地农民置于边缘地位。若完全依照市场机制来调节贫困地区观光农业资源的开发，往往会导致社会扶贫目标的偏离。如，在开发和经营过程中，旅游收益的分配是不平衡的。贫困地区农民仅有少数人被作为廉价的劳动力来使用，大量当地农民成为观光农业扶贫开发的围观者，未能在旅游开发中直接受益。然而，当地民众却要承担诸如生态破坏、环境污染等的负面影响。“各级政府对旅游扶贫的主导作用，除了必要的基础设施投入和返还旅游收入用于贫困地区社区建设之外，还应表现在规范市场运作上，敦促社会扶贫目标真正成为旅游开发中的关注点。如：考虑如何将贫困人口的发展计划与旅游开发、规划和实施的各个层面进行有机的结合，通过制定法令、法规和政策，保证贫困地区人口在一些特定旅游产品开发中的优先权，尤其是涉及本土或民俗文化问题方面，也相应有一个知识产权的归属问题；通过制定相关的旅游政策，鼓励旅游规划和建设中突出扶贫的内容和行动；通过相关的行政管理和行业管理手段，监督扶贫目标的实现。”①

此外，旅游扶贫政出多头，各项政策之间衔接力度不够，行政“飞地”的出现②；地区发展不平衡，东西部差异大；缺乏后续建设资金，未形成旅游扶贫投入长效机制；缺乏旅游专业人才；旅游纪念品无特色；旅游促销力度不够等也是观光农业扶贫模式在实践过程中面临的一些现实问题。

---

① 郭清霞．旅游扶贫开发中存在的问题及对策［J］．经济地理，2003（4）．

② 董辅礽．中国经济纵横谈［M］．经济科学出版社，1996．

（二）观光农业扶贫模式的改进措施

针对观光农业扶贫模式在实践过程中遇到的问题，学者们也提出了相应的改进措施，主要包括以下几类：

1. 因地制宜，突出特色

农业生产天然具有地域性和季节性的特征，在贫困地区开展观光农业扶贫工作必须依据各贫困地区的地域特点、季节条件、农业资源和农业生产条件的特点，因地、因时制宜。在着手开发之前，必须认真分析当地的农业资源和文化资源的优势，找出具有区域代表性，区别于竞争性旅游区，同时又能符合消费者需要的资源特征和要素，对这些要素进行整合加强和提高。贫困地区应着眼于突出当地特色，通过农业生产、艺术加工、科技应用与旅客参与农事活动的融合，推陈出新，开发新型农业生产经营模式，力求实现经济效益与社会效益的统一。“特色永远是一个旅游区的生命力所在，也是它的突出区域特色，要改变狭隘旅游资源观，认识到特色就是旅游资源。”① 一个地方的特色文化是可以永续利用的旅游资源。实际上，美丽而又独特的景观、当地特有的民俗风情都是地方特色，它们可以体现在食、住、行、游、娱等各方面。比如，当地农民的家常便饭，当地传统的交通工具溜索、木筏、马车等，富有地域特色的土特产、民族工艺品，农事节日活动等都是地方特色文化的体现。

2. 坚持可持续发展，落实到实践过程中

政府扶贫部门须明确意识到保持优良的生态环境和人文环境是观光农业旅游扶贫开发赖以继续和发展的基础。在观光农业扶贫开发过程中，必须要把环境保护放在首位。各地区需要以“两山理论”为指导，在开发中强化生态保护的理念，反对任何以牺牲资源为代价来换取短期经济利益的行为和决策。保证扶贫地区农业内部功能的良性循环和生态合理性。具体做法如：严格控制滥用农民耕地；适当控制旅游旺季进入农业观光园的人数；避免在观光农业区修建不当的建筑等。

---

① 郭清霞．旅游扶贫开发中存在的问题及对策［J］．经济地理，2003（4）．

3. 加强观光农业旅游扶贫产业链整合

观光农业扶贫的产业链是一个有机整体，贫困地区必须在宏观上促进观光农业扶贫产业链的整合。观光农业扶贫产业链的整合能够有效降低参与主体间、各企业间的沟通和交易费用，发挥观光农业旅游扶贫的产业协同效应，促进旅游企业间技术转移和技术扩散，合理配置产业资本。① 在具体实践过程中，以“大产业、大旅游”的理念，促进观光农业与第二产业、第三产业间的关联性整合，延伸旅游扶贫产业链，促进产业增值，使当地居民从发展观光农业旅游事业中享受到实际利益。如建立加工企业，对当地农产品进行深加工，提高农产品销售的附加值；鼓励贫困地区居民参与到观光农业的经营过程中来，发展餐饮业，为旅客提供住宿，提供导游服务等，带动当地服务业的发展。②

4. 统筹规划，加强基础设施建设

一个地区观光农业扶贫工作的开展，以良好的交通、饮食、住宿、水电等基础设施的完善为前提。政府扶贫部门应当为基础设施建设预留足够的资金，并且积极宣传，招商引资，吸引一些企业的进驻，动员非营利组织的参与和加入，吸引旅游管理人才的加入。政府部门可以联系相关的非营利组织为贫困地区的人员开展管理培训课，提高管理人员素质。观光农业园区应以打造观光农业区的原生态环境为建设目标，努力为游客提供卫生的住宿、饮食环境，创造良好的口碑，提高游客的重游度。

5. 贫困社区参与观光农业扶贫发展

参与式发展（Participatory Development）理论于 20 世纪 80 年代传入我国，该理论是伴随“社区发展”等思想而发展起来的。③ 这里的农村贫困社区指的是农村贫困地区中的一个行政村或几个村的联合或一个独立的乡镇。贫困社区参与观光农业扶贫发展是指在开发农村贫困地区丰富的观光农业资源的过程中，把社区及其居民作为促进观光农业旅游发展的主体纳

---

① 马炳英．企业要重视产业链整合［J］．经济论坛，2004（8）．

② 邓小海，曾亮，罗明义．产业链视域下旅游扶贫问题诊断及对策研究［J］．当代经济管理，2014（11）．

③ 李小云．参与式发展概论：理论－方法－工具［M］．中国农业大学出版社，2001．

入观光农业扶贫工作中的方案规划、资源开发等重要事务的决策、执行体系中来。这种参与式发展类似于台湾的社区营造，“营造”一词强调居民的自发性与共同参与的行动。社区营造即指动用社区中的各种社会力量与资源，经过社区中人的动员和行动，促使社区完成自组织、自治理和自发展的过程。参与式发展理论中的社区参与有四个层次。第一个层次是居民拥有知情权，第二层次是居民拥有观察权，第三层次是居民拥有发言权，最高层次的参与是居民拥有选择权或投票权。目前，学术界的研究认为贫困社区参与观光农业扶贫发展主要体现在参与旅游地发展决策、参与旅游发展带来的利益分配等两方面。① 对于贫困地区来说，若要充分发挥观光农业的扶贫功能，需要从体制上设计能保证居民参与社区事务决策过程中的相关参与机制。贫困社区参与的观光农业扶贫模式是一种可持续的农旅结合扶贫模式，是开发式扶贫的制度创新，其转变和优势主要表现在以下几点：

*贫困社区参与观光农业扶贫发展主张贫困社区居民群体自主决策。

*观光农业扶贫计划的具体实施由实施政府与专家主导变为贫困地区居民实施为主。

*能够调动贫困群体参与积极性和生产积极性，增加贫困人口获益和发展的机会。

*能真正提高贫困人口的脱贫能力，增强其自立、自强意识。

*创造一种和谐、友善的旅游氛围和环境，提高贫困居民的服务水平。

6. 以 PPT 战略引导观光农业扶贫模式的发展和实践

1999 年，英国国际开发署委托相关专家开展了一项关于可持续旅游和消除贫困的研究，在该项研究中“PPT”被第一次明确地表达了出来。PPT 是一种“有利于贫困人口从旅游中获得纯收益”的制度，其核心是使贫困人口获得更多的包括经济、环境、文化、社会等的净收益，其战略重点是提升贫困人口获得经济利益、谋生手段和参与决策的机会。PPT 战略强调通过旅游业带动贫困地区的各方面发展，增强贫困地区的自我发展能力，使贫困地区最终进入良性循环的可持续发展的轨道。英国国际发展局

① 刘纬华. 关于社区参与旅游发展的若干理论思考［J］. 旅游学刊，2000（1）.

报告中对PPT战略所定义的贫困人口受益的界定是：贫困人口的受益是指其收益大于贫困人口为得到收益而付出的代价；保障贫困人口发展的机会；贫困人口所获得的利益包括经济、环境、文化等方面；可以允许贫困人口中利益获取不均等现象的存在，但长远发展计划中应考虑逐渐消除不平等现象。观光农业扶贫模式是一种以发展观光农业旅游为介质，以促进贫困地区脱贫为目标的扶贫工作模式。一个地区能否脱贫的最终标准要看当地居民的生活水平是否改善，一个地区扶贫工作是否有效要看贫困人口究竟能否从扶贫工作中受益，在多大程度上受益。可见，观光农业扶贫模式的最终目标与PPT战略的中心思想是吻合的，在具体的观光农业扶贫实践过程中，可以将PPT战略理念融合于观光农业扶贫工作的进程中，提高扶贫工作的实际效益。①

八、观光农业扶贫模式的前景与展望

虽然我们在观光农业扶贫模式的具体实践过程中遇到了一些现实问题，但也应该看到任何一项新事物的产生和发展过程都不可能是一帆风顺的，作为一个新兴的交叉型产业扶贫模式，其成长和发展过程中必然会面临一些问题。不可否认的是观光农业扶贫模式的应用在我国扶贫事业中业已取得了显著的成绩。全国许多贫困乡镇，尤其是一些老少边穷地区，由于发展观光农业旅游而摆脱了贫穷，摘掉了贫困县的帽子。

随着时代的进步，人民生活水平的提高，城镇居民渴望在乡村环境中享受自然优美的田园风光，丰富的农业产业资源以及悠久的历史文化背景使得我国具有发展观光农业扶贫的资源条件和先天优势；且随着科学发展观战略的提出，各地农业产业结构加快了转型和调整的步伐，政府也出台了一系列的政策法规支持和促进农业和旅游业的融合发展。观光农业扶贫模式必然具有强大的发展潜力和广阔的发展前景。在未来的发展过程中，观光农业扶贫模式需要进一步加强与农业科研院所以及院校的合作，以便为观光农业扶贫模式的发展提供坚实的科技支持。

---

① 王铁．基于 Pro－Poor Tourism（PPT）的小尺度旅游扶贫模式研究［D］．甘肃：兰州大学 2008.

专题研究报告之四：

光伏产业扶贫模式分析

一、光伏产业扶贫的背景

产业是经济发展的重要基础和有力支撑，也是贫困地区发展的先决条件，产业扶贫对于促进贫困地区经济发展和贫困群众增收，有着十分重要的作用。习近平总书记强调“要脱贫也要致富，产业扶贫至关重要”。汪洋副总理在全国特色产业精准扶贫工作电视电话会议上指出“产业扶贫是中国特色扶贫开发模式的重要特征，是完成脱贫目标任务最重要的举措，是其他扶贫措施取得实效的重要基础”。“要想富，上光伏”，光伏产业扶贫是贫困地区根据自身发展现状在减贫实践中不断总结和创新的一种新的扶贫模式。光伏是太阳能发电系统的简称，可将太阳能辐射转换为电能，它是一种新能源。光伏发电清洁环保，技术可靠，收益稳定，极适合建设户用和村级小电站。光伏扶贫是精准扶贫十大工程之一，作为精准扶贫的创新应用模式，在减贫实践中具有重要的战略意义。光伏扶贫是实施精准扶贫、精准脱贫的重要举措，是推进产业扶贫的有效措施，是造福贫困地区、贫困群众的民生工程。2016 年 1 月 6 日国家能源局网站发布关于印发加快贫困地区能源开发建设推进脱贫攻坚实施意见的通知，要求贯彻中央扶贫开发工作会议精神及《中共中央国务院关于打赢脱贫攻坚战的决定》要求，进一步做好能源扶贫工作，落实六大重点任务，包括精准实施光伏扶贫工程，到 2020 年完成 200 万建档立卡贫困户光伏扶贫项目建设。光伏扶贫是非常适合我国广大农村脱贫致富、发展生产的有效途径，是一种精准扶贫的方式，投入少、回报稳定、可持续。光伏精准扶贫，因其具有发电收益的稳定性、新能源推广的现实性、节能减排措施的创新性等诸多优点而倍受中央与地方两级政府的重视。进入脱贫攻坚阶段，实现粗放扶贫向精准扶贫的转变，需要做好两个方面的文章。首先是“精准”，即精准识别出贫困人口，“扶到点上”“扶到根上”；其次是“可持续”，确保贫困人口在摆脱绝对贫困后可以持续保障贫困群体的生计。而光伏扶贫在这两方面均具有得天独厚的优势，扶贫资金帮助其建立户用光伏发电系统后，可以为其提供周期长达25年以上的每年稳定的收入来源，实现了“输血”到“造血”的转换，更为重要的是，光伏发电作为最重要的清洁能源之一，有效保护了当地生态环境。

二、光伏扶贫政策梳理

在贫困地区积极推广光伏扶贫工程，是一条集产业扶贫、生态发展扶贫和清洁能源建设扶贫于一体的扶贫新路，不仅真正让贫困户有经济来源，还可以解决更长时期内的贫困农户生计问题。光伏扶贫最早于2013年在安徽省金寨县试点。2014年10月国家能源局、国务院扶贫办联合下发《关于组织开展光伏扶贫工程试点工作的通知》后，河北、山西、甘肃、宁夏、青海等五省区进入试点范围。

图1　光伏扶贫工程重点实施范围

（一）国家层面的政策

2014 年 10 月 11 日，国家能源局、国务院扶贫开发领导小组办公室联合印发《关于实施光伏扶贫工程工作方案》，决定利用 6 年时间组织实施光伏扶贫工程。安徽、宁夏、山西、河北、甘肃、青海的 30 个县开展首批光伏试点。

2015 年 3 月 9 日，国家能源局新能源和可再生能源司发布《光伏扶贫实施方案编制大纲（试行）》，由地方政府对户用和基于农业设施的光伏扶贫项目给予 35% 初始投资补贴、对大型地面电站给予 20% 初始投资补贴，国家按等比例进行初始投资补贴配置；户用和基于农业设施的光伏扶贫项目还贷期 5 年，享受银行全额贴息，大型地面电站还贷期 10 年，享受银行全额贴息。

2015 年 12 月 15 日，国家能源局发布《太阳能利用十三五发展规划征求意见稿》，指出“十三五”时期，我国光伏扶贫工程总规模达 15GW。除了地面扶贫项目总规模为 10GW 左右，分布式光伏扶贫规模也将达到 5GW；如果按平均每个家庭 3 千瓦计算，将实现 166 万个家庭屋顶分布式项目。

2016 年 3 月 1 日，国家能源局发布了《关于印发 2016 年定点扶贫与对口支援工作要点的通知》（国能规划〔2016〕55 号）——《通知》要求加快清洁能源发展，扩大光伏扶贫实施范围。同时，探索资产收益扶贫，使清洁能源资源开发与建档立卡贫困户脱贫直接挂钩，增加贫困人口收入，真正做到精准扶贫。

2016 年 3 月 16 日，为贯彻落实《中共中央国务院关于打赢脱贫攻坚战的决定》和中央扶贫开发工作会议精神，央行等七部门发布《关于金融助推脱贫攻坚的实施意见》，紧紧围绕“精准扶贫、精准脱贫”基本方略，全面改进和提升扶贫金融服务，增强扶贫金融服务的精准性和有效性，提出金融助推脱贫攻坚的实施意见。

2016 年 3 月 31 日，《国家能源局关于在能源领域积极推广政府和社会资本合作模式的通知》，对可再生能源及分布式光伏发电、天然气分布式能源及供热、农村电网改造升级、光伏扶贫、页岩气开发、煤层气抽采利用等 PPP 项目，符合财政投资补贴条件的，各级能源主管部门应积极探索机制创新和政策创新，鼓励财政补贴向上述 PPP 项目倾斜。将光伏扶贫等项目列入能源领域推广 PPP 范围之内。

2016 年 3 月 23 日，《关于实施光伏发电扶贫工作的意见》指出，要在 2020 年之前，重点在前期开展试点的、光照条件好的 16 个省的 471 个县的约 3.5 万个建档立卡贫困村，以整村推进的方式，保障 200 万建档立卡无劳动能力贫困户（包括残疾人）每年每户增加收入 3000 元以上。其他光照条件好的贫困地区可按照精准扶贫的要求因地制宜推进实施。

紧接着，《光伏扶贫实施方案编制大纲的通知》进一步指导地方编制光伏扶贫实施方案，推进光伏扶贫工程建设，保障光伏扶贫项目有效实施。

以上政策的出台，对于我国光伏扶贫工程的建设方式、财政补贴、发展目标等给出了明确的指示，这将有利于明晰政府光伏精准扶贫工作的开展，提高企业开展光伏扶贫项目的热情，并进一步推动农村分布式光伏的发展。

（二）地方层面的政策

浙江省出台《2016 年光伏扶助贫困残疾人试点工作实施方案》，《方案》实施对象为衢州市及辖区户籍并持有第二代残疾人证的贫困残疾人，选户基本条件为 2015 年建档立卡在册贫困户，且在乡镇路沿线可视范围内。2016 年，实现在试点区域内择优选择 30 户建档立卡贫困残疾人户建设 3 千瓦（12 块光伏板）左右分布式光伏发电项目，项目在 6 个月内建成投产，实现户均年增收约 1500 ~ 2500 元目标。

河北出台《关于做好 2016 年光伏扶贫实施方案的通知》，重点在 45 个国家扶贫开发重点县和燕太特困片区县实施光伏扶贫工程，计划年内通过光伏扶贫解决贫困人口不少于 4 万人，拟建设光伏扶贫电站 200 万千瓦，原则上每个贫困县建设光伏扶贫电站规模不超过 5 万千瓦，由各市统筹平衡。按照扶贫电站与商业电站 1：2.5 比例建设扶贫工程。其中：光照资源较好的 II 类资源区（张家口、承德、唐山、秦皇岛）扶贫标准为 1 万千瓦扶贫电站扶贫 1000 人，其他 III 类资源区扶贫标准为 1 万千瓦扶贫电站扶贫800人。两类资源区项目均要落实相应数量的建档立卡贫困人口，保障每人享受到连续20年、每年3000元的光伏扶贫收益。另外，河北省能源局《关于上报2016年光伏扶贫项目的紧急通知》河北省能源局下发关于上报2016年光伏扶贫项目的紧急通知，通知显示，河北省2016年按照扶贫电站、商业电站1∶2.5的比例开展光伏扶贫工程建设。扶贫标准为1万千瓦扶贫电站扶贫人口800人，每人每年3000元扶贫资金，扶贫期限20年。

安徽省铜陵市出台《关于光伏扶贫的建设模式以及指导意见》

指出，2016—2018年光伏扶贫工程总体目标是建设65个贫困村、10000户贫困户光伏电站，总建设规模3.53万千瓦。“1+X”建设模式：“1”是指在65个贫困村每村建设1个100千瓦（或60千瓦）集中光伏电站，实现全覆盖；“X”是指在235个行政村一般贫困户中选择符合建设条件且自愿建设的贫困户共10000户，每户建设3千瓦的户用光伏电站。

《关于金寨县光伏发电精准脱贫实施方案的通知》指出，建设集中式光伏扶贫电站。选址建设20万千瓦地面光伏扶贫电站。发展分布式（联户型）光伏扶贫电站。在23个乡镇选址建设分布式（联户型）光伏扶贫电站，每个站址建设规模200千瓦-600千瓦，累计1.5万千瓦。提高光伏扶贫项目覆盖面。建立光伏扶贫项目收益分配机制，集中式光伏扶贫电站和分布式（联户型）光伏扶贫电站净收益全部用于扶持贫困人口，覆盖建档立卡贫困户13000户（已建有光伏电站的贫困户和五保户除外），受益人口4.03万人，户均年增收3000元以上。

安徽宣城《加快推进光伏扶贫工程的实施意见》指出，大力推进建档立卡贫困村和贫困户开展光伏扶贫，增加贫困村集体经济收入和贫困户家庭收入，加快扶贫对象脱贫致富步伐，确保2016年年底前贫困户全部脱贫，2017年年底前贫困村全部出列，与全市同步实现全面小康。

安徽省舒城县《加快推进光伏扶贫工程的实施意见》指出，按照“确保农村贫困人口实现脱贫，确保贫困县全部摘帽，解决区域性整体贫困”和实行“三年集中攻坚、提前两年摘帽”的总要求，建立政府补助、扶贫资金支持、城投公司融资投入等多种途径相结合的资金筹措机制，大力推进建档立卡贫困村和贫困户开展光伏扶贫，增加贫困村集体经济收入和贫困户家庭收入，加快扶贫对象脱贫致富步伐，力争到2018年实现“县摘帽、村出列、户脱贫”。

山东省威海市《关于加快推进光伏扶贫工作有关事项的通知》指出，鼓励采取集中建设的方式，利用贫困村、贫困户屋顶和庭院空闲地建设分布式光伏发电项目。各区市承担推进光伏扶贫的主体责任，负责制定本区域光伏扶贫规划和具体实施方案，落实项目建设资金，组织项目建设，做好协调服务、监督管理、竣工验收和收益分配等工作。

山东费县人民政府《费县光伏扶贫项目收益分配监督管理办法》指出，在贫困户屋顶及院落安装的户用光伏系统的产权归贫困户所有，收益除还贷外全部归贫困户。

山东省《光伏扶贫实施方案》指出，2016年至2018年，通过3年集中组织开展光伏扶贫工程，力争惠及1000个扶贫工作重点村、10万个贫困户。

山西省《关于2016年新实施强农惠农富农补贴政策的通知》指出，实施光伏扶贫和旅游扶贫工程。安排资金2亿元。其中：安排资金1.5亿元，在58个贫困县的300个贫困村建设100千瓦村级分布式光伏扶贫电站；安排资金5000万元，在全省100个建档立卡贫困村开展乡村旅游扶贫。

临汾市人民政府《关于优选2016年光伏扶贫示范基地建设项目投资企业》指出，2016年拟在山西临汾市建设光伏扶贫发电项目一期500MW。规模批复后3个月内完成项目备案，建设期为6个月，经营期为20年（不含建设期）。

江西省《关于实施光伏扶贫工作的通知》指出，要求各地抓好实施方案编制工作、项目建设资金筹措工作、工程建设质量控制工作，各地要根据自身能力实事求是地编制年度计划，不超出自身财力扩大计划，不将商业电站纳入计划，年度计划完成情况作为第二年计划下达的根据之一，并于6月30日前将各县方案上报省发展改革委（能源局），抄报省扶贫和移民办。通知中指出，光伏扶贫项目将优先列入全省光伏建设计划、优先享受财政度电补贴政策、优先享受电网并网服务、优先享受金融优惠支持。

陕西省发改委、扶贫办印发《陕西省电力扶贫行动计划》完善“太阳－太阳”分布式工程。《计划》指出，用五年时间全面解决56个国家片区县、扶贫开发重点县电网存在的突出问题，实现8808个贫困村动力电全覆盖。全面提升陕西省贫困地区的供电能力、供电质量和供电服务，实现贫困地区户均配变电容量达到2千伏安、用户供电可靠率达到99.72%以上、综合电压合格率达到97%以上。

陕西延安市《关于做好光伏扶贫实施方案》的通知指出，2016年4月26日全市光伏扶贫项目实施方案编制工作会议精神及《XX县光伏扶贫实施方案编制大纲》（见附件）有关要求，以县区为单元统一组织编制光伏扶贫实施方案，具体由各县区经发局会同扶贫办负责编制工作，并尽快上报市发改委。特别是梁家河村、康坪村光伏扶贫项目作为我市光伏扶贫工作首批启动项目，延川县及宝塔区政府要抓紧落实实施方案具体细则，争取尽快开工建设。

陕西省发布《贯彻落实〈打赢脱贫攻坚战决定〉实施意见》指出，加大对贫困地区农产品品牌推介营销支持力度，积极推进旅游扶贫、光伏扶贫、电商扶贫等产业项目；还可探索资产收益扶贫，探索将财政资金和其他涉农资金投入设施农业、养殖、光伏、水电、乡村旅游等项目形成的资产折股量化给贫困村和贫困户，尤其是丧失劳动能力的贫困户，资产可由村集体、合作社或其他经营主体统一经营，贫困户享受收益。

黑龙江省《关于抓紧开展光伏发电扶贫工作的通知》指出，采取村级光伏电站（含户用）方式，每位扶贫对象的对应项目规模标准为5千瓦左右。鼓励采取PPP模式建设村级光伏电站，即利用产业扶贫资金或相关涉农资金、吸引光伏企业投资和申请金融机构贷款建设。其中，产业扶贫资金或涉农资金每村补助不超过项目投资的1/3。

湖北宜昌市《关于光伏扶贫工程的实施意见》指出，2016—2018年，利用3年时间，对全市建档立卡重点贫困村和贫困户实施光伏扶贫工程（装机容量70万千瓦）。其中：国网公司负责组织实施秭归县、长阳自治县光伏扶贫工程（装机容量42万千瓦），2018年年底以前建成投产；相关县市区负责组织实施其他地区光伏扶贫工程（装机容量28万千瓦），2017年年底以前建成投产。到2018年，全市所有具备建设条件的建档立卡贫困村均建有50～100千瓦的分布式小型光伏电站，村集体年均增收5万～10

万元；自愿且具备建设条件的贫困户建设3～5千瓦的光伏发电系统，实施项目的贫困户年均增收3000～5000元左右。

湖北省团风县2016年光伏产业扶贫工作方案指出，2016年，在全县范围内选择43个贫困村建设60千瓦分布式光伏电站43座；对太阳能资源、建设条件和接入条件好，有意愿建设光伏电站的建档立卡一般贫困户，按照每户3千瓦的建设规模，由县政府统筹资金集中建设。

《关于组织申报2016年光伏扶贫项目建设规模》的通知指出，准确扶持扶贫对象：国家要求，采取村级光伏电站（含户用）方式，每户扶贫对象的对应项目规模标准为5千瓦左右；采取集中式光伏电站方式，每户扶贫对象的对应项目规模标准为25千瓦左右，原则上应保障每户扶贫对象获得年收入3000元以上，请在实施方案中对精准扶贫对象予以明确。

《西藏自治区光伏电站项目管理暂行办法》指出，自办法发布之日起，西藏取消光伏电站项目前期工作的请示。未按法律规定和有关管理规定完成收购光伏发电发电量的电网企业，自治区能源监管部门将责令电网企业限期纠正。

《国土资源工作支持和服务贫困地区脱贫攻坚政策措施》指出，统筹引导扶贫项目用地布局，全力保障扶贫开发、易地搬迁、危窑危房改造和基础设施项目用地。优先安排贫困县（区）年度新增建设用地计划指标，保障民生、生态保护和扶贫开发产业等项目用地需求；加大贫困县（区）土地整治项目实施力度。支持贫困地区开展土地整治及高标准基本农田建设，优先安排自治区级土地整理项目和资金，鼓励贫困县（区）实施“旱改水”。

《推进太阳能光伏开发利用的指导意见》指出，云南省能源局出台了关于“推进光伏开发利用的指导意见”，其对云南省“光伏＋扶贫”模式提出了指导意见，为国内其他地区的“光伏＋扶贫”发展模式提供了借鉴。

三、光伏扶贫创新模式

光伏发电清洁环保，技术可靠，收益稳定，既适合建设户用和村级小电站，也适合建设较大规模的集中式电站，还可以结合农业、林业开展多种“光伏＋”应用。在光照资源条件较好的地区因地制宜开展光伏扶贫，既符合精准扶贫、精准脱贫战略，又符合国家清洁低碳能源发展战略；既有利于扩大光伏发电市场，又有利于促进贫困人口稳收增收。① 近几年各地根据自身特点，在光伏资源评估基础上，进一步识别扶贫对象、摸清贫困人口具体情况、建立光伏扶贫人口信息管理系统，最终因地制宜确定光伏扶贫模式。在系列政策规划推动下，正在把这一扶贫模式推广至更多地区。根据电站性质分，光伏扶贫可分为户用光伏发电扶贫、村级光伏电站扶贫、光伏大棚扶贫、光伏地面电站扶贫 4 种模式。

（一）户用光伏发电扶贫

所谓户用光伏发电扶贫是指利用贫困户屋顶或院落空地建设的 3 至 5 千瓦的发电系统，产权和收益均归贫困户所有。卖电收益能切实增加贫困人口的经济收入，对实现脱贫、全面建成小康社会的目标具有重要意义。之所以将户用光伏系统称为实现精准扶贫的最佳途径，是因为户用光伏电站无需投入过多的人力和物力，只需要定期擦洗保养光伏组件即可，对缺乏技术、缺乏劳动力、缺乏增加经济收入途径的农村贫困人口来说非常适用。

（二）村级光伏电站扶贫

所谓村级光伏电站扶贫是指以村集体为建设主体，利用村集体的土地建设 100 至 300 千瓦的小型电站，产权归村集体所有，收益由村集体、贫困户按比例分配，其中贫困户的收益占比在 60% 以上。这一模式的优势有二，一方面村级电站对电网接入要求较低，基本不存在接入问题，且不需要建设输电线路；另一方面村级光伏电站规模较小更容易协调用地，村内完全能够协调解决。

（三）光伏大棚扶贫

所谓光伏大鹏扶贫是指利用农业大棚等现代农业设施现有支架建设的光伏电站。光伏大棚一般一亩地布置一个光伏大棚，面积约为：60m * 8.5m，每个大棚大致可以布置 60kW 的光伏面板。光伏农业大棚的产权归

---

① 参见：发改能源［2016］621 号：《发改委发布关于实施光伏发电扶贫工作的意见》。

投资企业和贫困户共有。光伏农业大棚是集太阳能光伏发电、智能温控系统、现代高科技种植为一体的温室大棚，不仅可以利用棚顶光伏实现自发自用、余电上网，底下的空地也可种植作物，带来收入。光伏农业大棚是现代化农业与清洁能源紧密结合的产物，既节约土地，又可以将空间立体利用，产生清洁电力，带来双向效益。在此基础上，还衍生出了渔光互补的光伏电站模式。

（四）光伏地面电站扶贫

所谓光伏地面电站扶贫是指利用荒山荒坡建设10兆瓦以上的大型地面光伏电站，产权归投资企业所有，之后企业捐赠一部分股权，由当地政府将这部分股权收益分配给贫困户。地面光伏电站一般是利用荒山荒坡建设，规模大多达到10MW以上。其产权归投资企业，企业捐赠一部分股权，股权收益分配给贫困户。

相比于分布式光伏电站，地面光伏电站具有规模大、设备采购成本较低以及度电补贴较高等优势，尤其是对位于西部的贫困地区而言，广袤的土地有利于建设地面光伏电站。

四、典型案例

（一）光伏扶贫的“金寨模式”

因病、因残、因家庭无劳动力造成的特殊困难户是扶贫工作难啃的“硬骨头”。安徽在精准扶贫、精准脱贫的基础上，实施了光伏扶贫增收工程，探索了贫困地区科学发展、绿色发展的新路径。

1. 基本情况

金寨地处大别山腹地，鄂豫皖三省的交界处。总面积3814平方公里，下辖23个乡镇、1个现代产业园区，226个行政村，总人口68万，在这片红色的土壤上诞生了59位开国将军，素有“红军的摇篮、将军的故乡”之美誉。然而，与金寨辉煌的历史形成鲜明反差的是，金寨也是集高寒山区、重点库区、贫困地区为一体的深度贫困地区，由于地理条件等客观因素，金寨贫困面广、贫困程度深、扶贫任务重。2014年，金寨县受集中式光伏电站启发，在全国率先建设 1008 座分布式光伏扶贫电站。为了做好光伏发电产业扶贫到户工程，金寨县成立了由主要负责人为组长的光伏发电扶贫到户项目工作领导组，乡镇均成立相应领导机构，负责统筹协调项目建设和推进工作，并将光伏发电扶贫工程作为乡镇和县直单位扶贫开发工作考评的重要内容，实行工程进度日报告，确保快速推荐。

光伏扶贫始于合肥，2013 年先在 100 户贫困户家庭进行试点，由财政全额出资为每户建设 1 个装机容量 3 千瓦的家庭分布式光伏发电站，接入户用配电设备，实现并网发电。供电公司与贫困户签订并网发电合同，按结算周期向贫困农户全额支付上网电费。光伏发电项目充分利用了贫困地区太阳能资源丰富的优势，通过开发太阳能资源，连续 25 年可产生稳定的收益，实现了扶贫开发和新能源利用、节能减排的结合。2014 年 6 月，金寨县首批 1008 座贫困家庭电站并网发电。随即，该县启动了第二批 1000 座电站建设任务，每户装机容量都是 3 千瓦。与合肥财政全额为贫困户买单不同，金寨采取三个 1/3 的商业模式，其中 1/3 费用 8000 元为用户自付，政府出资 1/3，在该县投资企业信义玻璃出资 1/3。企业之所以斥资赞助，一方面是为了得到在该县建大型地面电站的资质，另一方面是为了获取当地廉价的地面资源。金寨县在实施第二批项目时，先由贫困户统一从村级贫困互助发展资金中借款，然后分 6 年从其发电收入中扣除，借款利息则由县财政统一贴息解决。但大范围推广，资金是个大难题。据了解，金寨县目前正多方联系，筹建“光伏扶贫基金”，为贫困户贷款提供担保和贴息。另外，国开行安徽分行也可能会参与到这一扶贫项目中，提供贷款。此外，通过光伏发电，让村集体有了持续稳定的收入来源，盘活了集体经济。每个村的村委会、卫生室、敬老院、村级综合服务中心等公共屋顶资源目前都处于闲置状态，适宜建设“权属村集体所有、收益归村集体使用”的小型分布式光伏发电站。未来 5 年，金寨光伏电站总装机将达到 300 万千瓦以上，总投资在 300 亿元左右，年产值将达到 200 亿元以上，解决 5000 人就业，贫困户年均增收 3000 元、贫困村年均增收 6 万元。

2. 主要做法

在光伏扶贫项目实践中，安徽省总结推出了三种模式：一是户用分布式光伏发电模式。即在每户屋顶上安装一个 3 千瓦分布式光伏电站，省补助 1000 万元，贫困户自筹 1/3，可申请小额扶贫贴息贷款，其余资金由县负责筹措，也可以由建设企业投资，但投产 6 年内发电收入 1/3 归企业。户用电站产权归贫困户。电站建成后，前 8 年运行维护由建设企业负责，8 年后从发电收入中拿出 0.02 元/度筹建运维基金。二是村级分布式光伏电站模式。即在行政村利用村集体荒地或者公共建筑屋顶建设小型分布式光伏电站，产权归村集体，收益主要用于村公益事业。资金方面由县筹资或者企业资助 1/3。三是扶贫光伏电站模式。由企业投资建设，地方政府土地入股，产权归投资企业，发电收入 5% 用于扶贫屋顶不能建设户用分布式光伏电站的贫困户。电站建成 20 年内，每个贫困户每年可收入 2500 元。综上，从一种探索性的扶贫项目，短短数年就将成为一地的主导型产业，光伏扶贫产生了巨大的社会效益和经济效益，给精准扶贫提供了一个可借鉴模式。安徽省金寨县是“中国工农红军第一县”“中国第二大将军县”，也是国家级首批重点贫困县，2011 年被确定为大别山片区扶贫攻坚重点县。2014 年年底，国家能源局和国务院扶贫办决定开展光伏发电产业扶贫工程，在甘肃、安徽等 6 省 30 个县开展首批光伏扶贫试点。金寨县作为试点代表，为安徽乃至全国产业扶贫提供了可复制、可推广的样板，光伏扶贫被列为全国精准扶贫十大工程之一。

3. 主要经验和启示

金寨县光伏扶贫工作之所以成效显著，除了党和政府的关怀和支持外，还与金寨县制定有效的工作机制有关。在光伏扶贫工作中，金寨县通过一系列的工作流程确保光伏项目顺利、有效实施。“金寨模式”之所以成为光伏扶贫的经典模式，正是因为它有精准到户与动态管理两个主要特点：

（1）精准到户。据金寨县扶贫和移民开发局副局长时培甫介绍，金寨的调查摸底工作以村民组为单位，采用村民组入户登记、民主评议、公示后报村、乡汇总报县的贫困户识别“四级公示”（村民组、村、乡、县公示）做法，确保对贫困家底调查结果公平、公正，并每年一次动态地掌握变化情况，然后再根据实际情况制定光伏扶贫项目。

（2）动态管理。在投资模式上，首批光伏扶贫项目采用贫困户、县政府和信义光能各出资 8000 元，产权归贫困户所有的模式，然而贫困户出资部分对于贫困户来说依然是一个不小的门槛。因此，在第二批 1000 户贫困户的项目建设中，县政府和信义光能继续各出资 8000 元，无力自筹的贫困户可以享受政府提供的无息贷款，借贷款从光伏发电收益中逐年偿还，电站产权依然属于贫困户。在实施范围上，从开始引进分布式光伏扶贫项目，到实施村集体光伏发电项目。在上网模式上，为保障群众收益最大化，由最开始的自发自用、余电上网，改为发电全部上网，每发 1 度电，农户收益 1 元。

根据国家电网金寨县供电公司的统计数据，目前，金寨县建设光伏发电 32 万千瓦。截至今年 2 月底，金寨县已有 8741 户贫困户安装了 3000 瓦分布式光伏电站，农户并网发电平均年收入 3000 余元；218 个符合条件的行政村建设集体光伏发电站，总容量 39.3 兆瓦，共发电 1823.51 万度，平均每年给村集体带来 6 万多元收入。光伏扶贫已为贫困户创收 1800 万元。

太阳能光伏发电是新能源的重要组成部分，被认为是当前世界上最有发展前景的新能源技术。金寨的光伏产业证明，光伏发电是一种清洁、高效的可再生能源，它具有节能、环保、安装简便、一次性投资终身受益的特点。正如 2014 年 10 月 11 日，国家能源局、国务院扶贫办联合制定的《关于实施光伏扶贫工程工作方案》中指出的一样：“光伏扶贫既是扶贫工作的新途径，也是扩大光伏市场的新领域，有利于人民群众增收就业，有利于人民群众生活方式的变革，具有明显的产业带动和社会效益……片区县和贫困县因地制宜开展光伏农业扶贫，利用贫困地区荒山荒坡，农业大棚或设施农业等建设光伏电站，使贫困人口能直接增加收入。”

（二）西藏桑珠孜区打造“光伏 +”脱贫攻坚示范新模式

近年来，在党中央、国务院的亲切关心关怀，自治区党委、政府和市委、市政府的坚强领导，青岛市的无私援助下，西藏桑珠孜区经济社会发展日新月异，民族团结百花齐放，各项事业蒸蒸日上，尤其是扶贫工作取得了产业协调发展，优势日益突出，群众稳步增收的显著成效。

1. 基本情况

桑珠孜区位于西藏自治区西南部、喜马拉雅山北麓，雅鲁藏布江及其主要支流年楚河的汇流处，总面积3875平方公里，平均海拔3836米。区辖2个街道办事处、10个乡，176个村（居），总人口11.8万，是我国西南边疆的中心城市和连接印度、尼泊尔、不丹等南亚国家的“桥头堡”，是历代班禅大师驻锡地和日喀则市委、市政府所在地，也是后藏政治、经济、文化、旅游中心。

目前，该区共识别建档立卡贫困户2900户11530人。“十三五”期间，计划实施易地搬迁1474户6051人，其中2016年计划完成358户1237人，力争2017年完成剩余的所有搬迁任务。同时，重点依托丰富的太阳能资源，立足独特的区位优势，为积极响应国家政策号召，2016年在自治区党委、政府，市委、市政府的高度重视下，区委、区政府围绕精准扶贫精准脱贫目标，创新发展“光伏+生态设施农业”产业模式，采取“统一规划、集中打造、连片安置、配套服务”的方式，规划建设特色脱贫“光伏小镇”项目。该项目选址位于桑珠孜区江当乡，距市区约45公里，毗邻日喀则机场和江当乡集镇，项目计划占地2781亩，是光伏小镇条件最为优越的开发建设用地。

2. 主要做法

（1）夯实责任主体，明确目标任务。桑珠孜区委、区政府认真贯彻落实《中共中央、国务院关于打赢脱贫攻坚战的决定》和区党委、政府《关于扶贫工作的实施意见》，高度重视精准扶贫工作，结合实际制定了《桑珠孜区脱贫攻坚实施方案》、《桑珠孜区“十三五”脱贫攻坚规划》和《2016年度计划》，与各乡签订了《桑珠孜区2016年度脱贫攻坚目标责任书》。先后召开多次常委会、专题会议，认真研究部署扶贫开发，调整充实领导小组，成立脱贫攻坚指挥部，下设政策资金保障组、规划项目实施组、产业脱贫组、易地搬迁脱贫组、生态补偿脱贫组、教育脱贫组、社会保障组、转移就业组、结对帮扶组、督导考核组、宣传报道组11个专项组，由各行业部门主要负责人担任各小组组长，确保了责任到人，分工明确，整体推进。

（2）科学精准施策，抓好扶贫开发。认真按照“七个精准”要求，按照市脱贫攻坚指挥部“九个一批”的要求，结合桑珠孜区娘麦扶贫开发有限责任公司融资平台，积极稳妥做好 2016 年产业脱贫 480 户 1910 人，教育脱贫 480 户 542 人，易地搬迁脱贫 358 户 1237 人，社保兜底脱贫 386 户 936 人，转移就业脱贫 191 户 191 人，医疗救助脱贫 84 户 93 人，灾后重建脱贫 100 户 566 人，金融扶持脱贫 107 户 435 人的任务。继续做好“十三五”产业扶贫规划，深化“4321”结对帮扶工程。切实加大山沟村开发力度，加快实施总投资 82379 万元（信贷资金）46 个规划产业项目，加强基础设施建设，加大宣传引导力度，确保完成今年 2721 人脱贫的攻坚目标。

（3）创新产业支撑，保障易地脱贫。以“搬得出、稳得住、能发展、可致富”为目标，加快实施易地扶贫搬迁，完善配套基础设施及产业，有效改善搬迁群众的生产生活条件，采取集中搬迁和分散搬迁方式，力争到 2017 年完成全区 6051 名贫困群众的搬迁任务。针对部分山沟村“一方水土养不起一方人”的现状，该区在江当乡规划建设易地搬迁特色“光伏小镇”，集中规划搬迁 2000 户，投资 4.8 亿元。目前，已完成小镇整体规划和基础配套设施规划设计。

为确保将来易地搬迁群众入住小镇后“留得住，能致富，发展好”，增强从被动脱贫到主动脱贫的意识，在区党委、政府的高度重视，市委、市政府的决策部署下，桑珠孜区委、区政府立足区位优势，紧紧依托新型城镇化、空港服务区，在小镇对面重点打造“光伏 + 生态设施农业”扶贫示范园，积极通过招商引资渠道，成功引进并签约山东力诺集团、昌盛日电集团、三峡集团、国电投集团、中节能集团、大唐集团、中电建苏美达、温州远鹏、西藏德琴、西藏中诚等 10 家全球新能源 500 强、五大发电集团等光伏发电领域具有雄厚实力的央企、专业技术成熟的民企入驻园区，结合行业跨界的发展理念，改变光伏产业单一化的发展模式，实现“光伏 + 生态设施农业”的扶贫模式，采取“农光互补 + 林光互补 + 牧光互补 + 药光互补 + 休闲观光旅游 + 扶贫光伏”一体化模式建立综合性产业示范园，也是该区精准扶贫工作“九个一批”基础上的“第十个一批”暨光伏产业脱贫一批，实现农牧业经济和新能源发电效益的“双赢”。该项目建设地点位于江当乡、年木乡境内，占地约 6.5 万亩，计划总投资 247

亿元，分两期建设，一期拟开发600兆瓦，投资72亿元，建设周期为1年，流转土地2.3万亩；二期拟开发1400兆瓦，投资175亿元，流转土地4.2万亩。其中一期建成光伏发电并网后，预计扶贫公司实现年收入达5000万元，运营期间可解决近7000人就业，其中贫困人口约3000人，预计每人每年增加收入近4万元。该项目一期和二期全部建成后将达到2000兆瓦光伏发电规模，预计实现村组集体每年增收约870万元，提供解决近2万人就业岗位，确保易地搬迁群众依托产业致富。目前，市、区两级已完成项目规划评审工作。

3. 主要经验和启示

桑珠孜区娘麦扶贫开发公司是根据日喀则市金融创新政银合作工作思路，成立的扶贫开发公司。它的主要职能是：按照《日喀则市“政府风险补偿基金+银行信贷”支持产业扶贫开发实施办法（暂行）》，管理风险补偿基金，向合作银行注入风险补偿基金，撬动6~8倍银行信贷资金，解决产业扶贫开发融资难的瓶颈问题；在此基础上，对经营亏损的产业扶贫开发项目，按照政府、银行分别承担90%、10%的比例，进行风险补偿。此外，还可以承担招商引资项目合作开发、大额存单等理财经营，收益用于精准脱贫。在桑珠孜区“光伏+”产业扶贫开发中，该公司以土地流转方式拿到土地后，统一转租给“光伏+生态设施农业产业示范园”内的入驻企业，增加群众租地收入。并且，该公司入股在“光伏+生态设施农业产业示范园”内的入驻企业，每年光伏发电量的5%归扶贫公司。“光伏+”产业扶贫一期工程建成后，按5%发电量计算，公司每年可获得5000万元收入，收入主要用于桑珠孜区扶贫开发工作。“光伏+生态设施农业产业示范园”主要采取发展农业互补、牧业互补、林业互补、药业互补、休闲观光等产业，通过三级产业联动模式，积极打造“光伏+产业园区”的产业脱贫方式。娘麦扶贫开发有限责任公司计划成立全额建材销售子公司，并与酒钢集团合作，专门负责钢筋的代销工作。已与甘肃酒钢集团达成初步协议，为确保2017年全面完成建设任务，积极储备建材，计划从酒钢采购钢筋10000吨，目前3000吨已经到位，共计投入904万元。并积极洽谈区内水泥企业，准备在建设高峰期从区内专购水泥，节省建材成本。还将与当地农机合作社合作，通过联耕联种的机械化作业方式，统一耕作贫困户农田，解放贫困户劳动力，通过务工增加经济收入。娘麦扶贫开发公司还将与有意愿的企业进一步深入合作，积极探讨、拓宽合作模式，深度打造、创新“光伏 +”扶贫产业开发新方式。以西藏的优惠政策和我区的地域优势入股参与，借鉴内地企业优秀的管理模式，做大做强扶贫开发公司，为我区扶贫开发事业做出更大的贡献。

蓝图已绘就，目标很宏伟。桑珠孜区委、区政府对“光伏 + 生态设施农业”扶贫示范园和特色“光伏小镇”未来的建设发展充满信心，将鼓足干劲抓推进、信心百倍促脱贫，上下齐心抓示范，从根本上改善易地搬迁群众的发展条件，探索出一条“政府引导、政策扶持、群众自愿、自主搬迁、一次规划、分年实施、重点突破、整体推进”的易地扶贫搬迁产业致富新模式，增强搬迁群众尤其是贫困群众的自我发展能力和造血功能，实现在易地搬迁中扶贫，在扶贫中发展，在发展中脱贫，达到搬迁群众劳有所得、学有所教、病有所医、住有所居、老有所养，实现搬迁群众“搬得出、稳得住、能致富”的长远目标，确保搬迁群众早日实现脱贫致富，同全国各族群众一道实现全面小康社会，同心共筑伟大中国梦。

五、减贫机理

按照国家西部大开发的整体政策安排，国家大型项目、重点工程和新兴产业要优先向符合条件的贫困地区安排。引导劳动密集型产业向贫困地区转移。加强贫困地区市场建设。支持贫困地区资源合理开发利用，完善特色优势产业支持政策。光伏产业扶贫从理论上讲应该是可持续的自我发展模式，通过国家政策推动，地方措施激励，最终目标还是要靠当地贫困农民自己解决问题。

（一）找准产业项目与贫困户脱贫的结合点，建立贫困户分享光伏产业发展红利的长效机制

在坚持贫困农户受益的基础上，加快培育农户专业合作组织作为光伏产业扶贫的新型经营主体，通过股份合作等多种形式，引导贫困户之间、贫困户与普通农户、贫困户与新型经营主体，加强联合合作，建立更加紧

密的利益联结和合作共赢机制。要积极探索建立贫困户、村集体、合作组织、龙头企业共同分享集体资源资产收益的长效机制，注重扶持资金折股量化、农村土地经营权入股等方式，建立多种形式的帮扶模式，让贫困户既可以获得光伏产业发展的经营性收入，也可以通过股权分红获得长期稳定的收益。

（二）因地制宜，突出特色优势，合理制定光伏产业扶贫规划

统筹考虑贫困地区资源禀赋、产业基础、市场需求、群众意愿等，跳出传统思维和区划局限，综合运用市场手段，突出区位、资源、生态、绿色比较优势，重点扶持发展规模化光伏扶贫产业，充分吸纳贫困户入股，通过订单帮扶、合作共赢等多种形式，引导贫困户与新型经营主体加强合作，增强贫困地区和贫困群众的内生动力。加大招商引资力度，争取大型光伏企业在贫困地区投资兴业、落户建厂，采取“企业＋合作社＋贫困群众”“企业＋贫困群众”等模式，通过企业技术、资金、品牌优势与贫困地区资源优势、人力优势的对接，以借助外力壮大产业、促进增收。

（三）充分发挥光伏产业吸纳贫困人口的作用，实现贫困人口群众主体，自力更生就地就近就业

依托光伏产业建设，扶持建设一批贫困人口参与度高的连带产业项目，培育发展一批贫困农民专业合作组织和龙头企业，发挥其对贫困人口的组织和带动作用，做好产业发展中的就业岗位开发工作，实现贫困人口就地就近就业。发挥贫困群众的主体作用，调动贫困群众的积极性、主动性和参与性，转变观念，激发贫困群众的内生动力，引导贫困群众参与光伏产业扶贫、自主脱贫，变“要我脱贫”为“我要脱贫”。

六、政策建议

（一）加强对光伏产业扶贫模式的研究

由政府部门牵头，借助高等教育研究机构等智库力量，就光伏产业扶

贫项目发展的组织形式、政府如何引导和政策如何保障等方面进行更大范围、更加深入的调研，研究在更大范围推广光伏产业扶贫的指导意见。

（二）加大对光伏产业扶贫的支持

加大财政、金融、税收政策的支持力度，建立以支持贫困地区发展光伏产业扶贫发展专项扶持资金，对于符合条件的贫困地区享受税收优惠政策和扶贫贴息贷款政策，并在产业扶贫资金上予以重点倾斜，支持贫困地区光伏产业做大做强。

（三）坚持走绿色化的发展路子

发挥光伏产业生态绿色优势，利用国家扶贫政策和已有的平台，瞄准特定群体，加大招商引资力度，形成外援与内力“双轮驱动”格局。充分发挥贫困地区基层组织的统筹协调、思想发动、示范引领作用。加大对贫困农户发展光伏产业的正向引导和管理，促进各地光伏产业有序健康发展。

专题研究报告之五：

电商扶贫实践模式探析

——以广西电商扶贫创新为例

一、电商扶贫的背景与意义

（一）电商扶贫的背景

在全球新一轮科技革命和产业变革中，互联网与各个领域的融合发展具有广阔前景和无限潜力，已经成为不可阻挡的时代潮流，正对各国经济社会发展产生战略性和全局性影响。十八大以来，特别是2015年提出“互联网+”行动计划以来，互联网技术在互联网技术、产业、应用及跨界融合等方面取得积极进展，成为经济发展新常态下激发大众创业、大众创新，培育新兴业态和创新公共服务的重要突破手段。党中央、国务院高度重视互联网发展，坚持推动互联网创新成果与扶贫开发有效结合。习近平总书记强调“要实施网络扶贫行动，推动精准扶贫、精准脱贫，让扶贫工作随时随地、四通八达，让贫困地区群众在互联网共建共享中有更多获得感”。李克强总理指出，要加快信息化步伐，加强信息基础设施建设，这件事抓好了，对经济社会发展和各项扶贫工作都具有重要的推动作用，可能引发一场新的扶贫方式变革。汪洋副总理要求，充分利用“互联网+”等信息化手段，为扶贫开发注入新的活力。

近年来，我国加快实施“宽带战略”，组织开展国家新一代信息基础设施建设工程，推进宽带网络光纤化改造，加快提升移动通信网络服务能力，促进网间互联互通。贫困地区的互联网发展水平大幅提升。2015 年，我国光纤到户覆盖家庭已经达到 3.66 亿户，宽带家庭普及率超过 50%，全国固定宽带用户平均接入速率达 14.4Mpbs；同时，贫困地区水电路建设全面提速，354 万无电人口的用电问题得到解决，14 个集中连片特困地区新建农村公路总里程达到 124 万公里。同时，国家积极推进电子商务进农村，推进建设电子商务进农村示范县建设。自 2014 年以来，已累计安排资金 84 亿元，支持了 496 个示范县开展农村电子商务，其中国家扶贫开发工作重点县 261 个，占比 52.6%。截至 2016 年 6 月底，全国累计建设农村电商服务点 30 余万个，快递乡镇覆盖率达到 76%。另外，随着宽带网络在农村的快速发展，阿里巴巴等电商巨头进军农村，电子商务市场由蓝海趋向红海化，从城市扩散到农村。2014 年 10 月，阿里巴巴发布农村战略，在接下来 3～5 年，拿出 100 亿元投入到 1000 个县的 10 万个行政村，用于当地电子商务服务体系建设。农村淘宝已覆盖 22 个省份 147 个县市，包括 31 个国家扶贫开发工作重点县和 42 个省级扶贫开发工作重点县。2014 年，832 个国家扶贫开发工作重点县和片区县在阿里零售平台上共完成消费 1009.05 亿元，完成销售 119.30 亿元，网店销售额超过 1 亿元的贫困县由 2013 年的 11 个增长到 23 个。

（二）电商扶贫的意义

电商扶贫，是把“互联网＋”纳入扶贫体系中，在政府等力量的推动下通过一店带多户、一店带一村或多村，促进农户对接大市场，实现贫困农户就业增收脱贫和贫困地区经济发展。电商扶贫最主要的手段是发展贫困地区的电子商务，根本目标是有效提高贫困家庭收入，本质属性是让贫困地区农副产品通过各大电商平台对接城乡一体的大市场。发展电商扶贫的重要意义主要有：

1. 有利于农民减少支出

与传统渠道相比，农村电子商务具有商品海量、流通环节少、便利实惠等特点。这有利于农民减少农产品销售支出，以及农资产品消费支出。

利用农村电商，农户可以足不出村便能将产品销售到各地。电商的存在，农民产品销售渠道多元化，有利于提高产品销售价格。根据调研了解到，在农村电商发展较好的地区，不仅较好地解决了农产品滞销问题，还提升了农产品价格。另外，通过农村电商，农民购买农资的成本也在下降。根据地方测算，农村网络商品一般比实体商品便宜8% ~12% 。①

2. 有利于推动就业创业

发展农村电商既能直接拉动农村网点店主、电商企业雇员等就业，又能间接带动物流配送、包装、设计等服务行业就业。同时各地还涌现出一批农村电商创业典型，带动身边贫困群体就业脱贫。

3. 有利于推动贫困地区农业转型升级

农村电子商务引领千家万户对接大市场，显著降低了信息获取成本和物流、房租等交易成本，扩大了市场销路，有效破解市场信息不对称问题，提升了农产品生产者话语权，让农产品的生态价值、文化价值等附加值得到体现，让贫困农民能够获得更多的农产品利润。农村电子商务推动了农业生产由以产品为中心转变为以市场为导向、以消费者为中心，倒逼农业生产市场化、标准化、规模化、品牌化，优化农业生产布局和品种结构，发展高产、优质、高效、生态、安全的农业特色产业，促进贫困地区农业转型升级。

4. 有利于培育农业农村经济新增长点

农业行业多、产业链条长、市场空间大，农村消费特别是信息消费潜力巨大。信息、技术、物质、资金、人才在农业电子商务的带动下，流向农业农村，催生许多新产品、新业态和新的商业模式，激发农业农村发展活力，推动贫困地区“弯道超车”。

5. 有利于提高贫困农民市场意识

互联网的普及，将地处偏远的贫困农民带入无限延伸的网络空间，农民从小农经济生产者进入全球一体化市场产品供给者和消费者。这种巨大

---

① 商务部：《推动农村电子商务加快发展助力扶贫攻坚》，《2016 全国电商扶贫论坛汇编》（内部资料），第 8 页。

的信息获取、思维方式的变化冲击了贫困农民的发展理念并使之得以转变，学网、触网、用网成为农民的新时尚，电子商务、休闲农业、创艺农业、分享农业等创新模式不断涌现。

二、电商扶贫的政策内容

（一）国家和部委电商扶贫政策

1. 国家层面的电商扶贫政策

近年来，我国互联网蓬勃发展，“互联网 +”上升为国家战略。2015年3月，李克强总理在第十二届全国人民代表大会所做政府工作报告中提出：“制定‘互联网 +’行动计划，推动移动互联网、云计算、大数据、物联网等与现代制造业结合，促进电子商务、工业互联网和互联网金融健康发展，引导互联网企业拓展国际市场。”2015 年 10 月，十八届五中全会提出实施网络强国战略，实施“互联网 +”行动计划，发展分享经济，实施国家大数据战略。同年 11 月颁布的《中共中央国务院关于打赢脱贫攻坚战的决定》提出要“完善电信普遍服务补偿机制，加快推进宽带网络覆盖贫困村。实施电商扶贫工程。加快贫困地区物流配送体系建设，支持邮政、供销社等系统在贫困乡村建立服务网点。支持电商企业扩展农村业务，加强开设网店给予网络资费补助、小额信贷支持。开展互联网便民服务，提升贫困地区农村互联网金融服务水平，扩大信息进村入户覆盖面。”这成为新形势下做好电商扶贫工作的重要指导思想和基本遵循。2016 年 11 月，国务院印发《“十三五”脱贫攻坚规划》，从培育电子商务市场主体和改善农村电商环境两个方面对推进电商扶贫进行了系统阐明，要求将农村电子商务作为精准扶贫的重要载体，把电子商务纳入扶贫开发工作体系，以建档立卡贫困村为工作重点，提升贫困户运用电子商务创业增收的能力。同时，全国《“十三五”脱贫攻坚规划》也提出通过设备和物流补助、宽带网络优惠、冷链建设、培训支持等方式实施电商扶贫工程。

另外，国家也相继印发了《国务院关于积极推进“互联网 +”行动的指导意见》（国发［2015］40 号）、《国务院办公厅关于促进农村电子商务加快发展的指导意见》（国发办［2015］78号）等重大政策文件，对农村地区和贫困地区电子商务发展做出系统部署。如《国务院办公厅关于促进农村电子商务加快发展的指导意见》要求，深入开展电子商务进农村综合示范，优先在革命老区和贫困地区实施，有关财政支持资金不得用于网络平台建设。把电子商务纳入扶贫开发工作体系中，鼓励引导电商企业开辟革命老区和贫困地区特色农产品网上销售平台，与合作社、种养大户等建立直采直供关系，增加就业和增收渠道。重点支持老少边穷地区物流设施建设，提高流通效率。

2. 部委层面的电商扶贫政策

2016年4月，习近平总书记在网络安全和信息化工作座谈会上指出："要实施网络扶贫行动，推动精准扶贫、精准脱贫，让扶贫工作随时随地、四通八达，让贫困地区群众在互联网共建共享中有更多获得感。""互联网+"上升为国家战略以来，相关部委纷纷出台支持电商扶贫的政策文件，贯彻落实习近平总书记关于互联网扶贫的重要指示精神和全面落实中央扶贫开发工作会议精神。

2016年10月，中央网信办、国家发展改革委、国务院扶贫办联合印发《网络扶贫行动计划》，提出要充分发挥互联网在助推脱贫攻坚中的作用，推进精准扶贫、精准脱贫，实施网络覆盖工程、农村电商工程、网络扶智工程、信息服务工程、网络公益工程五大工程，充分发挥互联网先导力量和驱动作用，凝聚社会力量，带动贫困地区特色产业效益明显，网络教育、网络文化、互联网医疗帮助提高贫困地区群众的身体素质、文化素质和就业能力，有效阻止因病致贫、因病返贫，切实打开孩子通过网络学习成长、青壮年通过网络就业创业改变命运的通道，显著增强贫困地区的内生动力，为脱贫摘帽和可持续发展打下坚实基础。《网络扶贫行动》指出，加强统筹协调，建立由网络扶贫行动部门协调统筹，省（区、市）负总责，市（地）县具体实施的三级网络扶贫工作机制；在部分省（区、市）组织开展网络扶贫试点工作，统筹资源，集中突破，逐步在全国建立网络扶贫信息服务体系，营造全社会参与网络扶贫的大格局。

为贯彻落实《中共中央、国务院关于打赢脱贫攻坚战的决定》和国务院办公厅《关于促进农村电子商务加快发展的指导意见》将电商扶贫纳入脱贫攻坚总体部署和工作体系的要求，2016 年 11 月国务院扶贫办会同 15 个部门联合印发《关于促进电商精准扶贫的指导意见》（简称《指导意见》），部署电商扶贫纳入脱贫攻坚总体部署和工作体系的基本原则、工作任务和总体目标。提出逐步实现对有条件贫困地区的三重全覆盖（电子商务进农村综合示范全覆盖、贫困村实现电商扶贫全覆盖、第三方电商平台全覆盖），以及到 2020 年在贫困村建设电商扶贫站点 6 万个以上，约占全国贫困村 50% 左右、扶持电商扶贫示范网店 4 万家以上、贫困县农村电商年销售额比 2016 年翻两番以上的总体目标。《指导意见》强调，实施电商扶贫要坚持精准扶贫精准脱贫方略，以贫困县（832）、贫困村（12. 8 万）和建档立卡贫困户为重点，引导和鼓励第三方电商企业建立电商服务平台，注重农产品上行，促进商品流通，不断提升贫困人口利用电商创业、就业能力，拓宽贫困地区特色优质农副产品销售渠道和贫困人口增收脱贫渠道，让互联网发展成果惠及更多的贫困地区和贫困人口。为实现以上目标，《指导意见》强调从加快改善贫困地区电商基础设施、促进贫困地区特色产业发展、加大贫困地区电商人才培训、鼓励建档立卡贫困户依托电商就业创业、支持电商扶贫服务体系建设、推进电商扶贫示范网店建设、整合资源，对基层传统网点实施信息化改造升级、加强东西部电商扶贫产业对接协作、动员社会各界开展消费扶贫活动等九个方面着力。

（二）地方层面的电商扶贫政策

中央提出实施电商扶贫工程之后，相关省（自治区、直辖市）纷纷出台电商扶贫政策文件，积极发展农村电商扶贫，形成了差异性的电商扶贫政策。

1. 广西电商扶贫支持政策

2016 年 1 月，广西壮族自治区人民政府办公厅印发《脱贫攻坚农村电商发展实施方案》，明确加快农村电子商务发展步伐，促进贫困农民脱贫致富，提出要以538万贫困人口、54个贫困县（含“天窗县”和享受待遇县）、5000个贫困村为重点对象，大力发展农村电子商务，建设农村电子商务服务和支撑体系，推动贫困地区以农产品、农村制品为主的农村产品销售，促进贫困群众收入持续增加，并从目标任务、政策措施、检查验收三方面对推进电商扶贫进行了具体部署，明确了相关单位责任。2016年2月，广西区党委组织部、“两新”组织党工委、商务厅3部门联合印发《广西“党旗领航·电商扶贫”2016行动计划》，提出要充分发挥“两新”组织党建的政治优势和组织优势，借重“互联网+”电商企业的平台技术和商业模式，整合各方面资源，通过组织电商业主大走访、实施电商技能大培训、推动特色物产大促销、扶持能人触网大创业、开展慈善微助大公益，重点扶持自治区确定的1000个2016年脱贫目标村，实现“党旗举起来，电商动起来，农民富起来”。鉴于2016年“党旗领航·电商扶贫”行动成效显著，2017年5月，广西区党委组织部、“两新”组织党工委会、商务厅、工商行政管理局、扶贫办5部门又联合印发《广西“党旗领航·电商扶贫”2017行动计划》，提出继续深化推动电商扶贫行动，从总体要求、主要目标、重点工作和组织领导四个方面对“党旗领航·电商扶贫”进行部署，引导电商企业、社会各界力量资源投身参与贫困地区扶贫开发，促进贫困地区电商蓬勃发展，帮助贫困群众脱贫致富。

2. 其他省份电商扶贫支持政策

除广西外，甘肃、湖南、广东、重庆等省（自治区、直辖市）也纷纷出台农村电商扶贫政策。2015年6月，甘肃省印发《关于精准扶贫电商支持计划的实施方案》，提出将强化物流快递支撑、壮大贫困地区网上经营主体、加强贫困地区网络品牌的培育、强化电商扶贫金融服务支撑、注重试点示范引领等六个方面作为重点内容，将建立行政推进体系、网店服务体系、网货供应监管体系、网络物流体系、人才培训体系、考核评价体系等“六大体系”作为主要任务，探索精准扶贫新路径新模式，加快电子商务扶贫步伐，不断扩大贫困地区群众农特产品网上销售规模，努力让更多群众通过电商扶贫致富奔小康。2016年4月，湖南省印发《关于引导和促进电商扶贫的实施意见》，提出积极构建电商扶贫的行政推进体系、电商服务体系、特色农产品供应监管体系、网络物流体系、人才培训体系、考核评价体系等农村电商发展服务体系，利用电子商务平台开展“农产品进城”“工业品下乡”、智慧旅游，电子商务进村入户、金融支撑服务、贫困地区物流快递发展等工作，打造具有市场竞争力的农产品和农村电商体系，打造贫困县农特产品的标准化、规模化、品牌化，让全省贫困地区各类经营和服务主体充分参与到种养、收购、包装、存储、运输、销售等产业链各环节。2016 年 8 月，广东省印发《关于我省农村电商精准扶贫精准脱贫三年攻坚的实施方案》，提出加强进村入户电商平台建设、物流配送体系和金融服务体系建设等手段，在相对贫困地区形成良性的市场生态，吸引和帮助贫困户直接或间接参与电商生态产业链，帮助相对贫困人口稳定脱贫，通过农村电子商务助推县域经济发展。2016 年 9 月，重庆市印发《全市电商扶贫工程实施方案》，提出要以持续增加贫困群众收入为核心，以电子商务进农村综合示范创建为依托，把电子商务作为贫困地区弯道超车的有效途径和精准扶贫的重要抓手，积极开展电商企业对口帮扶活动、电商促进就业创业活动、网货（微货）生产基地打造活动、农特产品促销活动、电子商务资源下乡活动、电商扶贫带头人培育活动等六大活动措施，提升贫困人口利用电商创业就业能力，促进贫困地区特色农副产品、旅游产品销售，帮助贫困地区群众脱贫致富。

三、电商扶贫创新实践与减贫机理

（一）电商扶贫的实践状况

1. 全国电商扶贫快速发展

随着农村网络基础设施不断完善，电子商务迅猛发展，越来越多的农民通过电商销售农副产品实现了脱贫致富。特别是近年来各大电商企业加快向农村地区拓展业务步伐，形成了农村淘宝、村邮乐购、乐村淘等农村电商平台，出现了一大批“淘宝村”“电商村”，充分显示出电子商务助推农村和贫困地区实现跨越发展的巨大潜力。2015 年年初，国务院扶贫办将甘肃陇南市 9 个贫困县（区）列为国家电商扶贫试点市，探索形成“一店带多户”“一店带一村”“一店带多村”的精准带贫机制。经过实践证明成效显著，有效解决了扶贫产业产品销售难问题。同年 9 月，国务院扶贫办与苏宁云商集团签订电商扶贫战略合作协议，苏宁云商集团将在 100 个适合发展农村电商的贫困县开展“双百示范行动”。2016 年 10 月，苏宁已经在国家级贫困县建设“O2O 特色馆”247 家。其中，线下易购直营店 205 家，线上易购特色馆 42 家；精准扶贫到贫困村和贫困户的村级加盟服务站 685 个，乡村联络员 1030 名。[①] 2016 年 1 月，国务院扶贫办与京东集团签订电商扶贫战略合作协议，“十三五”期间京东集团将选择 200 个贫困县作为扶贫试点县，瞄准建档立卡贫困人口，实施产业扶贫、创业扶贫和用工扶贫，直接或间接带动 200 多万建档立卡贫困人口实现稳定脱贫。[②]《2017 年京东电商精准扶贫年度报告》显示，从 2016 年第 1 季度至 2017 年第 2 季度，京东电商平台共开设 109 个贫困地区特产馆，共扶持注册地来自 832 个国家级贫困县的商户 6003 家，累计销售 280 万种农产品，帮助贫困县销售商品 153 亿元。[③] 阿里巴巴集团自 2014 年正式实施农村战略，目前与全国多个地方政府签署合作协议，实施“互联网 + 扶贫”，包括电商、就业、金融、旅游、教育、健康等多个领域，助力贫困地区脱贫致富。2017 年 3 月，阿里研究院发布《阿里巴巴网络扶贫研究报告（2016）》数据显示，2016 年在阿里巴巴零售平台上，280 多个国家级贫困县网络零售额超过 1000 万元，其中 40 余个贫困县网络零售额超过 1 亿元，贫困县活跃网购用户超过 2800 万，网购金额达 2074 亿元；根据网上购买的商品比农村线下价格至少低 10% 估算，2016 年阿里平台为贫困地区节约消费支出超过 200 亿元。[④]

---

① “电商苏宁为贫困地区农特产品销售插上‘翅膀’”，新华网，2016 - 10 - 13，http：//news. xinhuanet. com/fortune/2016 - 10/13/c_ 1119708471. htm

② “精准扶贫 京东集团与国务院扶贫办签署战略合作”，新华网，2016 - 01 - 25，http：//news. xinhuanet. com/tech/2016 - 01/25/c_ 128664589. htm

③ “京东：《2017 京东电商精准扶贫年度报告》（摘要）”，中国电子商务研究中心，2017 - 08 - 01，http：//b2b. toocle. com/detail - - 6408246. html

④ 阿里研究院：《阿里巴巴网络扶贫研究报告（2016）摘要》，阿里研究院门户网站，2017 - 03 - 28，http：//www. aliresearch. com/blog/article/detail/id/21292. html

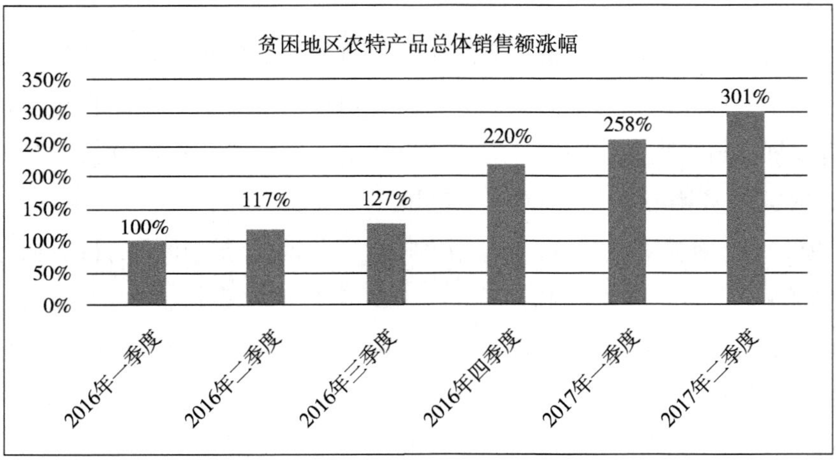

图 1　京东贫困地区农特产品销售情况

注：本图来源于《2017 京东电商精准扶贫年度报告》，见中国电子商务研究中心，2017－08－01，http：//b2b. toocle. com/detail－－6408246. html

2016 年电商消贫十佳县

排序	县	省	电商消贫指数	电商惠及广度指数	电商惠及深度指数
1	文山	云南	77.23	80.18	74.28
2	舒城	安徽	75.52	56.88	94.17
3	平乡	河北	71.01	89.09	52.93
4	寻乌	江西	70.60	65.02	76.19
5	蕲春	湖北	67.97	60.80	75.13
6	吉安	江西	67.24	59.26	75.22
7	潜山	安徽	65.68	56.79	74.56
8	光山	河南	63.15	61.78	64.52
9	宿松	安徽	62.86	57.90	67.82
10	上饶	江西	62.43	60.59	64.28

说明：(1) 从电商惠及广度和电商惠及深度两方面综合测度；(2) “电商消贫十佳县”入围条件：该县年活跃网店数>=500 个，网店年销售额>=1 亿元

来源：阿里研究院，2017 年 3 月

图 2　阿里巴巴电商消贫十佳县

注：本图来源于《阿里巴巴网络扶贫研究报告（2016）摘要》，阿里研究院网站，2017－03－28，http：//www. aliresearch. com/blog/article/detail/id/21292. html

2. 广西电商扶贫实践与创新

广西是我国 22 个脱贫攻坚重点省区之一，贫困人口规模大、贫困程度

深。自实施精准扶贫以来，广西立足实际积极探索和发展农村电商扶贫，并取得一定成效。阿里巴巴、京东商城、乐村淘、村邮乐购等知名电商平台都已纷纷与广西地方政府合作，推进农村电子商务快速发展和电商扶贫工作。2016 年，广西区人民政府与阿里巴巴集团签署县域电子商务建设全面战略合作协议，双方将依托农村淘宝、农产品电商、菜鸟物流、农村金融、智慧县域、“千县万村百万英才”人才成长等项目，实现“网货下乡”和“农产品进城”的双向流通，打造集渠道建设、产品供应、品质保障、电商平台聚合为一体的农村电子商务生态链和生态圈，提高全区农村电子商务公共服务水平，以电子商务助力全区建档立卡贫困人口稳定脱贫。目前，广西已有 85 个县（市、区）与阿里巴巴达成初步合作意向。京东集团也分别与广西的龙胜县、田东县、三江县等贫困县政府已签订电商精准扶贫协议，促进贫困地区农产品销售，带动贫困人口脱贫。此外，广西还积极创新电商扶贫机制，因地制宜探索具有地方特色的“空店”精准扶贫等电商扶贫模式。“空店”精准扶贫中，贫困户将自家农产品（如鸡蛋、菜干、黄豆、熏肉）、手工制品（如辣椒酱、编织品）等拿到企业在村部设立的“空店”收购点，经由驻村“第一书记”和村干部把关验收后，即可与企业进行现金交易，再由企业统一将农副产品运送到城市社区实体店进行销售，或者在网络平台进行线上销售。这种扶贫模式为贫困地区群众与城市居民搭建了一个空中农贸市场，让农村土货销售渠道更顺畅。

（二）电商扶贫的减贫机理

1. 电商扶贫的减贫机制

电商扶贫是推进扶贫方式由“开发式扶贫”向“参与式扶贫”转变的有益探索，是农村电子商务与扶贫工作的有机结合，是促进贫困人口增收脱贫的有效途径。电子商务向贫困地区延伸发展，一方面可以促进村庄基础设施逐步改善。电商扶贫过程中不断完善信息基础设施、交通基础设施建设，物流配送体系建设等等，能够有效缩小发达地区与贫困地区发展差距，推动村庄脱贫摘帽。另一方面可以打通贫困地区农产品销售渠道，克服外源性贫困。以往的产业扶贫由于贫困户与市场之间信息不对称，销售渠道单一，农产品滞销问题时有发生，影响了贫困人口参与扶贫项目的积极性，而电商扶贫能够打破了时空市场制约，推动贫困地区农产品快速对接全国市场，为贫困地区农副产品提供更广阔的销售渠道，实现产品价值，助力贫困人口脱贫增收。

发展电商扶贫对于贫困人口减贫机制体现在两个方面：一是提高贫困主体参与市场的能力，破除内源性贫困。电商扶贫为贫困人口提供了参与市场的机会，进一步提高他们参与市场的意识和能力，激发脱贫致富的积极性和主动性。二是降低农业风险，提高农产品销售收益。贫困户通过亲自参与电商扶贫能够便捷获取丰富的市场销售信息，更清楚了解农产品供需情况，从而在农业生产中做到精准生产、精准销售，有效降低和规避种植养殖风险，最终精准脱贫。

2. 电商扶贫的绿色减贫机理

在电商扶贫过程中，政府积极引导、有效扶持是实施电商扶贫的前提，各级政府通过不断完善贫困地区道路、互联网、物流等电商发展基础条件，引入互联网商家进入贫困村发展，使电商扶贫成为现实。村两委有效配合是开展电商扶贫的保障，村两委通过整合各方资源，为电商企业提供办公场地、用水用电等方面支持，向村民广泛宣传电商扶贫，使电商扶贫有了良好的发展氛围。互联网企业推动是促进贫困地区电商发展的关键，互联网电商企业通过对贫困地区资源进行充分挖掘、包装、宣传，对贫困地区电商人才培训，使电商扶贫有了强有力支撑。社会公众广泛参与和大力支持，是促进贫困地区电商扶贫有序开展的重要支撑。社会公众通过电商平台、电商企业实体店购买贫困地区产品，使电商扶贫发展更加持续。通过政府、村两委、电商企业及社会大众合力推动使得贫困地区电商快速发展，加上贫困人口及广大村民积极参与电商活动，促成电商精准扶贫生态形成，进而实现扩大贫困地区农产品销路、节省贫困家庭生活开支、提升贫困人口内生发展能力、促进扶贫产业可持续发展，最终促进减贫事业发展。电商扶贫减贫逻辑如下：

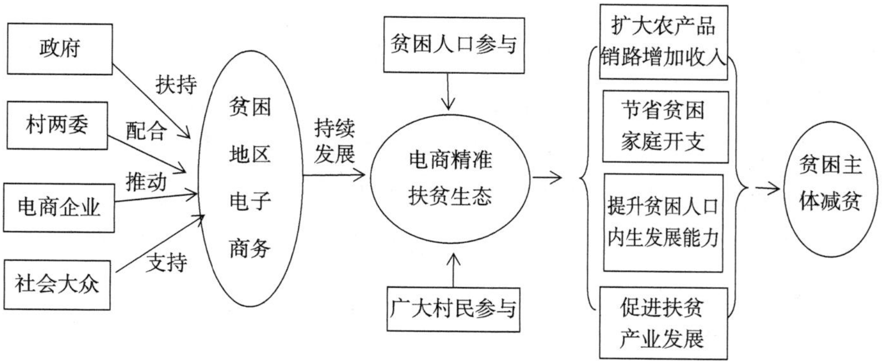

图3　电商扶贫减贫逻辑

四、广西电商扶贫典型案例

（一）广西马山县“空店”精准扶贫模式

马山县是广西全区28国家扶贫开发工作重点县之一，也是滇桂黔石漠化治理重点片区县之一。2015年全县建档立卡贫困村75个，建档立卡贫困户23691户94366人。2016年6月，马山县引进广西本土互联网企业广西空店资产管理有限公司合作，动员贫困群众将自产的农特产品包装成“百元包”，由“空店”设立在各贫困村村部的代收点按照高于市场价价格收购，再通过物流将货物运送到城市进行线下和线上销售。目前已经形成了“1个中心+11个工作站+75个贫困村收购点+N户贫困户”的“空店”精准扶贫模式。

该模式运作具有以下几个特征：一是政府主导推动，为“空店”扶贫有效运作提供保障。2016年7月，马山县委、县政府在全县东、中、西部共选取6个贫困村进行“空店”精准扶贫试点工作，制定《马山县“空店”扶贫工作手册》。县委、县政府领导深入贫困村、贫困户调研指导，确保全县“空店”科技精准扶贫项目有序推开。各乡镇、各部门积极配合推进，有效形成“部门联动、第一书记推进、贫困群众积极参与、公司指导推动”的工作格局，帮扶后盾单位、驻村工作队、帮扶干部、空店团队进村入户直接向贫困户宣传讲解，让贫困群众充分了解“空店”模式，积极参与到“空店”运作中。此外，马山县还将“空店”扶贫专项经费列入财政预算，确保该项工作顺利开展；二是依托科技支撑，让“空店”模式在交易中更“透明”。马山县通过每个村级“空店”收购点配置云打印机设备，将每个“百元包”都贴上二维码标签，让客户可以使用手机扫描二维码，直观看到自己所购买土特产品的贫困户信息、原产地图片等，加大了对土特产品质量监管力度。此外，马山县还形成了“空店总部—社区空店—县服务中心—75 个村级收购点”全程“透明”和定时视频对接互动局面，为“空店”精准扶贫服务中心配备彩屏中央监视器。实现对上可视频连线广西“空店”资产管理有限责任公司总部和各个社区“空店”线下店，实时观看销售终端的交易情况。对下可视频连线全县 75 个贫困村“空店”收购点，实时观看收购工作开展情况。确保“空店”模式在交易中更“透明”；三是利用微信沟通协调，让“空店”模式在服务中更“高效”。为解决“空店”总部和村级“空店”收购点工作协同效率问题，马山县建立“空店”精准扶贫微信群。县、乡相关领导、75 个贫困村的第一书记、广西“空店”资产管理有限责任公司总经理及其团队等 90 余人均加入微信群。以微信平台为依托，为“空店”模式发展献谋献策，并进行实时沟通，提高工作效率。通过实时沟通，“空店”总部可以实时采集、汇总、整理和发布客户需求、价格变动、物流运输、货款支付等信息。村级“空店”收购点和第一书记可以直接通过微信实时将土特产品的种类、价格、运输等情况传达至空店总部。及时呼应，精准对接，快速高效，及时协调解决工作中遇到的实际困难和问题。让土特产品及时销售到城市社区，助推贫困户形成增收新渠道；四是强化质量监管，让“空店”模式发展更持续。为提高“空店”产品品质，马山县积极引导贫困户强化质量品牌意识，土特产品安全意识，诚信意识，生产优质原生态农副产品。“空店”公司从产品选送、挑拣、包装等每个环节加强监管，严把质量关，引入卫生、工商质监等部门强化执法监管，推动土特产品“精细化、标准化、市场化”，实现“空店”模式有效助力脱贫攻坚。

“空店”精准扶贫是对现有电商扶贫模式的创新。它既消除了农户辗转镇中集市售卖的颠簸和劳务消耗，使贫困人群快速、便捷、高价销售农产品，增加家庭收入。又能解决城市人群向往农村土货，希望第一时间购买原生态土特产品的消费需求，为社会大众参与帮扶贫困人群搭建了很好的平台。与此同时，该模式一定程度上解决了贫困地区家庭农特产品销路渠道狭窄、变现困难的问题，对促进农民增收具有重要意义。有利于激发贫困人口的种养积极性，为实现脱贫奠定基础。马山“空点”精准扶贫经验的复制性和推广性较强。截至2016年10月，该“空点”精准扶贫已在广西天峨、龙胜、马山、隆林、大化、田阳等8个县、120个贫困村挂牌运行。有907户建档立卡贫困户参与交易，并在南宁、桂林等城市落户40家社区空店。

（二）广西横县“党建+电商+扶贫”模式

横县并非国家贫困县，但2015年，有56个贫困村、14089个贫困户和49848贫困人口。近年来，横县大力扶持电子商务产业，农村电商发展迅速，并于2016年入选全国电子商务进农村综合示范县。横县立足资源优势，将发展电子商务与开展精准扶贫工作、促进群众增收致富相结合。探索党建+电商+扶贫的发展之路，形成了具有地方特色的电商扶贫模式。

横县电商扶贫模式具有以下特征：一是强化对电商企业的党组织建设，突出党组织引领作用。在发展农村电子商务过程中，横县成立各级电子商务党支部，为各行业的党组织对接农村电子商务各服务平台搭建桥梁，使党的组织覆盖电子商务行业、党的工作融入电子商务发展。形成了以党组织为核心、党员为主体、电商企业和个人为基础的发展体系。目前，已经建立了阿里巴巴集团农村淘宝、顺来茶业有限公司等56家本土企业网上党支部，以及横县电子商务协会党支部，涉及企业会员90多家；二是强化党员干部电商示范带动，营造电商发展氛围。为推动电商扶贫有效开展，横县一方面利用县电商党群服务中心，结合每月“三会一课”、远程教育固定学习日等活动，邀请阿里巴巴专业人员到村里专场培训。率先对村干部进行电商知识培训，对村干部先行“扶智”。让村干部主动融入电商并积极投身电商创业，带动村屯掀起电商热。另一方面，注重从村“两委”干部、党员、入党积极分子中培养一批积极性高、专业能力强的电商骨干，作为宣传推广电商的中坚力量。引导他们学习电商、运用电商、服务电商、推广电商，甚至成为电商带头人。营造农村电商发展良好的氛围；三是重视电商平台建设，优化电商发展环境。横县不断加大电商平台建设力度，2015 年以来先后建成了农村淘宝横县服务中心、“村邮乐购”横县运营中心、乐村淘横县管理中心、横县电子商务产业园孵化中心、横县青年学生电子商务创业园等“五中心”。“村邮乐购”“乐村淘”已分别完成了 233 个（加盟店）、250 个体验店的建设，各类电商平台建设的村级服务站达到 700 个。各类电商平台积极帮助村民开办网店，为群众网上销售农产品打开渠道，有力促进了电商产业发展；四是夯实农村电商公共基础设施。横县不断加快农村物流体系建设，完善配套设施和功能。大力支持快递物流企业、电商企业在乡镇建立快递物流配送门店，在贫困村建立快递服务点。目前，全县快递物流企业达 32 家，实现乡镇、行政村全覆盖，有效解决了农产品上行、商品下行物流配送渠道问题；五是充分调动电商企业积极性，踊跃参与电商扶贫。充分调动电商企业积极性，深入推进电商服务进农村帮农户，带动农业产业加快发展，助力贫困地区摘掉贫困帽。目前，全县 56 家电商企业与 56 个贫困村结成帮扶对子，签订了帮扶协议。125 个电商从业者与 650 多个贫困户结成帮扶对子。95 个村淘合伙人与全县 56 个贫困村第一书记结成帮扶对子。打通了电商对接贫困村、贫困户的渠道，有力带动扶贫产品销售。

横县在开展脱贫攻坚过程中，借助农村电商产业发展迅猛势头，把党建与电商扶贫相结合。充分发挥农村基层党组织在电商扶贫中的先锋引领作用，党员示范带动作用。有力促进了贫困地区电子商务发展，开拓了贫困村困难群众增收新路子。这种模式一方面激发了大众创业万众创新的热情，吸纳了一大批外出务工返乡创业人员、大学生等人群到农村创办产业项目、专业合作社或电商企业，促进了地方资源开发利用；另一方面也促使贫困地区农副产品在虚拟的市场上实现增值，有效解决了贫困户种难、卖难、价廉伤农等问题，给贫困人口带来了切实的效益，有效地践行了“精准脱贫”。据不完全统计，实施电商扶贫以来，累计帮助贫困村增收 1500 多万元，人均增收 300 多元，促进 1000 多贫困户脱贫。

五、结论与思考

（一）简要结论

电商扶贫作为当下精准扶贫的重要创新模式，通过利用互联网向贫困人口“赋能”，激发了贫困地区群众的发展动力，为扶贫开发开辟了新路径。从政策角度看，电商扶贫的提出至少具有两个功能：一是促进贫困农户增产增收。以往精准扶贫过程中更多的是关注开发式扶贫，为了让贫困群众有稳定收入，各级各部门及帮扶单位为贫困地区发展扶贫产业投入了大量的财力、人力、物力，但由于本地市场狭小，需求空间不大，加上产业结构雷同，致使扶贫产品销路成为一大难题，最终导致参与产业扶贫开发的贫困人口增收不稳定，脱贫效果不明显。电商平台可以突破本地市场的局限，对接更广阔市场，贫困人口借助电商平台销售产品，就能够有效打开市场销路，降低了市场风险，从而可获得相对可观稳定的收入。因此，电商扶贫是解决脱贫效果可持续性问题的制度创新；二是激发贫困人口脱贫内生发展动力的重要举措。扶贫最根本的是要靠自力更生，要靠强劲的内生发展动力。电商普及激活了贫困地区活力，调动了贫困地区群众积极性，吸引了一批外出务工人员返乡创业、发展农业产业，有利于促进贫困地区产业发展，带动贫困人口积极参与到电商产业链中，改变贫困群众生产生活方式，为脱贫致富奠定基础。

（二）政策思考

作为新阶段的扶贫方式创新，电商扶贫在贫困地区获得较快的发展，也取得一定成效。从广西电商扶贫创新成功实践来看，与贫困村和贫困人口联系最紧密的“熟人”（如贫困村第一书记、贫困村干部等）是电商扶贫在贫困地区的成功推广和发展的有效“载体”。这是因为在贫困乡村青壮年大量外出务工的背景下，留守在村庄的中老年人主要通过熟人网络来认知电子商务这一新事物。而贫困村第一书记、村干部或村庄能人与农户（贫困农户）关系密切，贫困农户对其具有较高的信任度。通过这些“熟人”的引导和带动，贫困农户愿意参与到农村电商的上行业务和下行业务之中。建议以贫困村第一书记、贫困村干部、乡村能人等为主体，积极培育农村电商发展带头人，以农村电商带头人引导和带动贫困农户参与电商扶贫，实现增收和致富。另外，农村电商是近几年农村兴起的新事物，广大农民对农村电商的认识浅，接受电商模式也需要一定的时间和过程。电商企业在贫困地区开展电商扶贫存在物流成本高、发展社会环境不佳、与传统市场销售模式激烈竞争等不利条件，电商企业在发展初期十分艰难。这就需要政府在推动电商扶贫中从多个方面为电商企业提供优惠和支持。广西马山县、横县电商扶贫成功案例中都从电商基础设施等方面给予电商相应的支持。因而，建议以为电商企业提供相应的配套设施设备、加大农村电商基础设施建设力度、降低电商企业物流成本、为电商企业提供一定数额的贴息贷款支持等为重点，出台促进电商发展的支持政策，降低电商企业在发展初期的生存压力。

第三部分　绿色扶贫案例研究选编

案例一：

山东省莘县探索绿色扶贫之路创新生态发展模式

张国洲

（山东省莘县县委书记）

贫困是当今世界面临的共同问题。消除贫困、改善民生、逐步实现共同富裕，是社会主义的本质要求，是中国共产党的重要使命。全面建成小康社会，是我们党对全国人民的庄严承诺。习近平总书记指出："全面建成小康社会，最艰巨最繁重的任务在农村，特别是在贫困地区。没有农村的小康，特别是没有贫困地区的小康，就没有全面建成小康社会。"如何让广大农村贫困群众全面脱贫是摆在我们面前最大的难题。为此，我们应当"把准扶贫之脉""开好扶贫之方""育好扶贫之果"。

产业是致富之源，脱贫之基，产业扶贫是新阶段扶贫开发的重点，是实现精准扶贫的核心，是实现造血式扶贫的重要抓手，也是老百姓增收的根本途径。实践证明，产业扶贫最有生命力，是最稳定、最牢固、最有效的帮扶措施。其他各方面扶贫措施要真正持久见效，也必须有产业发展的支撑。张琦教授认为，绿色产业是以绿色资源开发和生态环境保护为基础，以实现社会经济的可持续发展，满足人们对绿色产品消费日益增长的需求为目标，从事绿色产品生产、经营及提供绿色服务活动并能获取较高经济与社会效益的综合性产业群体。①"绿色产业扶贫"即以绿色低碳循环为原则，通过绿色发展理念和方式，提高贫困地区绿色产业、资源和资产

① 张琦．中国绿色减贫指数报告（2016）［M］．北京：经济日报出版社，2016.

水平，提升贫困人口就业、收入水平和生计发展能力，在保护生态资源资产环境的同时，实现扶贫脱贫。绿色产业扶贫，是落实习近平同志精准扶贫、精准脱贫战略思想的内在要求，不仅有利于精准脱贫有效性和持久性实现，而且对精准扶贫的考核退出机制有很好的参考价值，从而为2020年后中国脱贫指明了方向和重点。

一、莘县开展绿色产业精准扶贫的现实条件

山东省莘县，地处山东省西部，聊城市西南部，冀鲁豫三省交界处，总面积1420平方千米，总人口达105.37万，是聊城市内面积最大、人口最多的县。全县辖24个镇（街），1154个行政村，农业人口84.81万，耕地93745.16公顷，是典型的农业大县。地处黄泛平原，土地肥沃，日照充足，农业生产长期以粮棉为主，是全国十大产棉县之一。由于产业结构单调，传统的粮棉生产效益不高，农民收入低而不稳。又因农户缺乏致富意识、缺乏种植技术以及因病因残丧失生产劳动力等，导致贫困人群频频增加，2015年1月，莘县有省定贫困村108个，建档立卡贫困户30762户、贫困人口72016人，是全省脱贫任务较重的县（市区）之一，也是聊城市扶贫任务最重的县之一。

随着扶贫攻坚号角的吹响，如何打赢扶贫战，成为县委、县政府工作的重点和难点。扶贫工作是一项长期性、艰巨性、复杂性的工作，只有在扶贫过程中找准病根、整合资源、因地制宜、精准施策，才能打赢这场"硬仗"。为此，县委、县政府化劣势为优势，因地制宜发展绿色产业。从产业选择到产业扶持，再到市场培育，步步精心，稳步推进；从扶贫对象的识别到贫困人口的核定，再到贫困群众的帮扶，细化致贫原因，归类脱贫意愿，深度挖掘穷根。结合莘县地区自然资源和贫困群体特点，创新扶贫开发方式，采取绿色产业扶贫专项行动，将绿色产业发展融入扶贫、脱贫工作的全过程和全领域，作为精准扶贫、精准脱贫的新内涵与新任务，形成绿色精准脱贫新模式即"产业+生态+扶贫"。该模式包括瓜菜种植扶贫、食用菌生产扶贫、畜牧养殖扶贫、林业扶贫、电商扶贫、光伏扶贫，具有低投入、高产出、低消耗、可循环的效能特点。"产业+生态+扶贫"模式根据当地不同的资源禀赋，实行不同的产业扶贫；根据不同的

贫困群体，甄选不同的扶贫措施。使扶贫项目和资金重点向真正需要扶持的贫困户倾斜。这种扶贫模式不仅能够激发贫困户内生力，提高贫困地区可持续发展能力，而且突出了以人为本的扶贫理念，使不同环境、不同特点的贫困户合理地享受到政府和社会给予的扶贫资源，从而使脱贫致富步伐更坚实、更协调。

二、莘县绿色产业精准扶贫模式的探索

（一）因地制宜，精选产业主攻绿色扶贫

“十三五”期间，聊城市委确定的四大集中攻坚片区，其中金堤河、马颊河西两大片区涉及莘县。2015 年 12 月，通过再次精准识别，莘县共有重点镇 7 个、省定贫困村 57 个，贫困人口 24098 户、41328 人，而金堤河、马颊河西片区重点贫困镇 4 个，贫困村 27 个，贫困人口 10096 户、20421 人，这两大片区是市扶贫重点，是扶贫重中之重。

1. 贫瘠滩地变沃田，千亩莲藕致富园

“十里荷花，千亩莲藕，致富一方古城人”。这就是闻名遐迩的金堤河片区生态观光园的真实写照。金堤河片区地处鲁豫两省交界处，南靠金堤河，涵盖 5 个镇，建档立卡贫困户 3421 户，6223 人。该片区人均耕地少，土地贫瘠，基础设施落后，产业基础薄弱，其潜在优势为：劳动力资源丰富，滩区面积大，水资源丰富。县委、县政府经过广泛调研、实地勘察、反复论证，最终决定以古城镇坊子铺村为中心、辐射附近 5 公里，通过引进金堤河河水，将金堤河南岸贫瘠滩地打造成集莲藕种植、观光旅游等于一体的千亩生态观光产业园。

虽然莲藕种植技术要求不高、操作简单、管理方便，人力、财力投入量不大，但推行起来依然困难重重。当地大部分村民并不看好，认为滩地就是滩地，种啥没啥，担心徒劳无获；还有部分人认为莲藕发展周期慢，效益不明显，同时还要应对自然和市场双重风险。面对这种情况，古城镇一个月大会小会开了 20 余次，全体干部出动，人人发宣传页，村村做宣传板报。最终，古城坊子铺村顶着怨声率先引进节水莲藕，通过吸纳有致富意愿有劳动能力的农户（贫困户）1500 余户从事规模种植达 500 亩，其

中，已有980户贫困户直接参与到莲藕种植中，每人每月收入超过1500元，不仅带动贫困户积极性，还提高了当地就业率（如图1）

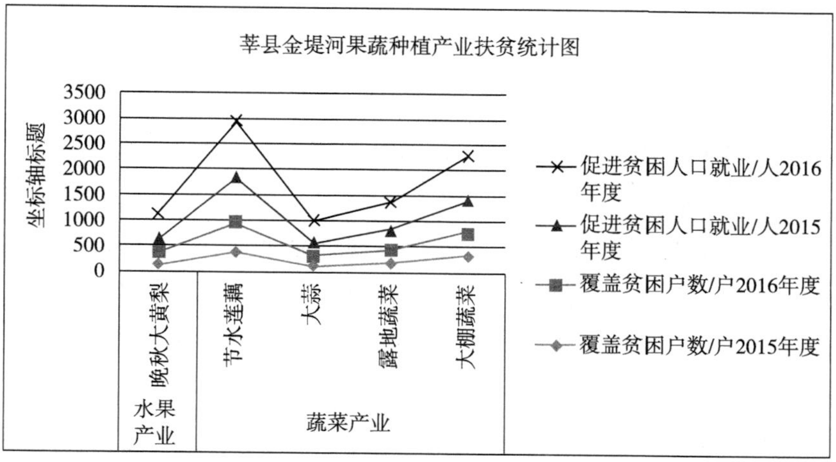

图1　莘县金堤河果蔬种植产业扶贫统计图

莲藕长势良好，效益显著，逐渐衍生出了旅游观光业，成片的荷花是夏日里一道风景，不少游人利用闲暇时间，观赏荷花，景色远近闻名，来人络绎不绝，高峰时平均每天参观人员达100人次，为当地村民带来了可观的收入，“千亩莲藕、荷花争艳”不仅美化了古城，还富裕了古城。按照下一步工作思路，县委、县政府准备继续投资5000万元搞好配套基础设施，充分利用金堤河片区的资源优势，继续采用“产业+滩地+贫困户”“产业+旅游”的发展模式，力争把节水莲藕产业发展成万亩节水莲藕生态园，打造成集观光、娱乐、休闲于一体的旅游景点，集经济效益、社会效益、生态效益于一体的滩区节水莲藕基地，促进种植农业、观光农业、体验农业和精准扶贫的协同发展，实现让游客从“看一眼、照张相”到“留下来、住一晚”的转变。切实铺开“生态经济化、经济生态化”的绿色产业致富之路。

2. 风沙薄地变宝地，生态林业双丰收

马颊河片区是省、市、县集中成片的贫困区，共有3.9万户，16.5万人，其中贫困户6632户，12674人，占全县的30%；有省定贫困村18个，贫困户2123户，6015人。该片区覆盖王奉、大王寨等4个镇，其中，王奉镇是省定贫困镇，也是马西片区脱贫攻坚的重点镇。由于马颊河片区地处黄河故道西，地处偏远、土质沙化，长期以来，基础设施差、群众思想观念落后，社会经济发展缓慢。2015 年，该片区农民人均可支配收入 9120 元，较全县平均水平低 2000 多元。

莘县是山东省西部唯一“国家级生态示范区”，也是“全国平原绿化先进县”。现代生态林木种类繁多，绿色旅游资源丰富，主要集中在马颊河以西—马西林场。2001 年马西林场被批准为“城市自然保护区”，成为鲁西独一无二的“天然氧吧”。马西林场现有林地面积 11 万多亩，其中以欧美杨、毛白杨为主的速生丰产林 109000 亩，以苹果、梨为主的经济林 664 亩，苗圃 600 亩。其造林面积之大，规格之高，林木蓄积量之多，为平原地区所罕见，被誉为“平原绿洲”。

县委、县政府在马西片区现有林场的基础上，针对贫困户自身发展能力较弱，抗风险能力较差的问题，采用创森与“扶贫三模式”同行。利用闲置沙地，结合正在实施的林业重点工程，以市场为导向，集中力量帮助贫困地区规划和发展一批市场前景好、投资少、见效快、收益面广、对群众脱贫致富能起用的特色经济林、速成丰产林、优良种苗培育等绿色产业。在扩大林木种植规模同时，开发林下资源，变林下“闲地”为“宝地”。一是林下种植模式：在每亩扶贫补助金 300 元的政策投资下，优先吸纳王奉镇、大王寨镇邻近贫困户 534 户，678 人从事林下种植，由合作社引导贫困户在项目资金的支持下栽种苗木花卉，合作社负责技术、肥料、销路等，贫困户以土地入股或出劳力的形式获得收益。二是林下养殖模式：由合作社与农户（贫困户）签订合作协议，由畜牧养殖公司免费提供林下养殖种苗和技术指导，事后按保护价收购，并将总利润的 3% 给予贫困户作为额外补贴。莘县森友有限公司与当地群众共同成立林下养殖合作社，带动贫困群众脱贫致富。现已发展林下种养殖面积 140 余亩，年出栏育肥羊 2000 多只，鸡、鸭、鹅 4000 多只，年产值 270 万元，带动周边农户近 500 人发展林下养殖，每年增收 50 万元以上。三是林木加工模式：木材加工产业现在已有显著成效。目前已拥有各类板材加工企业 54 家，采用“龙头企业 + 贫困户”模式，吸纳 2000 多贫困人口从事胶合板加工，镟皮、木片加工，由企业对半成品进行深加工，实现对树木资源的“吃干榨尽”，年实现销售收入 1.5 亿元，铺开了一条木材加工扶贫大通道。林业涉及面积大，产业种类丰富，辐射带动贫困户 1800 户、3700 人(如图 2)。

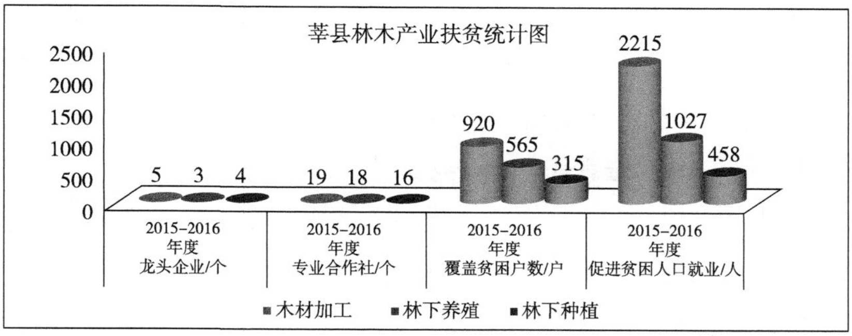

图 2　莘县林木产业扶贫统计图

莘县将利用马西林场优良自然条件，继续实施生态林木发展扶贫模式，推进生态林业、民生林业建设，突出重点建设和特色林果产业发展，加大林下经济富民产业投入，用足用活林地流转、林权抵押贷款等惠农政策，扩大资源丰富、功能完善、效益显著的现代绿色减贫经济林。

（二）打造品牌，夯实绿色扶贫经济板块

莘县把品牌农业建设与绿色产业扶贫有机结合，充分发挥莘县香瓜国家级产品优势、“莘绿”绿色品牌效应，积极实施绿色产业扶贫行动。通过培育品牌产业、品牌产品，发展品牌企业、品牌经济等，帮扶贫困村、贫困户调整优化绿色产业结构，拉长绿色产业链条，夯实村级绿色经济板块，促进贫困群众脱贫增收，走出了一条莘县绿色产业精准扶贫路子。

1. 有机香瓜市场俏，“长短结合”显成效

莘县是中国瓜菜第一县，拥有全国最大的无公害香瓜基地，享受“中国香瓜之乡”的美誉。瓜菜种植是农业最大的优势，其种植技术成熟、服务完善。重点实施瓜菜种植扶贫，建设智能温室瓜果大棚基地 13 万亩、高效集约蔬菜大棚基地 8 万亩，或者返租给贫困户，以保护价回收瓜菜；或者承包给企业或合作社，集中统一外销。

莘县燕店镇位于山东省莘县西北部，耕地 3241.93 公顷，建档立卡贫困户 1232 户、1916 人，是香瓜产业扶贫典型镇。燕店香瓜模样俊美、果

汁香甜、营养丰富，深受广大人民群众喜爱，曾有“莘县洋香瓜，飞入寻常百姓家”的歌谣。全镇香瓜基地现有大、中、小拱棚香瓜 2 万余亩，素有“万亩香瓜万座棚”之称。燕店香瓜美名外扬，被誉为“中国香瓜第一镇”“国家农业（香瓜）标准化生产示范区”“山东省出口农产品示范基地”“聊城市农业产业调整振兴先进乡镇”。按照县委、县政府《关于大力实施“1116”工程推进现代高端农业发展的意见》的总体要求，燕店重点抓香瓜产业“品牌、规模、品质”建设，加大新品种、新技术引进力度，着力生产“产量大、品质好、市场缺、效益优”的优质香瓜，实现莘县燕店镇香瓜产业由量大到质优的提升，对全国早熟香瓜市场定价拥有主动权，给瓜农带来更高效益的同时助力精准扶贫。

燕店依托香瓜产业优势，以“扶贫济困”为抓手，采用“长短结合”产业扶贫模式。“长”期方面，在尊重贫困农户意愿的情况下，通过贫困农户土地托管、入股、租赁等方式流转给新型农业经营主体（企业、合作社、富农）发展绿色香瓜园，贫困户获得土地流转金的同时还可享受每亩地总盈利的 0.03% 的分红，实现“长期”收益；“短”期方面，鼓励实力较强的经营主体吸纳有劳动能力的贫困户入园从事劳务打短工，形成“以强带弱、以富带贫”的经营体制，贫困户以日结或月结的方式获得劳务费，实现“短期”收益。

2015 至 2016 年度，燕店香瓜年产量为 360 万吨，总收入近 10 亿元，

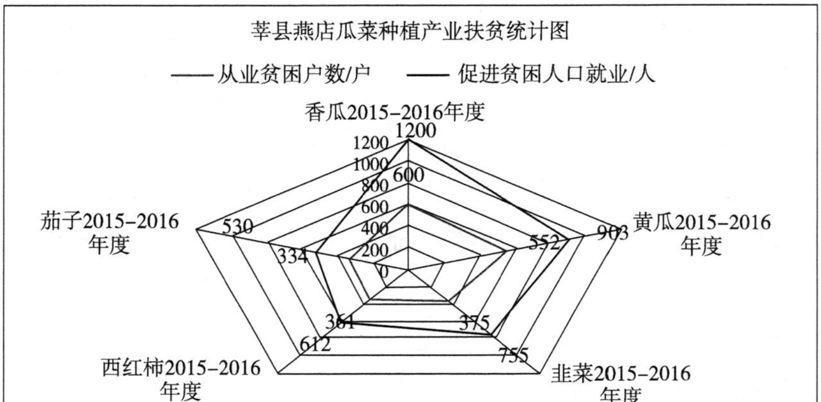

图 3　莘县燕店瓜菜种植产业扶贫统计图

市级以上农业产业化龙头企业有6家，农民专业合作社28家，带动贫困户600余户，贫困人口1800余人，促进就业人数2000余人。（如图3）全县复制燕店香瓜产业“长短结合”扶贫模式，流转燕店、河店、魏庄、董杜庄、俎店等镇贫困户土地8000余亩，发展香瓜、西瓜、蔬菜等规模种植，吸纳贫困户5000余户、近万人，人均年创收2000多元。

2. 绿色品牌引富路，菌菇扶贫促发展

随着人们物质生活水平的不断提高，人们越来越关注自身的健康，尤其是在饮食方面，很多注重养生的人都偏好食用绿叶蔬菜和食用菌类食品。食用菌不仅味美，而且营养丰富。食用菌产业是一项集经济效益、社会效益和生态效益于一体的短平快农村经济发展项目。

县委、县政府结合食用菌产业发展现状及生态经济发展前景，把发展绿色品牌食用菌种植作为扶贫资金的主要投向，优化产业布局、统筹区域布局、调整品种布局，形成产业规模和优质品牌标准。

双孢菇种植从最开始的零散种植到规模栽培再到绿色品牌的创立，可谓一波三折，跌宕起伏。双孢菇是一种腐生异养真菌，它不能利用太阳光进行光合作用，要完全依靠菌丝细胞分泌的各种胞外酶来分解和利用自然界现成的或人工调制的营养物质进行发育。从品种选择、育种准备、栽培要求、育苗管理以及在环境中的温度、湿度、光线、通风、酸碱度都要求极高。双孢菇发展之初，商人王强偶然发现了商机，本信心十足欲甩开膀子创业，为乡亲们拓展致富之路，不料回乡之后却被拒之门外。吃过闭门羹的他不再四处张扬致富想法，而是私下与人联合，先建立一个双孢菇房试验种植，进行精心培育。由于市场稀缺，卖价不菲，成功获得第一桶金。可喜的收入引来了众人的拥护，仅一个月，双孢菇房发展到十多个。但因栽培技术不过关、市场销路未拓宽，10多个菇房只亏不赚，严重挫伤了种菇人的信心。

但是，王强等人并没有就此放弃，经缜密研究，成立了双孢菇合作社，社员分三组，分别负责技术培训（指导）、采摘包装，市场营销，三部分统一进行科学把控，从源头上控制质量，并注册商标“莘绿”。在销售过程中，打“绿色”牌，通过媒体广告、电子商务等推广。同时，跟进售后，收集反馈信息，不断改进，从而使“莘绿”品牌货真价实。

截至目前，“莘绿”牌双孢菇是生产量最大、发展最快、总产值最高的主要食用菌品种，集中分布在莘县中部偏南一带的朝城、妹冢、王庄集等镇，种植面积达1000万平方米，年交易量100000吨，大小食用菌企业20余家，依托食用菌企业，打造食用菌产业扶贫园区，实现了菌菇产业和脱贫攻坚高度融合，共辐射带动贫困户近1200户、2700人。王庄集镇建设了昌盛光伏菌菇项目，占地800余亩，双孢菇种植基地292个，其中双膜双网棚164个，连冻棚32个，高标准职能智能化菇房96个，年产双孢菇45000吨，年产值2.7亿元，带动贫困户383户、957人。（如图4）

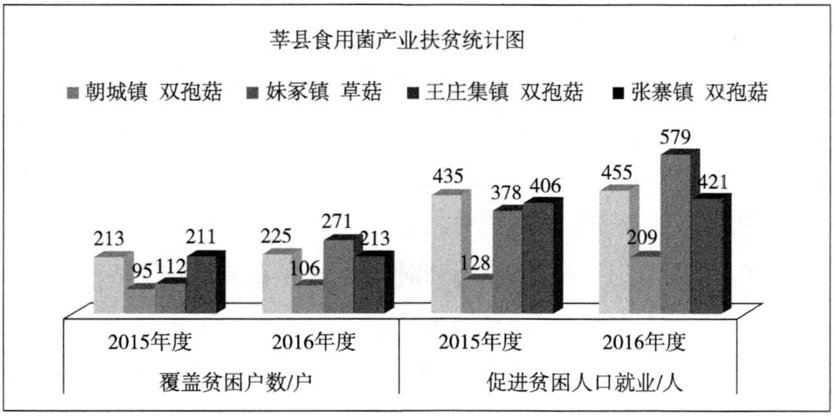

图4　莘县食用菌产业扶贫统计图

2016年，在食用菌龙头企业大山合菌物科技、富邦菌业、奥瑞菌业的带动下，“大料场、小菇房”发展模式在全县广泛推行，食用菌年产量达130000吨，总产值突破7.5亿元，为近4000名贫困人口带来经济效益。莘县食用菌种植走出了“产出高效、资源节约、环境友好”的食用菌绿色产业化道路，先后被评为“中国双孢菇之乡”“全国食用菌行业先进县”“全国食用菌行业十佳商品基地县”“全国食用菌标准化示范县”“全国食用菌行业十大主产基地县”等荣誉称号。

（三）依托企业，实施龙头带动精准扶贫

莘县按照“抓龙头、带基地、增效益”的总体要求，依托山东东阿阿

胶集团，采用政企合作，探索出“政府+企业+合作社+养殖户+贫困户”特色养驴扶贫工程。

为促进养驴产业发展和精准扶贫工作深度融合，出台《莘县养驴产业发展实施意见（2015—2019）》。养驴扶贫工程由扶贫专项资金出资30%，东阿阿胶集团出资70%共同建设养驴场，招标吸纳有意愿养驴的农户进行黑毛驴代养，种驴由阿胶集团提供，并购买驴险，养殖户需提供毛驴食料、替毛驴治病、修缮驴场等，无论盈亏，每年向养驴合作社缴纳扶贫专项资金的10%作为扶贫帮扶基金用于贫困户分红。

同时，出台《莘县养驴产业及养驴扶贫有关政策的补充意见》，开展新生驴驹补贴。对参与扶贫的养驴场（户）、合作社，以每饲养20头育肥驴或10头母驴带动1个无劳动能力的贫困人口脱贫为享受驴驹补贴政策的最低标准，每新生一头驴驹补贴1200元。养殖场（户）、合作社要优先吸纳有劳动能力的贫困户进场务工，优先收购贫困户的草料、秸秆。在政策扶持下，养驴合作社把扶贫帮扶基金、群众现有资源资本加以整合，根据贫困程度以及基地面积折股量化，并组织贫困户、基地抵押入股方、合作社三方签订项目帮扶分红协议书，确保贫困户能分到红。为防止扶贫驴消失，养驴合作社制定了严格养殖制度并要求养殖户提供担保，确保养驴扶贫工程真扶贫，扶真贫。

表1　莘县养驴场统计表

乡镇	村名	养驴场名称	养殖规模
王奉	武呈集	莘县腾雷牧业有限公司	600头
	道庄	莘县晓婉养殖有限公司	600头
	孟庄	莘县强达牧业有限公司	600头
	化庄	莘县雄宇牧业有限公司	600头
	邵店子	莘县晓韩牧业有限公司	600头
张鲁	杨村	莘县杨树国辉养殖专业合作社	600头
观城	后郭	莘县观阿养殖专业合作社	1200头
十八里	曹庄	莘县森牧养殖专业合作社	600头
徐庄	王逯庄	莘县荣华养殖有限公司	600头
	东孙庄	莘县果老呈祥养殖有限公司	600头

续表

乡镇	村名	养驴场名称	养殖规模
古城镇	西曹营	莘县聚福养殖专业合作社	600 头
	舍南街	莘县众丰养殖专业合作社	600 头
	西红庙	莘县精诚养殖专业合作社	600 头
燕塔	张屯	莘县国军养殖场	600 头

2016 年已经建成黑毛驴养殖基地共 14 个，饲养小驴驹 9000 余头，项目收益后帮助贫困户 3000 多户，6000 多人。张鲁镇杨村养驴合作社将本村除外的附近剩余未脱贫的 146 户贫困户全部纳入了养殖合作社成员，这些贫困户实现入股分红 6 万元，实现了贫困户在短期内获得收益，充分发挥了村支部引领、龙头企业和合作社示范辐射带动作用，为完成精准脱贫的目标奠定了坚实基础。

（四）借助科技，探索绿色扶贫创新网络

在传统种植、养殖扶贫产业基础上，不断探索绿色扶贫创新网络，因地制宜围绕“多点”发展电子商务扶贫、“光伏 +”扶贫产业网，拓宽扶贫渠道，为扶贫注入新内容，增添新动力。目前，全县新型扶贫项目示范点 8 处，其中电子商务主要集中在莘州、莘亭、东鲁、燕塔四个街道办，光伏项目主要集中在王庄集、观城、张寨、张鲁四个镇，共覆盖贫困户 1286 户、2580 人。

1. 电商四处开新花，网销八方结硕果

莘县将发展农村电商作为产业扶贫的重要举措，借助本地互联网优势，发挥网络销售带动作用，推行“高科技下乡，农产品上网”，带动贫困户增收脱贫。

2016 年对于苹果种植户而言是个丰收年，大王寨镇苹果种植面积达 2 万余亩、张鲁镇种植面积达 1. 3 万余亩，然而苹果丰收的背后是果农的丰产不增收的尴尬局面。为了改变这一尴尬局面，相关部门借助阿里巴巴入驻莘县的优势，规划建设县级电商运营中心、村级网销服务站点，分别在莘州、燕塔、东鲁、大王寨等镇（街）建立“淘吧”“聚宝”等农村淘宝

服务站158处，新增活跃网店300多个。服务站通过网上代购、网上代卖、网上缴费、创业培育、资金结算及金融服务等帮扶方式为2000户果农，345贫困户、987人解决了农产品“买难、卖难”两问题。

为让更多的贫困群众认识电商、参与电商、发展电商，莘县抢抓电商扶贫发展机遇，首选计算机专业的在读大学生，与贫困村帮包干部、村干部共同组建电商扶贫工作队，每队11人，由队长带队分村向农户（贫困户）宣传讲解网销事宜，经过三天的巡回宣传，单独交谈，示范演练，取得了部分农户（贫困户）的信任，直接参与电商报名达6000余人，其中有贫困人口近2000人。为提高贫困群众电商技能，组织各镇（街）扶贫办邀请电商专家定期定点举办电商培训，并鼓励已经发展起来的淘宝商户为文化水平低、接受速度慢、年龄较大的贫困户从最简单的打字基础、淘宝用语、工具使用等着手培训，等贫困户掌握了一定技术后再为其提供实战场所。同时，在电商培训过程中，营造电商扶贫浓厚氛围、展示电商扶贫成果，增强贫困户脱贫信心和扶贫责任感。此外，针对缺资金的果农，采用小额信贷帮扶，切实解决电商发展资金周转难的问题。

阿里巴巴农村淘宝网店多点开花，莘县贫困村农副产品多渠道外销，自主建设的集“销售、宣传、推广”于一体的绿色农产品垂直电商平台“中国北方瓜菜菌网”成功运营。此外，苏宁易购，京东商城、邮政买卖惠三大电商平台已覆盖全县90%的村庄，其中贫困村近150个，2016年被评为山东省电子商务示范县，为电商扶贫产业发展奠定了坚实的基础。

2. 光伏嵌入产业网，绿光照亮脱贫路

政府紧紧围绕精准扶贫工作要求，结合实情，在全县大力实施“光伏+”扶贫模式，如“光伏+菌菇+贫困户、“光伏+养驴+贫困户”“光伏+公共屋顶+贫困户”。

昌盛绿能光伏正在建设绿色农业产业园，总占地面积1500亩，由297座科技大棚组成，实现了棚顶光伏发电、棚下种植菌菇，吸收了大量贫困群众参与产业建设。产业园将建好的菌菇棚优先免费提供给建档立卡有劳动能力的贫困户进行种植，年可实现纯收入2万余元，已带领700余户2000余人走上产业化脱贫道路。其余菇棚以优惠价格租赁给附近村民，以合作社方式进行规模化种植，切实带动了贫困村的发展和贫困户增收。同时，采用农光互补模式，将食用菌产业和光伏新能源产业进行了完美结合，实现了光伏发展和农业生产的双赢。“光伏 + 菌菇”年可运总产值 1.5 亿元，其中收益资金的 1% 用于贫困户补助、救助和产业帮扶以及医疗、卫生、养老等村级公益事业。而针对没有劳动能力的贫困户，产业园采取入股分红的方式进行帮扶，吸收贫困户“富民农户贷款”，贫困户负盈不负亏，定期分红预计增加年人收入 1500 元，大大增强了贫困群众的获得感。为打造高效农业，产业园定期开展科技农业教育培训，邀请知名专家为农户（贫困户）进行食用菌种植讲解，就“光伏 + 菌菇”模式，从光伏发电、各类菌菇种植的棚型、种植技术、病虫害提前预防、采菇的标准等进行系统性的培训，为有意愿的租户提供相关技术支持和指导，大力发展现代高效农业，打造绿色产业化扶贫示范基地，带动千家万户一起致富。

山东特锐德电气集团和聊城恒阳光伏有限公司在观城总投资 3.4 亿元建设 60 多座高效农业光伏大棚，年产鲜菇 12 万吨，项目共涉及 83 个省定重点贫困村，覆盖贫困户 1251 户、贫困人口 3481 人。此外，政府整合扶贫资金，在张鲁建设分散式光伏发电站 6 处，其中 37 千瓦 4 处，30.8 千瓦 1 处，26 千瓦 1 处，共占地 34.4 万平方米。把收益作为扶贫基金，为因病因残致贫，因灾因学致贫的贫困群体所用，受益贫困户 156 户，230 人。

正不断探索“光伏 +”扶贫产业，比如，在养驴场棚顶架光伏板，在公共闲置屋顶架光伏板，统一整合光伏发电收益，为贫困户建立稳定“绿色银行”的同时，也为“绿色产业”增添风采。

（五）立足贫困户，探索绿色精准扶贫的系统支撑

截至 2016 年 12 月，在探索绿色精准扶贫“产业 + 生态 + 扶贫”的可持续发展道路的基础上，分别在瓜菜种植扶贫、食用菌生产扶贫、畜牧养殖扶贫、林业扶贫、电商扶贫、光伏扶贫工程的带动下，贫困村减少至 38 个，脱贫率为 64.8%，贫困户减少至 8409 户，脱贫率为 72.7%，贫困人口减少至 1.5 万人，脱贫率为 79.2%。可见，绿色产业助力精准脱贫成效显著。然而，在绿色产业扶贫的道路上，在生态发展的过程中，贫困户的

脱贫意识、生产技术、劳动能力以及绿色产业生产规模等都将成为扶贫事业成败的影响因素。为防止数字脱贫，脱贫又返贫，为加速绿色扶贫产业稳步走上可持续发展之路，早日实现生态立县，生态脱贫的致富之梦，创新精准扶贫新模式，将继续采用“扶贫＋扶志＋扶技、扶贫＋邻里互助式护理、扶贫＋企业＋合作社”三个模式支撑进行保障性扶持，确保绿色产业发展过程中每个要素都完备，将生态发展模式推向常态化、可持续化、可复制化。

支撑一：扶志与扶智齐抓，扶技与扶能并重

贫困地区发展既要有政策扶持，也要靠内生动力。不论造成贫困为何直接原因，精神贫困始终是主观上的首要根源。精神贫困主要体现在缺乏脱贫致富的勇气、信心。因此，帮助贫困群众树立脱贫信心、营造脱贫环境，使其充分认识到自身优势以及主观能动性的重要性，拿出敢想敢干的毅力和决心，在精神上与贫困绝缘显得尤为重要。在县委、县政府的带领下，千名县镇（街），两级干部，走村串巷，与贫困户面对面交谈、心贴心交流，从思想上、精神上鼓励贫困户敢于与贫困做斗争。在驻村第一书记带动下，各村累计制作《“绿色产业”助力脱贫致富》倡议书近 10 万份，组织宣传车定期在各贫困村巡回播放绿色产业理念，定点为有意愿从事绿色产业的贫困户进行科普。这种“扶志与扶智齐抓”的思路，带动了近 3 万贫困人口全力投入绿色产业生产，近 2 万贫困人口获得直接创收，近 3 万人获得分红，得到广大人民群众的称赞和拥护。

农村经济发展长期以粗放型为主，对资源环境造成巨大压力，生产出的产品含金量低，经济效益低，农户难以长期坚持。据摸底调查显示，大部分贫困户缺乏生产技能，盲目种植、养殖造成很大的经济损失。“积财千万，不如薄技在身”，加强农户生产技能培训尤为重要。在金堤河、马西两大贫困片区各建设一处就业培训中心，举办培训班 82 期，累计培训 1500 多人次，300 多名贫困群众持证上岗。联合人社局定期组织“瓜菜种植技能培训、食用菌管理课堂、电商技巧观摩、编织技术、烹饪技能培训”等各种精准扶贫技能培训，直接将潜在劳动力转变为现有劳动力 28956 人，其中贫困人口 19687 人。此外，对扶贫工作人员的综合能力的培训也极为重视。各级扶贫办定期举办贫困户信息录入、档案管理等培训、定期轮换组织工作人员到潍坊、冠县等邻县学习交流扶贫经验。这种“扶技与扶能并重”的思路，使贫困人群掌握一门以上致富本领，提升就业能力，提高贫困群众在绿色产业生产过程中的积极性、主动性，使扶贫工作更见效，更有效，也更长效。

支撑二："邻里"情怀心连心，"互助护理"手拉手

产业的发展需要劳动力，没有人力的投入，一切产业发展大计终将成为空中楼阁。2016 年 12 月，因病、因残致贫的贫困户 4498 户，贫困人口 7350 人，占贫困人口 49%。针对这一现象，整合政府、医疗、社会三方资源，动员贫困户、先富群众、党员干部三方力量，率先创新“邻里互助式护理”扶贫模式，通过“弱弱互助式、强弱互助式、干群互助式”的护理形式，为无人照顾或家庭照顾能力不足的残疾、有病、智障等特殊贫困人员提供服务。

“邻里互助式护理”扶贫新模式要求精准确定互助对象、护理责任人，并组建家庭医生团队，签约提供医疗护理服务，由护理人、家庭医生团队、贫困户三方共同构建无缝对接关系，解放更多劳动力就近就业、就近创收。同时，有利于降低贫困户大病急病、大灾大难的发生率。护理人在日常护理服务中，发现被护理对象出现身体、精神异常症状时，及时与镇村医护人员、党员干部联系，从而有效避免不幸发生，降低因病因灾致贫概率。此外，因贫困户多为鳏寡孤独群体，长期处于自闭压抑孤独状态，通过“邻里互助式护理”，加强贫困户之间交流，密切邻里关系，不仅有利于精神文明建设，更起到了纯民风、聚民心的作用。

截至目前，全县在贫困人口集中村庄，设立“邻里互助”护理试点 81 点，精准确定贫困户护理员 144 名，解放出被老人、病人束缚的劳动力人口 800 多人，其中贫困人口近 500 人，及时就诊大病急病 18 例，贫困人口年创收近 500 万元，同时，每名护理员每月可领取 300 元补贴。通过“邻里互助式护理”模式，护理人、家庭医生与贫困户心连心、手牵手实现了贫困户收入、基本保障双改善，精准扶贫、和谐社会建设双推进，实现了“生态文明、精神文明”建设双丰收。

支撑三：大企业带动助增收，合作社引导促脱贫

龙头企业、合作社共 300 多家，其中种植产业涉及瓜菜、食用菌、林木等；养殖产业涉及肉食鸡、驴、羊、生猪等；新型产业涉及电商、光伏、土地流转、融资等。县委、县政府根据实况开展村企结对帮扶、合作社精准引导，发挥企业和合作社的资本、技术、人才等优势，整合各种资源，凝聚有益合力，不断探索“企业＋贫困户”“合作社＋贫困户”“企业＋合作社＋贫困户”等合力式扶贫新模式。

首先，强化企业就业扶贫渠道作用。作为农业大县，人口大县，劳动密集型产业比重大、企业多，大批农村家庭通过到企业打工可以实现“一人就业，全家增收”。鼓励帮扶企业送技能、送岗位到户到村，优先招聘贫困劳动力进入企业工作。如莘县新嘉华股份有限公司吸纳200多贫困群众从事大豆加工；聊城巨龙新能源车业有限公司对100多贫困群众进行简单培训后让其从事组装汽车配件、外出发传单搞宣传等。其次，发挥企业对扶贫项目的带动作用。在选择项目时，以龙头企业带动为切入点，以市县级农业龙头企业和农业产品生产基地为依托，采用“企业＋基地＋贫困户”模式，提高项目帮扶效益。如古城高效集约扶贫大棚基地项目、恒同汽车坐垫厂在王奉镇实施精准扶贫项目。帮扶贫困户或务工或享受分红，多举措增收脱贫。

依托节水莲藕、品牌甜瓜、生态林业、绿色食用菌等特色产业，引导各村成立农民专业合作社，吸纳贫困户入社，推行“合作社＋贫困户”的扶贫模式，带动贫困户致富脱贫。目前，全县重点贫困村和插花村专业合作社实现了全覆盖，其中莘县双利蔬菜瓜果专业合作社，辐射大王寨镇玉庄、西王庄等6个村，山东莘县华夏生态西瓜专业合作社，辐射董杜庄毕屯、东沙王等8个村。

此外，着力加强绿色扶贫产业发展，增强贫困村“造血功能”，推动企业、合作社、贫困村、贫困人口互利共赢，增强绿色扶贫可持续性。通过“政府＋银行＋合作社＋贫困户”的模式推进精准扶贫专项贷款工作，引导贫困户整合扶贫资金、土地流转金、务工薪金以本人入股的形式投入到发展势头好、带动力强的龙头企业或专业合作社，实现长期红利，促进贫困户持续增收。组织全县140多家企业、合作社定向帮扶，转移安置贫困劳动力就业2948人，人均收入每月800～2200元。绿色生态园合作社带动贫困户18000多户、25000多人从事蔬菜大棚、食用菌栽培、林木育苗等绿色生产；移动手工作坊合作社带动 367 户在家做汽车坐垫、扎扫帚；养驴合作社带动贫困户 3000 多户经营养驴场，近 5000 获利分红；农村电商带动 500 多户网上开店，近 1000 贫困人口实现就业。

三、莘县绿色产业精准扶贫模式探索的经验与不足

莘县曾是国家级贫困县，在这块曾经贫瘠的土地上，紧紧抓住绿色农业产业转型升级这一主线，强优势、补短板，推动绿色产业和精准扶贫高度融合，大力实施“强理念、抓龙头、带基地、树品牌、增效益”的绿色产业精准扶贫战略，在精准扶贫中巧打绿色生态牌，经过近两年的努力，绿色产业发展上了新台阶，精准扶贫工作取得了新突破。

（一）绿色产业精准扶贫经验总结

1. 强化绿色产业发展理念

各级政府领导干部站在全局和长远的战略高度，把绿色生态发展放在突出地位。由县委牵头，出台《发展绿色产业扶贫普惠政策实施意见》《关于加快推进生态扶贫产业结构调整的意见》等，县乡帮包部门对其学深吃透、狠抓落实，紧紧围绕“生态农业的发展要坚持以科学发展观为指导，建设资源节约型、环境友好型绿色可持续发展经济”的指导思想，在精准帮扶中把绿色发展“记在心上，写在纸上”，强化绿色产业发展理念，坚守“绿色本金”。

2. 狠抓绿色龙头企业带动

针对绿色产业精准扶贫一系列普惠政策，吸引生态农业产业化龙头企业和大中型绿色食品加工厂等，充分发挥龙头企业的示范、引导、辐射、带动作用。对于有发展潜力、市场前景看好、低投入、高产出的生态绿色企业，县政府整合社会扶贫、行业扶贫、专项扶贫等资金，壮大企业经营实力，不断增强辐射带动能力和精深加工水平。着力推进绿色发展、循环发展、低碳发展，实现经济发展、生态保护和精准扶贫的“三赢”目标。

3. 严建严管绿色产业基地

紧紧围绕资源禀赋和特色产业，严格按照绿色产业基地建设标准，本着高起点规划、高标准建设、高水平管理的原则，切实抓好瓜菜绿色食品扶贫基地一系列尤其是农残问题。首先采取轮作法：春天种瓜，秋天种菜，抑制传染病害或病虫害。其次，采用消毒法：两年对土壤充一次生态消毒剂，直接给土壤消毒，降低棚内病害率。再者，采用降低湿度法：棚顶采用高质量塑料膜，防止雨天漏雨；棚内采用滴灌管，向膜浇水，将水滴直接滴入根部，起到降低棚内湿度的作用。此外，严格监测农药含量，大棚基地种植户备齐自动检测仪，时刻跟踪观察；待基地瓜菜成熟之际，上市之前，农业安全办公室组织专人到棚内做检测，合格则允许出售；县农业局不定期不定点巡回抽查，合格即可上市。

4. 树立贫困村级绿色品牌

把培育壮大生态产业作为脱贫攻坚的突破口，立足贫困地区资源优势和贫困群众意愿，选准扶贫项目、突出区域特色，在全县所有村实施了“精准扶贫产业全覆盖和提升工程”，精准发力，实现“一镇一产业、一村一品牌、一户一项目”，将有劳力贫困户全部纳入生态产业链条，开发区域主导产品，统筹规划，科学布局，充分发挥地方特色产品，提高区域独有的绿色品牌效益，打好绿色扶贫这张牌。

5. 绿色精准扶贫主要成效

近两年来，全县坚持以脱贫攻坚统揽经济社会发展全局，积极贯彻省、市精准扶贫工作决策，坚持走绿色扶贫之路，创新生态发展模式，取得了阶段性成效。一是绿色扶贫产业取得突破。累计实施智能温室大棚、高效集约大棚、养驴、电商、光伏电站等绿色产业扶贫项目76个，直接覆盖贫困人口2.1万人。二是创新扶贫方式取得突破。在全市率先开展邻里互助，互助帮扶705户贫困户，解放劳动力800多名，144名护理员实现创收，近两千人受益；三是绿色减贫人口实现突破。2016年，依托绿色产业扶贫工程，全县36个贫困村成功摘帽，2.58万名贫困群众实现脱贫，贫困发生率降低2.5个百分点。

（二）绿色产业精准扶贫存在的不足

1. 绿色品牌知名度不高

瓜菜菌种植面积达 98 万亩，实现年产优质瓜菜菌达 480 多万吨，涉及西瓜、香瓜、西红柿、双孢菇、韭菜等，为千家万户送去了新鲜可口、绿色环保的菜肴。素有“中国菜乡、绿色蔬菜”“莘县绿色蔬菜冠中华”的美誉，2016 年，先后成功申请了莘县西瓜、莘县香瓜、莘县菌菇、莘县韭菜四个国家地理标志证明商标。然而，食用菌“莘绿”、韭菜“绿安”“仙果”牌西瓜等绿色品牌仅在山东省内小有名气，而在全国其他省市，乃至国外知名度不高。

2. 土地流转难度较大

根据调研显示，有 52.8% 的农户（贫困户）思想落后，不愿意流转土地发展绿色产业，习惯于以种植玉米、小麦为生，担心流转土地会失去生活的依靠；借助帮扶企业，兼职从事二、三产业，留着土地补充家庭收入，流转土地的意愿不强；已经脱离的农户，对几百元土地流转费收入无所谓。有 24.7% 的农户（贫困户）担心政策多变，对土地的承包权、经营权、收益权混淆不清，担心土地流转后，以后征用土地得不到补偿费。有 22.5% 的人认为基层工作力度不足土地流转过程不规范，流转双方的利益得不到有效的保障。

四、结语

“产业 + 生态 + 扶贫”是帮助贫困户脱贫的突破口，是确保贫困户脱贫的重要途径，也是确保贫困户脱贫不返贫的最有效方法；能有效整合土地资源、提高劳动力素质，齐心协力搞规模化绿色产业，发展生态经济。它打破了长期以来扶贫政策对贫困户的“大水漫灌式”“输血救助式”扶贫模式，既让不同程度的贫困对象能合理享受到国家给予的扶贫资源，破解了“扶贫到户”“精准到人”的难题，又发挥了当地资源优势，实现了低碳扶贫和可持续扶贫的结合；既创新了扶贫政策对贫困对象的“瞄准”机制，有效避免了“脱靶”现象，又创新了扶贫过程对贫困地区经济发展的“保障”机制，有效避免“数字脱贫”“脱贫返贫”现象，体现了科学发展观的本质要求，是新时期扶贫开发工作的生动典型实践。“产业＋生态＋扶贫”绿色精准脱贫模式，志在打造全国重要的绿色食品生产供应基地、战略性新兴产业承接地、辐射冀鲁豫三省交界地区商品集散中心和生态园林宜居宜业城市，努力建设实力莘县、活力莘县、生态莘县、和谐莘县、幸福莘县。

案例二：

农村文化扶贫的实践与探索

卞士生

（河南民航发展投资有限公司）

2015年8月底，河南省委选派第一书记工作办公室派我到安阳市汤阴县菜园镇后皇甫村任驻村第一书记。驻村一年多来，通过入户调查、开会座谈、参加农户的婚丧嫁娶活动、到汤阴县其他贫困村考察学习等方式，对汤阴县乡镇及贫困村的村容村貌、村规民俗、人居环境、风土人情、农民的精神文化生活有了切身的感受和体会，也引起我对贫困村文化扶贫的思考与探索。

一、农村文化扶贫的意义

文化扶贫是指从文化和精神层面上给予贫困地区以帮助，从而提高当地人民素质，尽快摆脱贫困。多年来的实践证明，文化扶贫政策是推动我国农村地区经济发展的重要措施，也是实现社会公平和全面小康以及农村与社会和谐发展的重要途径。全面推进文化扶贫，加强文化扶贫力度，以先进文化代替贫困文化不仅是扶贫的根本之路，也是促进农村实现小康的必由之路。

（一）贫困文化论

贫困文化论是从文化的角度来分析贫困现象存在的根源。它认为，穷人由于长期生活在贫困之中，结果形成了一套特定的生活方式、行为规范、价值观念，即“贫困亚文化”。这种亚文化一旦形成，便会对周围的人，特别是穷人的后代产生影响，从而代代相传。于是贫困在这种亚文化的保护下得以维持和繁衍。要消灭贫困首先必须改造贫困文化。只有穷人抛弃自暴自弃、不求上进、宿命论的价值观念，接受积极进取、不懈奋斗的价值观念时，贫困才真正有可能消灭。

贫困文化论的启示在于不仅个人要从根本上摆脱贫困文化的束缚，对于政府而言就应当从政策上做到教育机会的均等，以增加贫困群体及其后代与主流文化接触的机会及其被主流文化接纳的技能，最终实现脱贫的梦想。

（二）文化扶贫的内涵

摆脱贫困文化的应对之策就是文化扶贫。当下，国内专家、学者对文化扶贫的内涵主要有以下观点：

一是文化扶贫是指传播和激发先进文化和开拓精神，改变贫困地区落后的现状，革新贫困群体及个体的观念、意识、价值，培育并提高其文化素养，从而实现贫困群体和个体逐步地在精神上和物质上脱贫致富。

二是文化扶贫是对贫困人口精神状态或文化价值观方面的革命。

三是文化扶贫就是以文化为先导，将经济、教育、科技等各种措施和资源整合起来，以产生强大的聚合效应。

四是文化扶贫作为开发式扶贫的一种，主要是政府以农村文化阵地和文化活动为载体，开发农民群众的自身潜力和智能，提高农民的文化科学素质，普及科学技术知识。

五是文化扶贫的本质就是要以新的文化价值观念改造贫困地区落后的文化价值形态。

总的来说，学者们对文化扶贫的内涵和意义的界定大概就是从贫困的主体“人”的角度入手，走“文化扶贫”的道路，以适应农村生产力的发展。

（三）文化扶贫的意义

“治贫”必先“治愚”，“扶贫”必先“扶智”。可以说，文化扶贫是打赢脱贫攻坚战，从根本上改变贫困地区的落后状态，最终实现全面小康的重要保障。在广大贫困地区开展文化扶贫，具有十分重要的意义。

1. 文化扶贫对农村经济社会发展具有推动作用

马克思说过："一定的经济总是在一定的文化背景上建立，一定的文化则必然是在一定的经济基础上生成，文化中有经济，经济中包含着文化。"如今，在全球文化知识经济的时代，文化代表着一个国家的软实力，并且与经济的关系日益密切。农村群众的日常劳动中处处都受文化的影响，尤其是农村集体经济、家庭农场、专业合作社等实体经济建设中都包含着文化元素，而且文化越来越成为带动农村经济发展的新型生产力和经济增长的基本推动力量。在全球经济快速发展的今天，文化"软件"如果跟不上去，必将阻碍生产力的发展。因此，我国在经济稳定增长的同时，必须改革和深化文化在经济中的作用，把文化注入一切经济活动中，让文化成为经济的驱动力。

2. 文化扶贫对农村精神文明建设具有实践意义

农村文化是我国文化事业发展的基础，是推动农村经济、文化、政治、生态不断向前发展的强大精神动力。农村文化是一定历史时期农村生产方式的观念反映，这种观念影响着农村群众的行为和思想，同时还制约着农村精神文明建设向前发展。因此，开展文化扶贫是给农村营造一个充满活力、不断创新、与时俱进的精神文明环境，更是铸就一个文明发展、科学进步的农村新貌。对于提高和增进农村农民的文化素质，造就一批能自我更新和不断创新的新型农民，具有重要的实践意义。

3. 文化扶贫可以持续改善农村多年的风俗习惯

风俗习惯是农民在漫长的岁月中渐渐养成并共同认可的一种行为方式。风俗习惯的内容广泛，涉及人们的婚丧嫁娶、分配交换、衣食住行、生产劳动、政治行为等活动，对农村经济社会的发展产生了广泛而深刻的影响。第一，文化培养农民的集体意识。在农村文化扶贫中，坚持大众文化，提高农民的集体意识，有利于移风易俗，从而促进农村文化方面的发展。第二，文化促进地域风情的持续。俗话说："一方水土，一方风情"。我们党在农村文化建设中十分注意因地制宜发展地域文化和民族文化，保持不同区域和民族文化的文化特色，促进风俗习惯的发展。第三，文化推动民间技艺的发展。技艺是农村农民在生产和生活实践中总结出来的为不断提高生产和生活效益的一种方式。一方面，农村文化扶贫就是要科学地继承和发展民间技艺，促进民间技艺延续与革新；另一方面，是为破除伪民间技艺，提倡科学与创新，适应农村经济发展和时代进步的需要。

4. 文化扶贫可以不断促进农村的思想道德建设

在农村文化扶贫建设过程中，树立良好的道德环境是至关重要的。良好的道德环境体现了乡村精神文明的内在表现。农村群众道德的高低在很大程度上影响着农村是否和谐稳定，影响着农村经济、政治、文化发展的进程，影响着人与人之间以及人与环境之间的生态关系。第一，和谐农村的构建，离不开道德建设。在构建和谐新农村的过程中，必须推进思想道德建设，引导农民告别低俗迷信，走向健康的文明生活。第二，道德建设需要文化的筛选和滋养。在推进思想道德建设的过程中，必须积极发展健康向上的思想道德。比如公平的竞争意识、公开的规章制度、公正的法律观念以及爱国、团结和敬业精神等。

二、贫困村的文化生活现状

当前，贫困村的文化生活现状令人担忧。我所帮扶的贫困村由于缺乏先进文化的引导，部分群众思想扭曲，精神信仰错位，伦理道德观念淡薄，村容村貌“脏、乱、差”的落后局面长期得不到改观。经过我的调研和观察，汤阴县农村落后的群众文化生活表现归纳为以下八个方面。

（一）群众文化贫乏单调

后皇甫村现有近 285 户 1180 口人，2350 亩耕地，青壮年劳力外出打工的有 300 多人，余下的多是老年人、妇女和儿童，其中 60 岁以上老人 177 人，占比 15%。经过精准识别，建档立卡贫困户 18 户 61 人，其中因病致贫和因残致贫的 14 户 53 人，占比 86.9%。多年来，村里既没有文化娱乐活动场所，又没有文化专业人员，更没有集体经济产业的支撑。群众在闲暇时，消磨时间的事就是看电视、喝闲酒、打纸牌、玩麻将，说三道四聊聊天，搬弄是非惹气生。单调贫乏的文化生活，对构建和谐家庭、美丽乡村、小康社会有害无益。特别是玩麻将赌博上瘾后，对个人、家庭造成的危害是无法挽回的。邻近村一男子因为赌博欠债累累，走投无路，跳井身亡，并在网上写有“遗书”，表达了对妻子、父母的愧疚之情。

（二）孝道文化有所淡化

村里有一位老人找我反映三个儿子、媳妇不让在家里居住的情况，我和村干部多次出面调解未果，反映出兄弟三人如何赡养老人的问题。近些年来，在市场经济的发展和社会转型过程中，孝敬父母、尊老爱幼等这些中华民族的传统美德在广大农村有所淡化，影响了家庭和谐。孝道文化在农村淡化最突出的表现首先就是子女不孝、养老难。特别是那些兄弟众多的家庭，由于分家不公、婆媳关系不好等原因，相互推卸赡养父母的责任。其次是对传统孝道文化的扭曲，突出表现在子女对父母尽孝的形式变成了大操大办，厚葬薄养、“孝死不孝活”。最重要的一点就是把丧事办得排场一些，表面看着很风光，实际是死要面子活受罪。

（三）丧葬习俗令人费解

根据我国殡葬管理条例第二条的规定，殡葬管理的方针是：积极地、有步骤地实行火葬，改革土葬，节约殡葬用地，革除丧葬陋俗，提倡文明节俭办丧事。从村里逝世人员遗体火化情况来看，多数家庭还是遵循规矩和制度安排的。按照当地政府殡葬办事流程，骨灰安葬方式有骨灰堂、骨灰墙、骨灰亭、骨灰廊、骨灰深葬、骨灰林、骨灰墓、骨灰撒海等 8 种，可是没有看到村里有哪一户落实执行。令人费解的是逝者家里第六天将遗体火化后，第七天又进行了土葬，棺材埋进了祖坟。遗体火化花了钱，土葬又占用了耕地，岂不是“六个指头瘙痒——多一道子”。

（四）民间节目庸俗不堪

村里家庭在给逝世老人办三周年时，请民间文艺团体演出的节目档次太低。笔者仅仅看了一二个节目，就看不下去了。为何？让笔者万万没想到的是，今日的民间歌舞说唱早已走了味、变了样：主要表现在跳舞女郎穿衣极少，与廉价雇佣来的泼皮无赖男子——“托儿”对话时语音粗俗，尽说一些挑逗谩骂的黄段子，不堪入耳；表演动作时低级下流，不堪入目。不仅严重毒害了少年儿童的灵魂，污染了社会风气，而且会把下一代人教坏，引导小学生误入歧途。这种庸俗不堪的“色情表演”吸引了部分群众的眼球，但是这种节目表演与社会主义精神文明建设、高尚文化传承背道而驰，格格不入。纯属劳民伤财，寻求感官刺激而已。出现这种现象，村里干部管不了，县乡文化监督部门没人管。

（五）公益电影遭遇尴尬

国家实施电影下乡工程以来，电影队每个月都下到各村放一场电影。奇怪的是，在村室门口放电影时，无论放什么内容的片，看电影的人多者不超过10人，少者区区三五个人，有的时候甚至出现“有人放无人看”的尴尬局面。放映员告诉我，这是因为时代变了，农村通了网线，开通了WIFI，手机上网也畅通无阻，加上片源陈旧单一，“公益电影”渐渐不受欢迎了。电影队不入村还不行，只好应付完成上级下达的电影下乡任务，不仅没有让群众得到应有的文化实惠，而且还浪费了宝贵的公共资源。

（六）迷信活动沉渣泛起

驻在贫困的农村，人们从事迷信活动的事情时有耳闻。一是受腐朽没落封建思想影响，农村许多中老年人的封建迷信观念比较浓厚。抽签、算命、看相、看风水、看祖坟等迷信活动沉渣泛起。二是当村里某人生病、四处求医看不好的时候，家人就会求助于村里子虚乌有的“大仙”，找“巫婆”“神汉”进行“救死扶伤”。三是烧香拜神，驱邪除妖。例如：2015年8月的一天，安阳市的杨某、王某和汤阴县的张某，相约到汤阴县古贤镇南周流村一庙内烧香拜神，后三人在该庙内留宿。当晚9时许，三人在寺庙内进香祷告后，杨某和张某怀疑王某被鬼怪附体，以为王某“驱除体内鳖精”为由，持木板、板凳等物对王某身体实施殴打，致王某死亡。封建迷信活动犹如百足之虫死而不僵，不仅给人们造成了经济上的损失，由此酿成的惨剧更是让人连连叹息。

（七）非法集资坑蒙拐骗

近年来，非法集资活动高发频发、蔓延至农村。我在村里看到过几次“汤阴县×××非法集资案件核准登记公告”。比如常某在汤阴县宜沟镇经营农药、化肥、电动车门市期间，以高额利息为诱饵，以经营资金周转困难为名，面向社会不特定群众 84 人非法吸收存款 459 万余元，给群众造成实际损失 341 万余元。2016 年 5 月，常某被汤阴县人民法院判处有期徒刑四年四个月。其实，这种案件的原因并不复杂：你看上了他的高息，他看上了你的本金，起初让你尝点高息甜头，一旦进入圈套，集资者资金链断裂，不少群众被骗走全部积蓄，血本无归，“一夜返贫”。非法集资活动严重损害了农民利益，影响了农村金融秩序和社会稳定。更是坑蒙拐骗、不讲信用、诚信缺失的重要表现。

（八）文化器材闲置浪费

文化落后不落后，我从村里看到的下面一些现象更能说明问题。村室有了农家书屋柜，书籍种类也不少，却很少看到有人借阅读书；镇文化站给村里配备了一套鼓、号器材，我想组建个鼓乐队，却没人组织培训，没村民报名参加，器材放在私人家里闲置；村室里用帮扶资金购置安装了平板大电视，但网络不通，无法正常收看中央及各省地方台的新闻节目；我用专项经费为村室购买配备了投影仪、笔记本电脑、音响等办公设施，但均束之高阁，没见村干部办公使用过，成了聋子的耳朵——摆设，不仅没有物尽其用，而且造成了文化设施资源的严重浪费。分析其中最根本的原因，就是有关领导对农村文化建设不重视，不落实，对各种不良风气熟视无睹没人抓，任其发展没人管。

三、农村文化扶贫的实践与探索

文化扶贫实践有许多路径、方式和方法。我入驻贫困村一年多来，针对村里落后的生产、经济、文化现状，因地制宜，制定了“一治水，二修路，集体经济上项目”的帮扶规划，理清了“既输血，又造血，物质精神两不误”的脱贫思路。在文化扶贫建设方面进行了初步实践和有益探索。

（一）加大扶贫资金投入，努力改善文化服务条件

各级财政扶贫专项资金是对贫困县退出、贫困村“摘帽”最大的支持政策。2016年，中央和各省投入的财政专项扶贫资金已超过1000亿元，2017年还将增长30%以上。驻村以来，我和村干部一道，积极谋划，因村制宜，已争取和落实各级、各项财政扶贫资金380余万元，除水利、电网、道路等基础设施改造之外，用于文化扶贫建设方面的资金近70万元，为改善后皇甫贫困村的公共文化服务创造了良好的条件。

一是村名标识。在村外219省道旁边，新建了后皇甫村南大门和警务室，大门上安装有灯光和对联，作为一个标志性的设施，树立了后皇甫村及党支部的良好形象。二是小桥护栏。对村西永通河小桥加设护栏，确保了人民群众的生命财产不受损失。三是办公条件。为村办公室购置了空调、电视、悬吊式投影仪、笔记本电脑、音响、打印复印一体机、办公桌椅等装备设施，极大改善了村党支部工作环境、便民服务条件。四是花园建设。在村室附近建设了竹林草坪式小花园、沁心亭、文化走廊，安装了健身器材，使村室附近环境面貌得到了较大改善。五是舞台广场。在村内闲置荒废几十年的沙坑地上新建了文化舞台及广场，安装了高杆灯光和文体活动器材，为开展群众文化活动搭建了平台。六是绿化苗木。对村内外的主要道路两旁进行了紫薇、海棠树绿化美化，为改善人居环境奠定了基础。

（二）从“三文”活动入手，大力开展精神文明建设

1. 文明入村，典型示范

没有规矩不成方圆。指导村党支部制定了村规民约，写在墙上，引导群众遵章守纪，移风易俗，按规矩办事。榜样的力量是无穷的。组织开展了“文明之星”“岳乡模范”评选活动，投票分别评出了党员模范先锋、尊老爱亲之星、热心公益之星各1名；诚实守信、爱岗敬业、干事创业、敬老爱亲、乐于助人模范各2名。并在宣传栏里、荣誉墙上、电线杆上公开宣传展示其照片和先进事迹，让广大村民进行学习。开展“金秋助学”

活动，对村里幼儿园学龄前儿童、小学生、大学生进行帮扶。

2. 文化上墙，正面引导

扶贫先扶志。首先在村里南北中心大街绘制了文化墙，重点宣传中国梦、社会主义核心价值观、孝德文化、礼仪文化、养生文化、廉政文化等内容，逐步引导党员干部和村民转变思想观念，激发内生动力，追求真善美，传递正能量。

3. 文艺下乡，丰富生活

针对村里群众文化贫乏单调、文艺节目低级趣味的情况，邀请汤阴县文广新局、菜园镇文化广播站等有关部门开展戏剧下乡活动。2016 年八月十五期间，河南豫剧院一团到后皇甫村慰问演出了豫剧《花木兰》、《三哭殿》节目；2017 年三月初四村里庙会期间，邀请汤阴县豫剧团入村演出豫剧节目 8 场，让村里的百姓过足了戏瘾，丰富了农民群众的精神文化生活。

四、对农村文化扶贫的思考与建议

汤阴县农村文化发展的滞后，严重影响了群众现代文明思想观念的形成，也制约着农村经济的发展，社会主义新农村建设任重道远。

（一）大力传承当地本土优秀的传统文化

第一，加强本土传统文化向农村的延伸和辐射。汤阴地处中原腹地、豫北平原，因居汤河之南而得名。境内物质文化资源丰富，其中，岳飞庙、羑里城均为国家 AAAA 级旅游景区、全国重点文物保护单位。汤阴有“千年古县、三圣之乡”的美称，是“武圣”岳飞的故乡，“文圣”周文王作《周易》的发祥地，“医圣”扁鹊祠、扁鹊庙的所在地，其传统文化历史悠久，底蕴深厚。近几年来，汤阴县先后举办了纪念民族英雄岳飞诞辰 910 周年暨首届岳飞文化节、岳飞纪念馆新馆开馆、海峡两岸周易学术论坛、海峡两岸周易文化论坛、扁鹊庙入选国家 AAA 级旅游景区创建等大型文化活动。因此，政府在发展经济的同时，要重视本土传统文化向农村的延伸和辐射，把“三圣”文化活动与当前的农村文化扶贫有机结合起来，做到统筹规划、全面部署，使之真正在农村文化扶贫事业上发挥有效作用。

第二，注重当地传统特色文化资源的开发和利用。汤阴县“三圣”文化是最具特色的文化资源，其文化精神一直影响着汤阴50万人民，不断给汤阴带来精神财富和物质财富。周文王姬昌，在汤阴羑里城囚禁中，“艰难困苦、玉汝于成”，用了整整七年的时间，著成《周易》一书，后被列为“五经”之首，这便是历史上著名的“画地为牢”“文王拘而演周易”的故事。南宋抗金名将岳飞，“乃武乃文、精忠报国”是其爱国主义精神的充分体现。战国时名医扁鹊，开创“望、闻、问、切”的中医精华，并以切脉最为有名，为我国脉学之宗。他“悬壶济世，救死扶伤”的人道主义精神，为后人留下了医德高尚的美名。这些优秀传统文化资源的开发，对于当下农村文化扶贫建设有很大的利用价值。在“三圣”文化精神的感召下，要着力打造了一支团结奋进的文化扶贫干部队伍，形成了一股干事创业的良好风气。

第三，支持乡村民间独特传统文化的发掘和传承。汤阴民间传统艺术形式众多，独特文化帏子舞是其中一种。帏子舞是活跃在豫北区域的一种古老舞蹈表演，又称经纬舞，俗称跑帷子，据传是古代将士为纪念齐桓公的爱妃长卫女而举行的祭祀活动。帏子舞是一种独特的团体型、广场型的民间传统舞蹈，近200名舞者按照《易经》中的八卦阵法不断变换出100多种阵势，气势磅礴。当地群众每逢农历正月十五、十六以及农闲时期，都要自制帏子表演帏子舞。帏子舞仅留存于汤阴县白营、古贤两个乡镇。白营乡西隆化村“跑帷子”传承人侯俊，60多岁。多年来，为了这种舞蹈的发展，他四处奔走呼吁。在他的努力和当地政府的大力支持下，2008年，“跑帷子”被列入全国非物质文化名录。侯俊现在正忙于申请世界非物质文化遗产，希望“跑帷子”能到全国各地表演，跳到国际舞台上。

（二）不断加强县乡村三级文化队伍建设

一是改革政府文化部门用人机制。政府文化部门人才的稳定、优劣是文化扶贫建设可持续发展的关键。因此，改革文化部门用人机制，是提高文化专业人才水准的质量保障。在改革用人机制方面，县、乡两级文化部门要通过采取内部竞争上岗、社会公开招聘等方式，打破人事制度上的铁饭碗，不搞终身制，使“文化型”领导干部能上能下，文化工作者能进能出，从而建立起一套人尽其才、合理流动的人事制度，充分调动文化专业人才的积极性、主动性和创造性。

二是提高农村基层干部的整体素质。汤阴县现有 10 个乡镇、298 个行政村，近 2000 名的村“两委”基层干部身处文化扶贫事业的最前线，他们的言行举止都影响着文化扶贫工作的进程，同时还影响着农村广大群众参与文化建设的积极性。要发挥村干部在文化扶贫事业上的带头作用，就必须从新时期、新目标发展的需求出发，把先进意识和文化思想不断灌输到农村基层干部特别是党支部书记的头脑中去。持续开展“汤阴县文化大讲堂”培训班，提升他们的文化水平和业务技能，改变他们的思想观念和行为方式，从而提高农村干部的整体素质。

三是培养和选拔高层次文化人才。选拔文化人才是进行文化扶贫工作的前提条件。政府有关部门要制定相应的人才引进政策，给予充足的条件和待遇，使之一心扎根于文化扶贫事业的建设。对那些自愿前往农村岗位工作的毕业大学生、研究生和社会优秀文化工作者要高看一眼，提高他们的待遇。要努力发掘长期在基层工作的文化工作者，传统文化、技艺继承人和特别热爱文化、艺术的民间能人。为他们创造更好的条件，发挥他们在农村文化扶贫事业上的最大优势。要培养新型农民加入到文化扶贫事业的建设当中来，对感兴趣、学得好、有头脑的农民应积极吸纳和引导。

（三）广泛开展丰富的农村文化娱乐活动

首先，应多组织不同形式的文化下乡活动。汤阴县公共服务体系的“神经末梢”正在向农村的每个角落延伸，全县多数村庄都有了文化舞台、文化广场、文艺表演团队。全县每年开展“舞台艺术送农民”活动 20 场，“文化惠民送戏下乡”活动 16 场，“欢乐中原、文明汤阴”广场文化及“计生、科技、卫生三下乡”“五风建设”宣传等文化活动共 100 余场，基层百姓在家门口就能欣赏到众多艺术家的风采，尽享免费文化大餐。这些文化活动正悄然改变着汤阴农村群众的精神风貌，也为农村文化扶贫建设做了有益探索。在农村文化下乡活动的辐射效应下，间接影响着农村群众的生活、思想和行为，而且激发了农民参与文化活动的积极性和自觉性。

其次，利用名人开展高层次的文化传承活动。著名评书表演艺术家刘兰芳，1979 年开始，先后有百余家电台播出她播讲的长篇评书《岳飞传》，轰动全国，影响海外。评书艺术至今已有上千年的历史，随着人们近年来对文化生活需求的日益多元化，老一辈评书艺术家或年事已高或相继离世，后继乏人，培养传承人迫在眉睫。利用刘兰芳的名气和岳飞的老家汤阴结合起来，讲好“汤阴故事”，就产生了——评书大师刘兰芳来汤阴传艺，培养“小小说书人”活动。2016 年 7 月，年逾古稀的刘兰芳，来到汤阴县岳飞小学，手把手指导小学生评书爱好者练习说评书的基本功和技巧，鼓励他们学习弘扬中华传统曲艺艺术，争当评书艺术传承人。

第三，创新农村文化活动的内容和形式。首先，政府应积极创新农村文化活动的内容和形式，开展多样性、对农村有帮助的文化活动。比如，以“岳飞精神”为主题，可以选择部分乡镇、村庄开展有关内容的征文、书法、摄影、绘画、曲艺、诗词朗诵等多种形式的活动，传承弘扬岳飞“精忠报国”的浩然正气、“忠孝双全”的传统美德以及“文官不爱钱、武官不惜死”的廉洁操守等，并把有积极成效的文化活动推广到全县各个乡村。其次，可以向全社会广泛征集文化扶贫优秀创意和案例。比如，可以借助汤阴“医圣”扁鹊庙“三宝”（九头艾、无名子、古井水）的优势，打造扁鹊中医药文化产业园，推动汤阴文化旅游产业的发展。最后，积极鼓励汤阴 10 个乡镇文化站工作人员和各村文化能人自主创新，努力培育“一乡一品”特色文化节目，对产生积极效应的文化活动，政府应加大鼓励和资助，调动他们文化服务活动的创造性。

（四）建立促进扶贫文化建设的长效机制

第一，建立科学的目标评价机制。在农村文化扶贫事业建设的过程中，同发展经济是一个道理，也应该实行目标责任制。各相关文化部门对加强农村文化扶贫建设负有重要职责。所以，应把农村文化扶贫工作列入创建先进文明县、乡镇相关评价体系中，对各个时期的任务和目标建立科学的评价机制，将农村文化扶贫的基础设施建设、文化活动开展以及农村群众的满意度等情况作为重要评价内容。同时，还要建立严格的评价流程和考核标准，做到奖惩分明，切实有效地抓好农村文化扶贫建设。

第二，建立完备的资金投入机制。县级财政要抢抓政策机遇，把农村文化扶贫建设列入“十三五”财政发展规划，设立农村文化建设专项资金，不断加大对农村文化事业的投入。要保证将一定数量的资金用于乡镇和农村文化扶贫建设，而且项目资金要优先向全县 29 个贫困村、10694 名贫困人口倾斜。要创新资金管理理念，探索农村文化建设专项资金管理的新方法、新思路，按照“政府出资、市场运作、乡镇搭台、农民看戏”的思路和理念，进一步建立和完善农村文化建设专项资金管理制度，提高财政资金的使用效益。此外，在资金投入和使用过程中要建立严格的监督机制，对各乡镇、贫困村文化建设项目招标及资金使用情况进行审计、监察和监督检查，防止违法违纪现象的发生。

第三，建立有效的工作导向机制。满足农民的精神文化需要、增强农村文化活力，必须尽快改变县、乡、村文化基础设施薄弱的问题。政府有关部门要制订文化扶贫建设年度计划和工作目标，并进行承诺，抓好各项工作的贯彻落实。首先，要把县级文化资源“蛋糕”做大。重点是汤阴县文化馆、纪念馆、图书馆、展览馆、博物馆、豫剧团、新华书店和大型游乐场所等。其次，把乡镇文化活动中心做强。给予积极指导和优惠性政策，抓好设施、人员、经费、活动“四落实”，增强各乡镇文化站的生命力和承上启下的带动力。最后，把村级文化娱乐阵地做活。因村制宜，开展广场舞、健身操、鼓乐队、秧歌队等活动大赛，积极发挥农民的主体作用，充分尊重农民的意愿，使群众性的文化活动有声有色，蓬勃开展。通过文化扶贫建设取代贫困文化，逐步实现农村落后文化向先进文化的转变。

案例三：

勉县产业融合下的新业态与循环发展之路

唐建军

（陕西省勉县脱贫攻坚指挥部办公室）

勉县地处秦岭巴山盆地和南水北调水源地，绿色减贫被赋予了丰富且严格的内涵。以农业+为骨架的产业融合，如“农业+旅游”“农业+电商”“农业+新型加工业”等催生的新业态，正逐渐以生态与绿色产业的萌动之势，唤醒精准扶贫绿色减贫的盎然生机。绿色减贫是一项复杂庞大的系统工程，从政策与理论、实践与操作各层面检审，依然存在顶层设计不尽完善、理念认识逐级缺失、投入与合力不足、逆绿色减贫的“破窗效应”等问题，需要从政策、实践、理论等方面统筹破解。

一、勉县县情

（一）地理区位独特

勉县隶属陕西省汉中市，地处陕南汉中盆地西端，北依秦岭，南垣巴山，长江最大的支流汉江自西向东流经全县。县域总面积2406平方千米，地形复杂多样，以山区为主，平地及丘陵仅占1/4。最高海拔2621米，最低海拔513米。勉县处在成渝（成都、重庆）、十天（十堰、天水）及关中经济圈的重要节点，三条高速公路及西（安）成（都）高铁穿境而过。

（二）自然资源富集

汉中市（勉县）曾被联合国教科文组织誉为“地球上同纬度生态最好

的地区之一”。物产丰富，资源富集。北部秦岭有“最大生物基因库”之称，西部与本市略阳县、宁强县接壤的“金三角”地区有“亚洲的乌拉尔”之称，已探明的矿产资源有 23 种，开发潜力和经济价值较大。农业生产多为一年两熟，主要种植水稻、小麦、玉米、油菜及茶叶、蔬菜、食用菌等粮油作物，是国家商品粮基地县、商品瘦肉猪生产基地县和全国农产品加工示范基地。森林覆盖率达 67%，水资源总量 10.3 亿立方米。以两汉三国为主的历史文化资源丰富，武侯墓、武侯祠为 4A 级景区，属全国最美油菜花海基地之一。

（三）绿色减贫初见成效

勉县属国家扶贫开发重点县和秦巴山片区特困县。近年来，坚持精准扶贫和绿色减贫的理念，系统谋划，统筹推动，并取得了 2016 年脱贫攻坚的首战之胜。在汉中市年度减贫实绩考核中位列前茅，被陕西省委省政府表彰为脱贫攻坚优秀县。立足绿色减贫的主要做法与启示是：

1. 突出循环发展的理念，着力优化产业布局与结构，以产业升级带动绿色减贫

按照陕西省委省政府关于“陕南绿色循环发展”的战略布局与要求，以脱贫攻坚为战略机遇期，确立了“新型工业化、农业现代化、旅游全域化和城镇一体化”的发展思路，加快传统产业升级改造，发展壮大新型产业，以产业经济支撑精准扶贫，以循环发展引领绿色减贫。

2. 突出自然生态和历史文化优势，着力打造绿色减贫载体

立足资源禀赋，突出特色，培育优势。以周家山农业产业科技园为依托，大力培育农业产业化龙头企业、现代农业示范区、合作社及家庭农场，通过流转土地建基地、订单生产保销路、标准化生产提价值等方式，吸纳带动贫困户广泛参与特色农业产业脱贫，实现了绿色减贫的目标；依托厚重的三国历史文化和诸葛亮的传奇标签，吸引陕西旅游投资集团，投资建成了诸葛古镇，已成为旅游带动脱贫的绿色减贫新引擎。

3. 突出县域发展与绿色减贫协调推进，着力补齐绿色减贫短板

精准扶贫既是重大政治任务，也是区域发展尤其是绿色发展的难得机遇期。基于此，以补齐县域基础设施短板为突破口，有效整合涉农资金，统筹推进县域尤其是贫困地区基础设施建设，大力实施水土保持及水利工程、退耕还林工程、天然林保护工程及路、电、讯等重大项目，为县域发展和绿色减贫提供坚实的基础与保障。

4. 突出志智同扶，着力提升自立脱贫的内生动力

可持续发展，首先是人的全面发展。实施精准扶贫、推动绿色减贫，扶志扶智是关键和根本。坚持“扶贫先扶志和智、帮人先帮技和艺”的扶贫理念，志智同扶，激发贫困群众内生动力，增强绿色减贫的思想自觉和行动可能。

二、勉县产业基础、发展优势与挑战

（一）产业基础与发展现状

从总体讲，产业呈现“小、散、弱”与“生态良好、资源富集、后发优势明显”并存的基本特点。一方面产业规模较小、集中度不高、竞争力不强、带动力较弱；另一方面，良好的生态、富集的资源为绿色扶贫和可持续发展提供了得天独厚的条件和优势。

1. 农业

勉县仍属传统农业县，优质稻米、生猪、茶叶、蔬菜为农业主导产业，魔芋、食用菌、中药材等特色产业发展势头良好。优质米在籼稻市场具有显著的竞争力，走俏成都、重庆、西安、武汉等周边城市。

2. 工业

勉县曾是“三线建设”基地，既有中航012系统的硬质合金工具、群峰机械制造等国有老企业，还有陕钢集团汉中公司、陕西有色锌业公司、尧柏水泥等企业。工业产业结构比较单一、新型工业支柱缺乏。

3. 旅游业

汉中市是国家历史文化名城，勉县以三国历史文化为主的人文景观和生态优美的自然景观交相辉映，旅游资源得天独厚。我国第一部无声电影《定军山》中的定军山就坐落于县城以南4公里处，武侯墓、武侯祠驰名中外，古阳平关、刘备汉中称王设坛处、马超墓、诸葛亮制木牛流马处、张鲁城等遗址久负盛名。1400 余年的温泉被誉为“陕南第一汤”，云雾山、天荡山、红岩沟等山水景观风光秀丽。

（二）产业发展的优势与挑战

1. 优势

（1）良好的生态为绿色发展提供了先决条件和坚实基础。勉县地处秦岭巴山盆地，生态良好，气候适宜，资源富集，绿色就是最大的优势和潜力。

（2）生物资源丰富，光温资源匹配。勉县地处南北交汇地带，生物资源兼具南北，冬无严寒，夏无酷暑，光温资源配置良好，物产丰富。

（3）农业经营主体活跃，产业化程度较高。勉县有市级以上农业产业化龙头企业 25 家，其中国家级 2 家，省级 8 家，市级 15 家。龙头企业资产总值超过 10 亿元，年产值 7 亿元，实现利润 5000 万元。周家山农业科技产业园已成为陕南农产品加工、仓储物流集散地，被农业部命名为全国农产品加工示范基地，产业化带动作用显著。有农民专业合作社 360 家、家庭农场 118 家，其中国家级示范合作社 3 家，省级示范社 8 家。

（4）旅游资源丰富独特。以汉文化为鲜明元素的两汉三国历史文化，与良好生态秀美风光相得益彰，奠定了勉县独具特色的旅游资源和品牌。

2. 挑战

（1）国家功能区划的限制。勉县地处汉江上游，是国家南水北调中线工程及陕西“引汉济渭”工程的水源涵养及生态保护重点区域，国家对生态环境保护和产业布局发展有着严格的要求及规定，这无疑对县域工业发展尤其是转型升级提出了严峻挑战。

（2）经济总量和结构性矛盾并存。首先是总量较低，2016 年全县 GDP 刚达百亿目标，仅为 101 亿元。其次，一、二、三产结构不合理，农业占比超过 20%，工业结构单一，传统冶金、制造业比重大，新型产业发展滞后。

（3）盆地意识、小富即安思想禁锢了发展思维。勉县“金瓯玉盆”“西北小江南”的安宁及长期盆地的封闭，形成了人们悠然自得、安于现状的保守观念，这也是当前扶贫开发中贫困群体缺乏内生动力的原因和难点。

三、以产业融合与循环发展推动绿色减贫的基本定位与实践

（一）新兴产业是实现绿色减贫的物化支撑

1. 摆脱贫困的根本在于扶持产业带动增收，注重现时性，强调个体化

在扶贫方式由“大水漫灌”向“精准滴管”的转变中，更加注重精准性，强调“因户因人施策”“项目到户措施到人”等。从政策引导和措施落地两个层面看，其重点与实质是“户为单元、各自发展、分散经营、增加收入”，对产业自身发展规律考量不够，弱化甚至忽略了产业化、市场化带动脱贫的功能，尤其是实现绿色减贫的系统性设计，这也是当前相当一些地方扶贫产业碎片化、同质化甚至逆市场化的根本原因。

2. 绿色减贫的根本在于依托新兴产业实现可持续增收，注重永续性，强调系统化

（1）产业融合催生新兴产业。减贫必须增收，绿色方可永续。因此，要推动和实现绿色减贫，首先要改变贫困地区依靠农户“单打独斗”“有产无业”的状况，更要通过产业融合催生新业态，培育新主体，为各类生态产业、绿色产业、新兴产业的孕育和壮大，提供从可能到必然的支撑。

（2）新兴产业支撑绿色减贫。农业基本上是贫困地区的主导产业，“农业 +”模式下兴起的农产品加工、乡村旅游、观光体验、康体养老等产业，既从经济的角度呈现出产业提质增效的必然，又从生态的角度凸显了资源有序利用的可能，也从社会的角度展示了带动绿色减贫的强大功能。以农产品加工业为例，作简要阐述：通过食品加工及酿造业的发展，首先，可以带动种养业的规模化发展，使更多贫困群体参与产业之中；其次，加工延长产业链，提高附加值，使贫困群体分享增值；三是精深加工延长了农产品存贮期，并由企业对接市场，能有效解决农产品“卖难”问

题；最后，也是最重要的，就是伴随着工商资本参与扶贫的，还有先进的理念、管理和技术，这对贫困地区资源的科学开发及合理利用，尤其难能可贵。

（二）循环发展是实现绿色减贫的路径选择

生态脆弱、资源匮乏、环境承载力弱等是贫困地区面对的普遍问题，人口、资源、环境矛盾突出。循环发展，大到一种战略路径，如人与自然、产业互补，小到一种生产交换方式，都是经济社会、生态环境包括绿色减贫的一种必然选择。如生物质发电扶贫模式，将农作物秸秆资源化利用，既减少了露天焚烧污染，又变废为宝多收入；农光互补的光伏扶贫模式，既利用了滩涂荒地，又在光伏板下种植养殖，实现了土地节约集约与生产增收的双赢。大量清洁能源的供给，减少了电煤使用，净化了空气。现在，光伏项目以资产收益扶贫的方式，优先折股量化给贫困户，帮助他们持续稳定增收，就是实践绿色减贫的范例之一。

（三）产业融合发展的实践与基本模式

（1）农业经营主体规模不断扩大。各类市场经营主体是连接农户与市场的桥梁和关键，尤其是广大贫困群众因资源、资本和信息的匮乏而更加处于市场的边缘和风险的漩涡。坚持以脱贫攻坚为统揽，顺势而为，大力培育和发展各类市场经营主体，着力破解贫困群体被市场边缘化的风险。全县培育发展龙头企业 33 家、现代农业园区 22 家、农民专业合作社 360 家、家庭农场 118 家、互助资金协会 77 家。目前，这些市场主体以不同形式参与扶贫开发，带动 15200 户 38700 名贫困人口奔走在脱贫增收的路上。

（2）集约化产业化水平显著提升。伴随市场主体参与农业发展农村建设和扶贫开发，农业集约化和产业化水平显著提升。勉县已建成优质粮油、茶叶、生猪、蔬菜四大主导产业和魔芋、食用菌、水果、中药材等特色产业生产基地，成功创建“一村一品”国家级示范村 2 个、省级示范村 52 个、省级示范镇 4 个。全县土地流转面积 11 万亩，参与农户 25000 户，分别占总面积的 20% 和总农户的 26% 。

（3）农民增收渠道不断拓宽。制定出台了《党建引领建立贫困群众四带四促四增收机制的实施意见》，通过产业四带，力促家家都能参与产业发展；就业四促，力促人人实现有活可干；收入四增，千方百计增加贫困户经营性、工资性、财产性和转移性收入。勉阳街道办的黄家沟村所走的绿色减贫之路就比较典型：一个地处丘陵、严重缺水的贫困村，依托天灯寺旅游文化资源和靠近县城的优势，从成立土地股份合作社破题，向贫困宣战。首先将全村的土地从集中流转、到返租倒包，实现统一集约经营，到现在的土地入股，由合作社负责一产，发展林果业；依托休闲观光农业与历史文化遗迹，村上成立旅游开发公司，负责以乡村旅游为主的第三产业。目前，全村3298亩土地全部流转入股集体经营，发展观光采摘基地1200亩，农家乐36家。2016年村旅游公司及合作社收入近300万元，村民人年均分红900元，人均纯收入19800元，先后荣获“中国最美乡村”“全国一村一品示范村”和“全国农业旅游示范点”等荣誉。其从贫困村到小康村的华丽转身有三点值得总结：一是立足资源优势，走绿色发展之路。没有让农户分散搞养殖种植，自己生产啥就卖啥，而是选择走休闲观光旅游的绿色脱贫之路；二是集体集约经营，提高了产业发展的管理与技术水平；三是政策倾斜。力促脱贫。每年将三产收益的30%反哺一产，合作社又将收益的70%按人头分配到人，其中贫困群体再增加10%。

（四）产业循环发展的实践与基本形式

循环发展主要分为产业间一、二、三产的循环利用和产业内部的循环利用。

1. 产业间循环

典型案例：勉县凯迪绿色能源发电项目。

该项目由阳光凯迪新能源集团有限公司建设，静态投资3000万元，设计装机容量1×30MW，主要利用丰富的农林作物秸秆及加工、建筑废弃物等生物质能源作为燃料发电。项目设计年运行7500小时，发电2.25亿千瓦时，上网供电1.98亿千瓦时，实现销售收入1.42亿元，增加税收500万元。项目具有三个突出特点和优势，一是带动增收显著。每年燃料需求量约24万吨，向农户支付燃料收购款7000万元，生物质发电成本几乎全部转化为农户和农村合作经济组织的燃料出售与劳务收入，季节性吸纳就业可达5000人。据估算，每年有1200户贫困户直接售卖秸秆可获得收入近150万元，有近2000名贫困劳动力参与各个环节劳务，可获得收入800万元。二是节能环保。该项目将当地农作物秸秆、木质建筑废弃物、纸质生活垃圾等有效转化利用，一方面可大大减少秸秆焚烧、废料遗弃造成的污染，又可节省8万吨标准煤的使用，每年可减少二氧化碳排放量15万吨，同时减少了煤电产生的二氧化硫、粉尘的排放。三是循环利用，生物质燃烧发电产生的灰渣，可就近提供给远东化肥、程锦有机肥等企业作为原料，从源头（秸秆及废弃物）到中间产物（灰渣），再到肥料产品，实现了综合循环利用。项目已于2016年年底并网发电，为循环发展及绿色减贫做出了有益的探索。

2. 产业内循环

在农业内部：从养殖业→种植业循环。如养猪（牛）→沼气池集中发酵→沼气作为生活能源→沼渣沼液作为肥料→种植业→为养殖业提供饲料。简单讲，即猪→沼→菜的循环利用。目前，建设户用沼气池近2万口，加之规模养殖场大型沼气池基本全覆盖，基本实现了畜禽养殖废弃物处理和资源化，综合利用率近80%。沼气作为清洁能源，既减少了煤电消耗，通过厌氧发酵，有效抑制了畜禽粪便中病媒生物的传播，沼渣沼液作为健康有机肥有效涵养了地力，也极大改善了农村环境，推动了农村能源革命，取得了经济、生态及社会效益的同步协调改善。尤其在贫困农村地区，家庭养猪较为普遍，沼气技术的推广，有力地促进了循环农业的发展，生态环保、节本增效的绿色减贫更具活力。

四、推进绿色减贫存在问题及原因浅析

目前，推进绿色减贫的问题依然突出，导致的原因也各有侧重。结合扶贫开发工作实际，主要表现为以下6个方面：

1. 从决策层面看，绿色减贫缺乏顶层设计

首先，脱贫指标缺乏明确约束。在贫困退出与摘帽的指标体系中，无论是户脱贫的4条标准、还是村、镇退出的各7条标准中，均没有对环境、

生态、资源等绿色减贫的明确约束。其次，对绿色减贫缺乏系统谋划和思维。在所谓“精准”的名义下，只注重对贫困户、贫困村个体碎片化的具体帮助扶持，却忽略了对区域经济、社会、生态的系统性全面考量，极易导致脱贫减贫“收入中心化”而“生态边缘化”，“投入刚性化”而“环保隐形化”。三是考核“指挥棒”下的“盲区”加剧了绿色减贫被淡化、弱化的效应。在现行层级管理机制下，考核就是指挥棒。由于在贫困退出、摘帽的标准与条件体系中没有对绿色减贫的明确要求，缺乏具体的考核指标，各级对扶贫开发中生态、环境、资源等要素的忽视与轻视，似乎就顺理成章、“师出有名”了。

2. 从政府主导看，绿色减贫理念缺失

贫困地区经济社会发展滞后，围绕2020年实现全面小康的战略目标，党政各级层层立下了军令状，问责追责力度空前加大。在“发展是硬道理”定式思维牵引下的“重GDP”“比增长速度”仍占据主导地位，往往导致只强调经济发展规模及收入水平而忽略环境资源的承载能力；只注重经济增长速度而忽略绿色与可持续发展；甚至“只要温饱”而“不要环保”“只要金山银山”而“不顾绿水青山”等。

3. 从硬件设施看，配套投入严重不足

从实际看，“十三五”扶贫规划对绿色减贫鲜有涉及，项目和资金主要用于产业发展和生产生活设施建设，直接用于水土治理、生态保护、污染防治等绿色减贫投入，无论项目覆盖还是资金投入几乎很少，占比不足10%，比如产业布局规划，在前不久的审计中，将扶贫开发资金投向农业园区专项扶持作为问题并要求整改。部门各有职责，在此无意评判孰是孰非。园区以聚集企业聚合产业而成为一种集约、高效的发展方式，投资扶持企业也旨在引领产业发展、带动农民增收、助力脱贫攻坚，但政策的掣肘必然影响资金投入。

4. 从资本属性看，工商资本的“短视”与“逐利”可能阻滞绿色减贫

企业和社会组织参与扶贫开发，既是工商资本分享农业农村改革发展红利的通道，也有效弥补了财政投入的欠账。但由于资本的趋利本性，加之个别企业的“短视”，只注重经济回报而忽视了社会与公益责任，只追求经济效益而忽视了生态效益，只顾及眼前利益而忽视了长远发展。更有个别企业，利用政策，占用资源，借扶贫之名，对资源进行掠夺性开发，破坏了生态环境和绿色可持续发展。

5. 从社会属性看，“扶贫名义”下的“破窗效应”值得警惕

在有的地方、有的领域“扶贫名义”下的资源浪费、环境污染、生态破坏等时有发生，有的还有可能形成“破窗效应”。如：在生猪养殖方面，近年来已基本建立起了粪污处理和综合利用的规范。但在扶持贫困户发展养殖时，往往只顾及“养起来”，却放任了“管起来”，对同步配套的污染处置要求松懈。众所周知，治理污染需要投入，会增加成本，对部分贫困群体的宽松，极易引发跟风，使农村畜禽养殖面源污染反弹。再如：在林木资源丰富的贫困山区，木耳、香菇、天麻、猪苓等食（药）用菌基本成为当地的主导产业。发展这些产业最主要的生产原料就是林木资源。国家对林木采伐原本有严格的法规和程序。但在实际扶贫工作中，法规和程序都可能被淡化，管理随意松懈，同样容易引发山区林木资源被随意采伐的跟风局面。

6. 从移民搬迁看，重复建设和资源浪费不容忽视

移民扶贫搬迁政策是实现“挪穷窝”的根本举措，各级投入非常大。移民搬迁计划投资 26 亿元，建设集中安置点 160 个，搬迁 11453 户。其中，易地脱贫搬迁 5694 户 16029 人。尽管总体情况良好，但重复建设、资源浪费等现象依然严重。有的安置点入住率不高，形成长期“空房空楼空小区”现象；有的享受补贴修新却不拆旧，原宅基地荒废，浪费土地资源；有的一味修新房建新区，加剧了房地产去库存的难度和成本；有的对建房面积标准控制不严，超标准建设。如此等等，既造成土地资源和财力的浪费，也不利于当地房地产去库存调结构推进，最终阻碍可持续发展和脱贫。

五、推动绿色减贫的对策与建议

绿色可持续是我国现阶段发展的战略选择，也为新时期扶贫开发提供

了基本遵循。独特的地理区位和生态功能，赋予了打赢脱贫攻坚、实现绿色减贫的丰富内涵，也对我们提出了更高更严的标准和要求。在伟大的脱贫攻坚实践中，要着力把握以下 8 个方面：

1. 理念先导，坚定不移地走开发式扶贫和绿色减贫之路

一要坚持生态优先、绿色减贫的扶贫开发战略。中共中央、国务院《关于打赢脱贫攻坚战的决定》明确提出“坚持保护生态，实现绿色发展”的基本原则，要求“牢固树立绿水青山就是金山银山的理念，把生态保护放在优先位置，扶贫开发不能以牺牲生态为代价，探索生态脱贫新路子，让贫困人口从生态建设与修复中得到更多实惠”。二要坚持精准扶贫与区域发展协调推进。在脱贫攻坚实践中，既要牢牢把握“六个精准”的深刻内涵，做到措施精准、项目精准、退出精准等。以精准扶贫推动区域发展。又要牢固树立统筹发展理念，着眼区域经济、社会、生态、文化等协调发展，以区域发展带动精准脱贫，使精准扶贫与区域发展互动互促，统筹发展。

2. 政策保障，更加注重绿色减贫的制度设计

一要科学设置脱贫减贫的评估体系。在原贫困户脱贫、贫困村退出、贫困县整体摘帽条件与标准的基础上，把生态扶贫、绿色减贫的约束始终贯穿精准扶贫全过程各环节。二要综合施策，激发活力。要通过理念融合、制度接轨、工作统筹、政策激励等措施，进一步激发企业、社会组织和群众理解、关注和支持生态扶贫，凝聚绿色减贫的强大合力。三要严格绿色减贫成效的考核问责。要将生态环境保护终生追究机制引入扶贫开发和绿色减贫工作。要坚持标准，严格考核。“动员十遍，不如问责一次”。要以最严格最严肃的问责追责倒逼各级组织、领导干部切切实实做好绿色减贫各项工作，以务求取得实效。

3. 突出重点，着力发展壮大绿色产业

一般来讲，贫困人口中，缺乏产业依托是最突出的致贫原因，由此产生的贫困群体也最大。因此，发展产业对决胜脱贫攻坚具有决定性作用。在坚持因地制宜、精准施策发展产业的原则下，应抓重点破难点，在解决好“四个必须”上下功夫：

一要必须立足资源禀赋及自然条件这个基础。产业是由原材料、劳动力、技术、资金及信息等生产要素聚集生成。培育和发展产业，要因地制宜，发挥优势，形成特色。既要一户一策，也可多户一策，发展一村一品、实现一村一业，努力把特色做响，把规模扩大。就勉县而言，农业上，要大力实施“南山茶北山药、丘陵魔芋桑鲜果、平川粮油菜畜禽”的板块发展格局；旅游业上，要围绕”“四个一”（即一心为县城中心旅游功能区、一圈为环县城三国文化旅游圈、一山为云雾山国家森林公园、一河为漾家河生态湿地保护区），大力推进全域旅游；工业上，要立足优质农产品加工业，突出“水源地”农产品绿色卖点，加大宣传推介，推进品牌营销，提高市场竞争力。

二要必须抓住市场主体带动这个重点。长期以来，分散的小农生产因难以对接大市场而一直处于市场的弱势边缘，农村的贫困群体则更是如此。企业作为市场经营主体，一头联结农户，一头对接市场，可最大限度地将生产、加工、销售环节聚合，既有效解决“种什么”的生产盲目性，又有效化解“销售难”的市场风险。同时，依靠企业产前、产中、产后的产业化推动和一体化经营，能有效破解贫困户缺资金、缺技术、缺信息的劣势。全县各地应以此为方向和目标，着力构建“一企一村一基地、一村一法一产业”的产业扶贫路径，在实践中重点抓、创新抓，不断探索示范，复制推广。

三要必须突出联结机制创新这个关键。要突出关键，分类指导，着力构建企业与农户利益分享、风险共担的联结机制，最大限度实现双赢乃至企业、农户、社会和政府多赢的格局。突出土地流转推进集约化经营，将有意愿群众的土地经营权、林权盘活变为资源，使资源资产化，资产资本化；突出产业链延伸融合提升产业化水平，积极探索产、加、销一体，农、工、贸联动的产业化之路，提高农产品附加值；突出发展“订单农业”“契约农业”构建利益联合体，实现企业持续发展、贫困群众分享更多发展成果。

四要必须深度推进产业融合。要抓住农业供给侧结构性改革的历史机遇，调整产业结构，优化产业布局，促进产业融合，催生新兴业态，实现产业融合下的全环节升级，全产业链升值。要重点创新推进农业 + 、互联网+、旅游业+等多种交叉与深度融合发展。把茶园、果园、菜园打造成观光体验游基地，把农家乐拓展成度假小屋休闲小区；把创意变成产品，把产品融进服务，让服务成为资本，等等。同时，大力示范推广“农光互补”的光伏扶贫、“折股量化”的小水电扶贫等绿色扶贫模式，拓宽绿色减贫的路径，增强绿色减贫实效。

4. 资金保障，切实加大专项投入

实施精准扶贫，无论是基础设施改善、产业培育发展，还是民生兜底保障，都需要资金的大量投入。尤其是生态建设与环境保护，具有投资量不大、经济效益不高、民众直接感知度不强等特点。因此，在实打实推进生态扶贫绿色减贫工作中，各级政府及财政部门，必须列出专项，确保资金投入。

5. 强化宣传，大力营造绿色减贫的舆论与社会氛围

无论是扶贫工作，还是生态与环境保护工作，都需要广泛凝聚社会共识，增强社会合力。打赢脱贫攻坚战，实现绿色减贫，既需要宣传工作造声势、聚合力、鼓干劲，还可以通过宣传推经验、树典型、促推广，为决战绿色减贫、决胜全面小康提供强大的精神动力和舆论支持。

6. 理论指导，加强绿色减贫的学术研究

我国地域辽阔，贫困程度、原因差异巨大，客观上对因地制宜、精准施策提出了多元化的需求。因此，注重和加强扶贫开发尤其是绿色减贫的理论研究就显得现实而迫切。有关高校、科研院所及社会组织应顺应需求，主动担当，积极谋划，牵头推动，为各地绿色减贫提供有力的理论指导和支持。

案例四：

陇南农产品电商应走品牌化之路

翟春晓

（陇南师范高等专科学校、甘肃省高等学校农村电商人才培养重点实验室）

农产品电商是目前学术界的一个研究热点，陇南市作为全国电商扶贫的重要试点，在政府、企业、高校等多方努力下，成功地打造了电商扶贫的陇南模式，也受到了学术界的广泛关注。然而随着陇南市农产品电商的日渐发展壮大，存在的问题也逐渐地暴露出来，很多农产品电商企业的发展都遇到了瓶颈，根源就在于没有大力实施农产品品牌战略，因为品牌是企业获利和增值的前提，只有建立完善成熟的品牌形象，才能赢得市场。本篇文章通过分析陇南地区农产品品牌的现状和问题，提出了借力“微营销”，积极打造区域品牌，利用强势媒体打造自身知名品牌，拓展销售渠道，扶持龙头企业，强化企业自主发展意识，夯实人力资源，共建政、企、校合作平台等可行性建议。

一、引言

陇南市位于甘肃省东南部，处于陕、甘、川三省的边界地带，素有“秦陇锁钥，巴蜀咽喉”之称。其辖内包括武都区、礼县、西和县、徽县、成县、康县、两当县、宕昌县、文县等一区八县，总面积共2.79万平方千米。陇南市是甘肃省内唯一属于长江水系并且是亚热带气候的区域，也因此被誉为“陇上江南”。良好的生态环境以及气候使得陇南物产丰富、特色明显，陇南地区盛产油橄榄、核桃、猴头菇、香菇、木耳及各类中药材。陇南市油橄榄种植面积达52.13万亩，基地面积位居全国第一。中药材种类达1300多种，甘肃省中药材产量的一半都来自于陇南地区。陇南地区核桃个大，含油量高，富含锌、硒等多种微量元素，营养价值高。特别值得一提的是礼县大黄、西河半夏、武都的油橄榄、文县的当归等已经通过国家地理标志认证，2016年主要的农产品产量详见下表。

表1　2016年陇南市主要农产品产量①

产品名称	产量（万吨）	产品名称	产量（万吨）
粮食	106.35	苹果	11.40
药材（含当归）	15.36	茶叶	0.13
当归	1.89	蔬菜	61.61
党参	2.11	油橄榄	6.00
油料	3.81	花椒	3.01
水果（含苹果）	15.97		

2013年年底以来，陇南市电子商务异军突起，走在全省前列。响应国家"十二五"电子商务发展规划，陇南市政府提出"433"发展战略规划，从组织领导、人员机构、政策扶持、资金支持等层面全力推动全市农产品电子商务的发展。2014年8月，阿里巴巴集团公司与陇南市达成合作协议，淘宝网"陇南馆"正式开始运营，2014年年底陇南市又被阿里巴巴集团选为"千县万村"计划试点，具有陇南特色的农产品可以较为方便地进行线上交易。

然而，在形势一片大好的大环境下，陇南市农产品电子商务发展仍存在着一定的问题，缺乏农产品品牌战略和质量标准体系是制约陇南地区农产品电商发展的关键因素（杜理明，2016）。虽然陇南地区的特色农产品例如核桃、花椒、油橄榄等种植面积大，但是种植较为分散，同时没有形成规模化的集中经营。虽然目前已经在线销售的农产品都有相应的品牌，但是被广大消费者接受和认可的品牌却寥寥无几，全国知名品牌更是少之又少。本文正是从这一角度出发，通过分析研究，提出了较为可行的陇南

① 引自《2016年陇南市国民经济和社会发展统计公报》。

农产品电商发展的品牌化之路，以此助力陇南农产品上行。

二、文献综述

目前与本文相关的研究大致分为两类，一类主要研究陇南农产品电商发展现状、特点以及模式。在这一层面，杜理明（2016）主要探讨了陇南地区特色农产品的发展现状，并且针对发展过程中存在的问题提出了相应的政策建议，提出了陇南农产品电商发展缺乏农产品质量标准体系和品牌战略，并简要地提出了建议。赵丽丽（2016）主要评析了陇南特色农产品的发展特点，概括出了陇南农产品电子商务在平台创建、经商规模、业绩、团队协作、服务体系以及营销创新等五个方面的特点。赵丽媛（2016）通过对陇南市农产品电子商务发展现状的研究探讨，对“陇南模式”的创新、扩散过程进行了深入的探讨研究，总结出了陇南模式的成功在于理念的创新、政府的创新、新媒体的助力以及市场化的运作，并在产品、物流、人才等层面提出了合理化的建议。

另一类以研究农产品的品牌化战略为主。在农产品的品牌化策略层面，黄金火（2008）提出农产品要走品牌营销之路，强调要重视广告在农产品营销过程中的重要作用，同时要注重维持农产品的品牌形象。李淼、廖慧（2010）研究了四川农产品如何走品牌之路，并指出了四川农产品的品牌之路的关键在于在区域品牌的统领下，打造企业特色品牌。沈志勇（2012）提出农产品品牌化的关键之处在于把好质量关，严格遵守产品的质量标准，善于进行产品品类的创新，加强品牌的传播和推广。张晓娟（2013）从农产品生态品牌定位的角度研究了农产品品牌的传播方式对消费者购买意向的影响，通过实证研究发现，当传播较为抽象的品牌理念时，品牌图式型消费者的购买意向更强，而当传播较为具体的品牌理念时，非品牌图式的消费者的购买意向更强。通过对以往文献研究的回顾发现，以陇南地区农产品电商为案例，详尽探讨其品牌化之路的研究目前还存在着一定的研究空白。

三、陇南农产品品牌现状及问题研究

在陇南市现有的农产品中，通过国家地理标志认证的农产品有礼县大黄、西和半夏、武都的油橄榄、文县的当归等，而茶叶、油橄榄、花椒等也先后获得36个国家级别的奖项，同时，武都被誉为“中国花椒之乡”“中国油橄榄之乡”，成县和康县被誉为“中国核桃之乡”，西和被誉为“中国半夏之乡”，由此可见陇南的农产品得天独厚，无论是在产量还有品质上都是首屈一指的。虽然目前陇南市已经在线销售的农产品都有相应的品牌，但是被广大消费者接受和认可的品牌却寥寥无几，全国知名品牌更是少之又少。

（一）缺乏区域品牌的打造

近年来，随着消费水平的提高，农产品细分市场的饱和，消费者追求高品质的特色农产品的欲望也越来越强烈，用产地来区隔特色农产品能够获得消费者的极大认可，阳澄湖大闸蟹、涪陵榨菜、龙口粉丝、西湖龙井都是利用消费者对于原产地的认可而做大做强起来的。尽然陇南地区的农产品产量较高、品质优越，然而像“景德镇陶瓷”“赣南脐橙”“新疆哈密瓜”“北京烤鸭”“信阳毛尖”“金华火腿”“烟台苹果”“云南普洱”等知名而且有影响力的区域品牌较少。由于陇南地区以山地地形为主，农产品的种植生产较为分散化，农产品的附加值较低，农业产业化格局尚未形成，导致陇南市农产品的生产经营很难形成品牌合力。同时，很多优质的农产品认证之后往往被束之高阁，没有被上升到品牌战略的高度，在产品包装设计、档次以及产业规模上继续延续以往而没有随之改变。

自2014年起，陇南市便吹响了打造区域特色农产品品牌的号角，借力微博、微信等新媒体加大力度宣传陇南当地特色农产品。随后，又利用淘宝直播平台，在淘宝上大火一把。2016年12月3日，农村淘宝淘香甜与淘宝直播、优酷合作的“翻滚吧原产地”节目，邀请了包括陇南市礼县在内的十大农产品当地的县长为自己家乡的农产品站台，礼县的副县长为礼县的苹果做形象代言人。全市各级党组织、党员和广大的人民群众积极地为礼县的花牛苹果点赞、投票，使得礼县花牛苹果赢得点赞、投票的双冠，在短短180秒内赢得591万个点赞，一举拿下“镇店之宝”的名号，并成了活动的“人气王”，这是打造区域品牌的一次成功的实践。然而陇南市的特色农产品不仅仅只有礼县苹果，使得众多特色农产品都被冠以区域品牌名号的攻坚战还未正式打响，只有花椒、核桃、木耳、油橄榄、半夏、当归等诸多的“三品一标”农产品都以“陇南名优特产品”的名号被广大消费者知晓和认可，陇南的农产品电商才算取得真正意义上的成功。

（二）缺乏龙头企业的知名品牌

目前陇南市农产品普通商标的数量较多，但是中国驰名商标和甘肃省著名商标数量较少，其中中国驰名商标只有 3 件，分别是“独一味”“金徽”以及“祥宇”，甘肃省著名商标只有 83 件，其中涉及农产品商标的数量就更少。今年，在国际特级初榨橄榄油大赛上，陇南市祥宇油橄榄开发有限责任公司参赛的两款特级初榨橄榄油分别获得银奖和铜奖，这是我国自引种橄榄油以来的首次获奖。陇南市祥宇油橄榄开发有限责任公司是我市橄榄油行业的领头羊，在品牌的打造以及线上线下的营销上都是遥遥领先的，但是在其他农产品领域，领军企业却十分缺乏。由于陇南地区多数农产品的生产经营较为分散，农业的产业化尚未形成，特色农产品资源没有得到有效整合，因而实力强大的地方龙头企业数量较少。

在现有的品牌中，享誉全国的品牌可谓屈指可数，像“蒙牛”等极具影响力的品牌几乎没有。这在很大程度上反映了陇南市在特色农产品品牌宣传和推广上存在着很大的不足。陇南市现有在线销售农产品的网店约 10000 余家，涉及的电子商务平台有近 30 个，很多具备一定规模的农产品生产加工企业也开启了在线销售的模式。由于陇南地区的地形险峻、交通不便，在线销售能够在很大的程度克服地理环境上的劣势，将产品销往全国各地。但是，如何提高销量的问题是目前大部分经营农产品的电商企业都十分头疼的问题，尤其是在农产品电商竞争日益激烈的今天。

农产品如果缺乏广泛的知名度和认可度，通过主动搜索而慕名前来购买的线上顾客群体数量自然不会太多，久而久之，销量便很难提升。很多农产品网店先通过低价引流提升自己店铺的排名之后后再涨价以及借助电商平台的推广手段，短期内可以取得一定的成效，但这并非长久之计。陇南地区交通不便，仅物流这一方面的成本与其他地区的竞争者相比就高出很多，价格在很长一段时间内都不会占有优势。那么从长远来看，只有树立陇南特色农产品在消费者心中的品牌地位，打造陇南地区良好的农产品的品质，才是特色农产品电商长久发展的根本所在。

（三）企业一味“等风来”，缺乏自主发展意识

随着近几年来政府一系列电商扶贫政策的出台，陇南市相伴而生了很多政策扶持的农产品电子商务企业。在成立之初，这些企业享受了很多政策扶持和优待。但是在慢慢发展壮大之后，尤其是遇到发展瓶颈之后，这些企业往往驻足不前，一味观望政府态度，等待政府援助。陇南市的很多企业已经意识到农产品的品牌如不打造出来，那么农产品的在线销售就会存在问题。但是多数企业一味地等待政府打造区域名牌，并不关注企业自身对于本企业特色农产品品牌的打造，品牌的打造不一定只有上中央电视台，各种媒体、广告、渠道都可以发掘利用，要注重品牌营销手段的多样化。政府的电商扶贫是扶贫的3.0版本，即社会各界一起营造渔场，使得有鱼可渔，并卖得好价钱，所谓师傅领进门，修行在个人，企业前期的发展可以依靠政策支持，企业后期的做大做强则完全要依靠企业自身。也只有明确了这一点，企业才能够加大力度谋求自身发展。

（四）缺乏专业人才，创新力度不够

人才短缺是制约陇南市农产品电商发展的一个很重要的原因，目前大多数的电子商务相关领域的人才集中在东部沿海地区以及大中城市，陇南市由于其自身地理环境、交通以及经济等方面的局限性，在人才的引进上也存在着很大的困难。特色农产品品牌的打造是一个极为复杂的过程，涉及诸多的部门和领域，需要懂技术、懂研发、懂产品、懂运营以及懂营销的综合性人才以及相关领域的专业人才。目前陇南市在农产品电商发展的人才配备上仍旧存在很大的缺口。人才的缺乏导致企业在品牌的投入和打造上呈现出持续观望的态度，同时，这也在很大程度抑制了企业的自主创新，没有相关专业人才，何来技术研发中心，产品创新更无从谈起。在竞争日趋激烈的农产品电商领域，产品品类的守旧，包装设计的落后、产品品牌的缺乏最终将会导致陇南市的很多农产品电商企业被淘汰。

四、陇南市农产品品牌之路的对策

（一）借力“微营销”，积极打造区域品牌

2013 年，陇南市成县县委书记李祥通过一条“今年核桃长势很好，欢迎大家来成县吃核桃，我也用微博卖核桃，上海等大城市的人都已开始预订，买点我们成县的核桃吧！7 月份上市”的微博成功地将成县核桃名声传到祖国的大江南北。在 2013 年的核桃节上，来自全国各省市 20 余家核桃营销加工企业代表专程前来“核桃之乡”参加节会，上海、山西等 8 省市的 17 家企业，与成县和相邻的康县、西和县共签订 3.12 亿元的购销合同和项目资金。李祥书记的这一举措成功地开启了陇南地区农产品微营销的先河。① 至 2016 年，陇南市已开通 2900 多个政务微博，377 个政务微信公众平台，385 个政务网站及一些领导干部的个人微博，持续加大网络推广宣传力度。②

陇南地区要做好微营销，首先要保证产品质量，微营销依靠的是口碑传播，虽然传播速度较慢但是影响深远，做得好便能够很好地提高客户转化率以及建立良好的客户关系。为此，政府需要在质量控制、良种推广、现代农业基地的打造、品牌建立以及品牌的保护等多方面给予企业扶持和引导，要注重国家地理标志、原产地、绿色食品、有机食品、无公害农产品以及名牌产品的申报认证，企业要做好农产品的溯源以及产品质量的严格把控。其次，微营销的过程中要突出陇南地区的特色，找准产品品质和个性定位。陇南地区高山、河谷、丘陵、盆地交错，景色优美，人文朴实，除了产品优势之外，还有很多例如山水情怀、产品故事、人生感悟等深刻而朴实的卖点值得深入发掘，可以进一步结合旅游和民俗风情，实现“网销生活本地化”，通过推出例如“中华核桃之乡风情游”“核桃、花椒文化节”、体验“白马人民俗文化”“西狭地域文化”“乞巧文化”等诸多的风情和民俗文化等系列活动提升农产品的附加值。要注重产品的差异化，赋予产品一定的情怀和故事，并一定非要卖最好的产品但一定要做出

---

① 引自农民日报 2014 年 1 月 11 日第 007 版。

② 马合肥．精准电商扶贫的陇南模式［J］．法制与社会，2016，（01）：215－217.

不一样的产品。同时，充分发挥名人效应，邀请知名人士为陇南地区的特色农产品代言，利用其知名度和强大的人际圈强化区域品牌效应，还可以跟营销商合作，从农户种植开始，到预订、收获，全程与外界沟通，做好传播。

（二）利用强势媒体，打造自身知名品牌

养元智汇的六个核桃可谓是中国植物蛋白饮料的新标杆，六个核桃从一个普通的、缺乏品牌知名度的企业发展成为行业的领头羊，线上线下销售额都遥遥领先的关键就在于借助了河北电视台农民频道《大地欢歌》的传播效应。借力强势媒体，能够获得关于农产品品牌建设更为专业的意见和建议，从而更有针对性地提升消费者对产品的认知度和认可度。陇南市的华龙恒业农产品有限公司也为养元智汇提供优质核桃，但由于该公司提供的是核桃的粗加工产品，因此只能在农户和养元智汇的微薄的利润空间中生存。该类农产品粗加工企业要努力寻求发展的突破点，更新现有品类，引进新的生产线，进行产品创新，从而打造本企业知名品牌。

对于目前陇南市的一些发展较快和规模较大的特色农产品龙头企业，如果想把农产品电商做大做强，那么便不能仅仅依靠政府对于区域名牌的打造，还要致力于自身品牌的打造，通过精心构思体现企业文化内涵的品牌名称和产品标识，赋予品牌特定的文化元素，在严把产品质量关的前提下加大力度进行品牌的宣传和推广，为企业长远的发展打下良好的基础。为此需要综合运用多种手段和工具，将平面广告、电视广告、品牌植入、网站推广、终端媒体化、公关借势等多种手段有机结合。同时要注重品牌的信息传播在不同媒体上保持一致，传播的诉求点始终如一。随着国产良心剧的一部接一部的上映，越来越多的企业也通过品牌植入的方式加大力度进行宣传。三只松鼠就对 2016 年十分火爆的电视剧《欢乐颂》成功地进行了品牌植入和产品定位，在潜移默化中人们便熟知了这个品牌，在追剧的同时也有越来越多的消费者通过淘内搜索来主动购买这两种产品。陇南市的企业可以参照这些借力强势媒体的成功案例，结合自身的资金和实力选择切合实际情况的媒体手段和工具，并不一定要上央视，具有较高收视率的地方性电视节目或者综艺类节目都可以纳入考虑范围。

（三）拓展销售渠道，关注消费者的品牌接触点

通过各种媒体进行品牌宣传，能够获得极大的传播效应。然而，在农产品的品牌深入人心之后，企业的关注点则应该转移到如何拓展销售渠道上。很多企业的广告甚至做到了中央电视台，但是产品的销售业绩却一直平平。出现这样问题的关键就在于销售渠道的缺陷。销售渠道是销售者与品牌的直接接触点，陇南市农产品电商的主要销售渠道在于线上，目前陇南市现有在线销售农产品的网店 10000 多家，涉及的电子商务平台有近 30 个。

线上销售渠道的选择一定要做到与产品的品牌、档次、身份、特色等相匹配，什么档次的产品就选择与之相对应的平台，目前较为普遍的还是淘宝、天猫、京东、阿里巴巴等平台，针对陇南市的现状，还可以专注于一些大型的农产品批发类的电商平台，例如中国惠农网等，以此提升销量。消费者对农产品品牌形象的认知主要来源于浏览网页过程中看到的他人评价以及自我感受，因此陇南市企业在进行线上销售还要注重网站或网店的背景颜色、布局设计、产品分类、图像信息等内容的设计、维护与更新，以及客服人员的服务态度和素质，在网络营销的过程中融入更多的“白马人民俗文化”“西狭地域文化”“乞巧文化”等诸多的风情和民俗文化，因为这些因素都会在不知不觉中起到推广区域品牌和企业品牌的作用，也会在很大的程度上影响顾客黏性和忠诚度。同时，政府的相关农业信息网站也可以增设陇南市名特优农产品宣传专栏，并设置品牌农产品的专门网页。

现如今，线上线下相结合的模式也受到越来越多的关注，陇南地区的农产品一直是原生态化、乡土化的绿色生态模式，十分适合走订单式农业的模式，企业和农户可以根据购买者的订单统一安排生产。以特色中国陇南馆为例，可以通过“抢鲜购”的预售模式，提前发布信息，按订单组织生产加工，可以邀请买家免费现场体验，通过其在社交媒体的评价和传播，实现口碑营销。此外，企业和政府还可以采取例如公共关系、展销活动、文化推广、旅游礼品推广等推广模式，加大宣传力度。

（四）扶持龙头企业，强化企业自主发展意识

特色农产品电商发展的关键在于品牌的打造，而品牌经营的核心和主体便是当地农产品的龙头企业，只有通过龙头企业，才能把分散的商户同现代化的大市场联系起来。陇南地区制约农产品电商发展的关键因素就在于缺乏规模较大的农产品的龙头企业，目前每个农产品品类下都有几个具有代表性的企业，也具有一些品牌，例如在中药领域有恒康医疗集团股份有限公司的“独一味”、西和县何坝半夏专业合作社的“安峪”、徽县雅龙银杏产业开发公司的“三滩”、宕昌县理川镇六合中药材农民专业合作社的“理川”，在水果领域有礼县良源果业专业合作社的“卤城苹果”，在茶业领域有文县玉皇茶叶有限公司的“李子坝”、文县碧口御香茶厂的“御泽春”、甘肃龙神茶业有限公司，在蜂蜜领域有两当县土特产公司的“狼牙”，在油橄榄领域有陇南祥宇油橄榄开发有限责任公司的“祥宇”、武都油橄榄研究中心的“武都油橄榄”等企业和品牌。①

然而这些企业中的大部分规模相对较小，实力较弱，影响和辐射范围都要具有一定的局限性，品牌的名气也相对较小，或者不能够称之为真正意义上的品牌，只是商标。陇南地区农产品的品类丰富，只有每个品类下都具有真正意义上的龙头企业，陇南的农产品电商才能够依靠强大的品牌效应真正发展起来。为此，这些企业不能够一味等待政府援助，各个品类相同的企业之间要积极进行资源整合，通过收购、兼并、控股等方式募集资金，壮大实力，寻求创新，朝大中型企业集团公司的方向发展。结合陇南地区目前主要是以初级农产品、农产品粗加工为主的现状，相关企业要加大力量发展农产品的深加工，引进更多先进的生产线，因地制宜，瞄准特色产业，进行标准化生产。

为切实加大企业助力电商精准扶贫的工作力度，2016 年陇南市政府就探索出“电商 + 龙头企业 + 合作社 + 贫困户”的扶贫新模式，坚持引进新建与扶持培育两手抓，依托市内现有各类工业企业、农产品加工企业，集中各方力量培育发展龙头企业，大力培植和推动龙头企业的发展，努力形

---

① 资料来源于陇南市工商局。

成龙头企业联市场、龙头企业联合作社、合作社联贫困户的富民增收机制，在金融、税收、土地等多个层面给予支持。① 然而陇南市在龙头企业的培育和扶持中一定要摒弃一味地均等化的错误思想，要有所侧重，龙头企业的培育与扶持一定要与陇南市的主导地理标志品牌结合起来，围绕主导品牌来发展龙头企业。

（五）夯实人力资源，共建政、企、校合作平台

农产品电商的品牌之路离不开人才，对于陇南市这样经济发展相对落后的地区而言，人才资源就更为宝贵。返乡务工青年、退伍军人和刚毕业的大学生构成了主要的青壮年劳动力，但由于陇南地区的工业基础薄弱，企业数量较少，本地对劳动力的吸纳能力较弱，外出务工人口比例较大，本地就业问题成了阻碍经济发展的一个重大的难题。很多年轻人看到电商发展的大好势头，纷纷回到家乡，进行创业，通过农产品电商自谋出路。但是农产品电商不仅仅局限于开起网店，如何把网店做大做强才是关键，这便又要归结于做农产品的品牌。但由于陇南地区经济基础和氛围的局限以及人才的匮乏、创业人员自身专业基础的不足导致了大部分的农产品电商创业人员以及企业品牌意识的淡薄。为此，陇南市要加强对人才的引进以及本地人才的培养和培训。陇南市内唯一高校—陇南师范高等专科学校要继续完善和提升学历类电商人才的职业教育以及社会人员的培训工作，针对目前陇南主要以初级电商人才培养为主，专业分类不细，专业化水平不高的情况，要不断深化电商人才培养体系，注意电商人才培养的差异化，按照产品研发、市场营销、仓储物流、企业管理、政府服务等环节的需求分类培养（石明，2017），不断充实师资力量，积极与省内外著名高校、发展态势良好的农产品电商企业合作，为学生和学员搭建更多的实习和实训平台，培育本土农产品电商方面的专业人才。陇南市政府和企业应该加大对农产品电子商务、市场营销、企业管理等相关和相近专业的人才引进力度，采取较为灵活的引进政策，提供优越的条件吸引全国各地的专

① 引自陇南市 2016 年出台的《在全市 186 个贫困乡镇创建龙头企业助推精准扶贫工作实施方案》。

家人才和行业精英。

参考文献

[1] 陈义欢. 甘肃陇南：电商扶贫进行时 [J]. 农经，2015，(09)：60－62.

[2] 杜理明. 陇南农产品电子商务发展现状及对策研究 [J]. 电子商务，2015，(04)：12－13＋15.

[3] 杜镇邑. 浅析农产品加工业品牌营销策略 [J]. 农村经济与科技，2010，(01)：59－60.

[4] 黄金火. 农产品要走品牌营销之路 [J]. 农村新技术，2008，(10)：19－20.

[5] 黄金火，黄文军. 我国农产品品牌营销探析 [J]. 青海社会科学，2007，(05)：38－42.

[6] 胡剑. 一个农产品的品牌之路 [N]. 孝感日报，2007－01－05 (001).

[7] 胡旺盛. 我国农产品品牌经营之路 [N]. 安徽经济报，2006－06－23 (003).

[8] 李静文. 农产品加工企业走上品牌之路 [N]. 雅安日报，2009－08－24 (005).

[9] 李淼，廖慧. 四川省农产品如何走区域品牌之路 [J]. 农产品加工，2010，(09)：47－48.

[10] 李响. 基于地理标志的初级农产品品牌化建设研究 [D]. 天津大学，2009.

[11] 李逢春，唐端. 农产品电商为精准扶贫探路 [J]. 国家治理，2015，(33)：37－43.

[12] 李岷，杨雷. 养元·六个核桃销量翻番的背后——农民频道《大地欢歌》助力品牌飞跃 [J]. 市场观察，2010，(07)：60－61.

[13] 刘文娇. 特色农产品走品牌化标准化之路 [A]. 2006—2007 年度标准化学术研究论文集 [C]. :，2008：3.

[14] 吕树建. 实施农业标准化工程走品牌农产品之路 [N]. 开封日报，2006－03－27 (001).

[15] 牟德鸿. 合作社农产品品牌化路宽几何？ [N]. 山东科技报，2016－01－27 (W06).

[16] 马合肥. 精准电商扶贫的陇南模式 [J]. 法制与社会，2016，(01)：215＋217.

[17] 培育电商龙头企业带动产业快速转型升级 [J]. 中国合作经济，2015，(05)：19－21.

[18] 市扶贫办. 勉励陇南电商扶贫要“百尺竿头更进一步” [N]. 陇南日报，2017－01－04 (001).

[19] 石明. 电商扶贫“陇南模式”的现状、问题及对策研究 [J]. 生产力研究, 2017, (06): 88-91.

[20] 沈志勇. 农产品的品牌化之路 [J]. 农业工程技术 (农产品加工业), 2012, (12): 59-60.

[21] 宋齐. 农村扶贫中政府与农民的合作关系研究 [D]. 兰州大学, 2016.

[22] 谢体坤. 遵义市培育龙头企业助力产业化扶贫 [N]. 贵州日报, 2013-11-24 (001).

[23] 汪向东. 四问电商扶贫 [J]. 甘肃农业, 2015, (13): 18-20.

[24] 辛树军, 华亭县基本情况. 樊怀玉, 刘克明主编, 甘肃发展年鉴, 中国统计出版社, 2015, 227, 年鉴.

[25] 易义斌, 苏宏振, 汪燕. 农村电子商务扶贫模式初探——基于揭阳市军埔村电商扶贫的调查 [J]. 中国商论, 2015, (21): 73-75.

[26] 袁敏芳. 关于我国农产品创建名牌的若干思考 [J]. 北京大学学报 (哲学社会科学版), 2002, (S1): 63-67.

[27] 於徐阳. 创品牌铸名牌 [N]. 台州日报, 2009-12-14 (007).

[28] 赵丽丽. 试析陇南特色农产品电商发展特点 [J]. 甘肃科技, 2016, (21): 140-141.

[29] 张晓娟. 农产品品牌传播方式对消费者购买意愿的影响研究——基于农产品品牌生态定位视角 [J]. 中国地质大学学报 (社会科学版), 2013, (05): 56-63+139.

[30] 赵丽媛. 甘肃陇南地区电子商务发展研究 [D]. 兰州大学, 2016.

[31] 郑瑞强, 张哲萌, 张哲铭. 电商扶贫的作用机理、关键问题与政策走向 [J]. 理论导刊, 2016, (10): 76-79.

[32] 赵守东. 我国实施农产品品牌战略的思考 [J]. 沈阳农业大学学报 (社会科学版), 2008, (06): 676-678.

[33] 张岩, 王小志. 农村贫困地区实施电商扶贫的模式及对策研究 [J]. 农业经济, 2016, (10): 58-59.

[34] 周者军. 陇南农产品销售率先跨入电商时代 [N]. 甘肃日报, 2014-06-19 (006).

案例五：

绿色减贫的“寿县模式”*

邬旭东　邬平川　袁　飞
（蚌埠学院马克思主义学院院长，教授；安徽省教育招生考试院副院长，寿县挂职县委常委、副县长；蚌埠学院党委宣传部副部长，副教授）

摘要：绿色减贫是生态文明建设中减贫方式的创新，是一种符合生态文明发展、实现绿色增长和发展新方式的减贫新理念，是把生态文明与反贫困有机结合起来的减贫新战略。寿县作为既是国家扶贫开发重点县，又是国家级历史文化名城的“双帽县”，一直致力于绿色减贫：实施产业减贫，重点推进光伏、特色种养加工业、乡村旅游减贫；实施教育精准扶贫，扶贫先扶智；实施互联网+减贫，推动电商扶贫等，取得了一定成绩，得到了国务院扶贫办第三方评估组、农业部、安徽省以及淮南市的好评，农业部对寿县的产业减贫进行了专题调研，总结出“寿县模式”。在肯定成绩的基础上，对于寿县下一步的绿色减贫工作，我们认为还需要继续在精准上下功夫，要发挥市场在资源配置中的决定性作用，按照“中国绿色减贫指数指标体系”科学减贫，大力推动旅游减贫。

关键词：绿色减贫；寿县；光伏；旅游

党的十八届五中全会提出要坚持绿色发展，实施脱贫攻坚工程，实施精准扶贫、精准脱贫，因人因地施策，提高减贫实效。习近平总书记在中

* 基金项目：安徽省高校人文社会科学研究重大项目《政府与市场关系重构下的当代中国民生问题研究》（SK2016SD36）。

央扶贫开发工作会议上指出，要坚决打赢脱贫攻坚战，确保到 2020 年所有贫困地区和贫困人口一道迈入全面小康社会。安徽寿县，作为全国“双帽县”①，扶贫工作面临更多的挑战，扶贫工作十分繁重，寿县县委、县政府，始终将脱贫攻坚作为最大的政治、最实的民生，坚持全力以赴攻脱贫，初步探索出了一条符合寿县实际的绿色减贫道路，取得了较好的减贫成效，也得到了各方的好评。2016 年脱贫 2.046 万人、出列 25 个村的脱贫目标已顺利实现，全面完成了年初制定的年度脱贫攻坚目标任务；顺利完成安徽省政府 2016 年度脱贫攻坚成效全覆盖第三方监测评估；代表安徽省接受国家脱贫成效考核省际交叉检查，得到省领导高度评价，安徽省 2016 年脱贫成效考核排名全国第 6；在省对市、县 2016 年脱贫成效考核中，寿县位居第一等，受到省委、省政府表彰；在 2017 年 2 月 28 日省委、省政府召开的全省扶贫开发工作会议上，寿县作为全省四个县之一做交流发言；安徽新闻联播三次报道寿县脱贫攻坚工作；国务院扶贫办第三方评估组对寿县脱贫攻坚给予好评；《人民日报》对寿县抓党建促脱贫的有效做法，进行了全面报道；农业部对寿县的产业减贫进行了专题调研，总结出“寿县模式”；教育部官方网站将寿县在炎刘镇试点的教育精准扶贫概括为“炎刘模式”。

一、走绿色减贫道路是切合寿县实际的必然选择

（一）寿县减贫面临挑战和机遇

寿县原属安徽省六安市，2015 年 1 月 4 日经国务院批准，区划调整到安徽省淮南市。寿县位于安徽省中部，淮河中游南岸，东邻长丰县，北与淮南市区、凤台县毗邻，西靠霍邱县，南与六安市、肥西县相连。全县总面积 2986 平方千米，耕地 178 万亩，拥有 25 个乡镇，现有总人口 140 万，其中农业人口 120 万，国土面积 2948 平方公里，集沿淮行蓄洪区、江淮分水岭区、革命老区和大别山集中连片特困区于一体，是首批国家减贫开发

① 所谓“双帽”，是指既是国家减贫开发重点地区，又是国家级历史文化名城。“双帽”县市在全国共有六个，分别是：安徽省寿县、山西省代县、云南省会泽县和巍山县、四川省阆中市、湖南省凤凰县。

工作重点县。

作为人口大县又是国家级贫困县，寿县具有我国一般贫困县面临的共同压力：可用财力紧张，大量扶贫项目和基础设施建设项目，如交通、通信、饮水、电力等投入不足，缺乏配套的财政资金和工作经费。贫困人口分布区域易涝易旱，返贫现象严重，扶贫成效难以保证。

同时又面临独特的挑战和机遇。寿县既是国家级农业贫困县，也是国家历史文化名城。面临着既要如期摘掉国家扶贫开发工作重点地区的“帽子”，又要保护好国家历史文化名城“帽子”的双重课题。实现全面小康不能漏掉一家一户，保护历史文化不能损坏一砖一瓦，对于寿县来说，既是挑战，也是机遇。这就需要从更高层面统筹精准帮扶，着眼当前与未来，一手抓脱贫攻坚，一手抓文化保护。

（二）走绿色减贫道路是切合寿县实际的必然选择

绿色减贫是生态文明建设中减贫方式的创新，是一种符合生态文明发展、实现绿色增长和发展新方式的减贫新理念，是把生态文明与反贫困有机结合起来的减贫新战略。① 党的十八大已经将绿色发展提升到了生态文明建设新高度，尤其是近年来，国家和有关部门提出“绿色新政”，以绿色发展为主题的相关高层论坛数明显增加，有关绿色发展的论著数量快速增长，如北京师范大学“科学发展观与经济可持续发展研究基地”与国家统计局经济景气中心等机构联合，从 2010 年到 2012 年连续三年出版了《中国绿色发展指数报告》（中、英文版），在国内外产生了重大影响。“绿色发展与减贫”“绿色贫困”“绿色减贫”等新理念及概念也正成为各级政府、理论工作者和实践工作者研究探索的重点和关注点之一，积累了一定的研究和实践。

面对社会发展与生态治理的发展伦理问题，寿县综合当前的各种减贫产业和社会生态发展状况，在精准减贫背景下的生态减贫则将生态保护与产业发展相结合，在达到精准脱贫的过程中既不给环境带来压力，也能够利用环境进行可持续增收，达到真正“造血”。进入“十三五”以来，寿

① 张琦、施发启、宋涛、许凌筠、石新颜．总论〔J〕经济参考研究 2015（10）

县按照中央、省市部署全力聚焦，按照精准扶贫、精准脱贫要求，在精准识别、精准帮扶、资金使用管理、提高脱贫成效等方面狠下功夫，尤其在减贫项目的筛选上下足功夫。要确保现行标准下农村贫困人口真正实现脱贫，贫困县摘帽，解决区域性整体贫困，需要解决贫困户自己难以“造血”的问题。通过对减贫项目的考察和前后论证，结合实际，寿县改变过去“大水漫灌”的减贫方式以及旧的产业减贫模式，取而代之以新的、与生态环境相结合、与绿色产业相对接的模式，确定以“绿色”为减贫的“核心”原则，以“授人以渔”为抓手，以“减贫一户，真正脱贫一户”为目标，保质保量地实现贫困户脱贫，贫困村出列，贫困县摘帽。

二、寿县绿色减贫的成功探索

近几年，寿县县委、县政府牢固树立绿水青山就是金山银山的理念，把生态保护放在优先位置，坚持减贫开发与生态保护相统一，积极探索生态脱贫新路子，让贫困人口从生态保护和生态建设中得到更多实惠。坚持绿色发展理念，认真推进绿色减贫理念创新和绿色减贫的行动。积极实施以光伏发电、特色种养加产业和旅游为重点的产业减贫；加大智力减贫力度，全面改善办学条件，实现贫困家庭子女接受教育资助全覆盖；重视互联网与减贫工作的结合、实施电商减贫，初步探索了一条符合寿县实际的绿色减贫道路。

（一）实施产业减贫，增强“造血”功能

脱贫攻坚，缺了产业支撑不行。绿色减贫，同样离不开产业支撑。产业减贫是指以市场为导向，以经济效益为中心，以产业发展为杠杆的减贫开发过程，是促进贫困地区发展、增加贫困农户收入的有效途径，是减贫开发的战略重点和主要任务。[①] 初步探索了一条精准产业减贫的路子，即“户为主体、市场主导、政府引导、政策扶持、大户带动、小精为主”，“项目选准、服务配套、奖补到位、利益联结机制完善、跟踪问效及时”。围绕资源优势，以打造乡镇产业集中区、贫困村“一村一品”为目标，充

① 余欣荣. 特色产业扶贫重在“精准”〔J〕行政改革管理 2016（4）P25 -28

分发挥农业产业化龙头企业、农民专业合作社、家庭农场、专业大户等新型农业经营主体的带动作用。重点发展光伏减贫、特色种养加产业减贫和乡村旅游减贫。

1. 光伏减贫

光伏减贫是绿色减贫路径新探索。光伏减贫是有效利用光伏发电产业对贫困地区、贫困人口进行精准减贫的新型减贫模式。从全国总体来看，光伏减贫是绿色减贫新途径，通过对贫困家庭安装屋顶光伏电站等形式促进贫困户增收，有利于人民群众生活方式的变革，开辟了贫困人口增收新渠道，达到了绿色减贫效果。① 寿县积极争取资金，实施绿色减贫光伏发电项目，通过光伏产业带动，帮助贫困户脱贫致富。

主抓大型地面光伏项目，拓展稳定增收渠道。全县大型地面光伏发电项目总投资 92.16 亿元，建设规模 1103.1 兆瓦，其中，香港信义集团投资的寿县安丰东大圩现代光伏农业示范园项目 200 兆瓦、中节能寿县正阳关光伏发电项目 120 兆瓦、双庙集镇 40 兆瓦、陶店乡 100 兆瓦项目等。大型地面光伏项目为当地村集体和农户拓展了稳定增收的渠道，以土地流转方式收益约 1200 万元，解决就业岗位约 1000 个，已捐赠减贫电站 11.14 兆瓦，带动了 3713 户贫困户稳步脱贫。香港信义集团投资 27 亿元，规划装机容量 350 兆瓦，流转土地 8000 亩，在寿县安丰镇东大圩建设光电生态产业园。目前该项目年发电量已达 39611.6 千瓦时，实现年税收约 7000 万元，年农业产值 2500 万元，带动当地农民增收致富，实现经济效益与社会效益双赢。其中，仅流转土地一项就使该项目区农民新增收入 560 万元（700 元/亩），创造 600 个工作岗位。同时援建该县 60 千瓦村级电站 14 座，全额援建 600 户、差额援建 1000 户 3 千瓦的户用光伏电站。

大力抓村级光伏电站建设，消除集体经济空白村。以政府投资和企业捐赠等形式，投资 3648 万元，完成 60 千瓦村级光伏电站 76 个、4.56 兆瓦，涉及全县 25 个乡镇，实现 72 个贫困村光伏电站全覆盖，每村年可收益 6 万元以上。

---

① 张琦，冯丹萌．我国减贫实践探索及其理论创新：1978—2016 年〔J〕改革 2016（4）P27－42

精准抓户用光伏电站建设，帮助“三无”贫困户脱贫。以政府投资、企业捐赠和贫困户自筹等方式，投资 9120 万元，完成 11.4 兆瓦的 3800 户户用光伏电站建设，使每个贫困户年可增收 3000 元以上，解决了无资金、无劳力、无稳定收入来源的贫困户稳定脱贫的难题。

强抓村户联建电站建设，创新分配模式。以银行贷款 8000 万元、政府投资 2719 万元的融资方式，筹集资金 10719 万元，在 186 个非贫困村，完成 11.16 兆瓦的村户联建光伏电站，带动贫困户 3720 户、10079 人，按照《寿县村户联建光伏电站资产收益分配办法》中“谁投资建设，谁拥有资产，谁确保贫困户或贫困村受益”的规定，村户联建光伏电站产权归村集体所有，收益由县供电公司即时结算，打卡发放给贫困户，确保每户每年收益 3000 元。

截至目前，寿县光伏发电并网减贫用户 1583 户，装机容量 7200 千瓦，其中村集体电站 43 座，装机容量 2580 千瓦，到户电站 1540 座，装机容量 4620 千瓦。光伏发电为蓄势待发的寿县带来了源源不断的致富动力，也给 9.01 万贫困人口带来脱贫致富的幸福憧憬。

2. 特色种养加产业减贫

一是加强引导，激发贫困户内生动力。2016 年年初，制定出台了寿县产业脱贫实施方案，按照宜种则种、宜养则养的原则，拟定了贫困户自主产业发展扶贫项目引导清单，通过对贫困户在种植业、养殖业、林业、加工业、服务业等五大类 19 项特色种养业实行补贴的办法，激发贫困户产业发展的内生动力，促进发展特色种养业增产增收。2016 年全县共投入贫困户自主发展资金 2286 万元，对 4946 户贫困户发展的特色种养业项目进行了补助。

二是能人带动，找准发展与扶贫结合点。推行“新型经营主体 + 贫困村 + 贫困户”模式，鼓励和支持新型农业经营主体建立和扩大生产基地建设，实施“百社帮千户”活动。对于新型农业经营主体在贫困村建立生产基地或者吸纳贫困户参与经营的，在支农项目安排、贷款贴息等方面给予政策倾斜。2016 年，寿县依托涧沟镇楚淮牛羊、隐贤镇华欣蔬菜、堰口镇寿丰甲鱼、安丰镇寿丰食用菌等新型农民专业合作社，对 365 家新型农业经营主体的基础设施建设和设备更新配套进行项目扶持，共安排产业发展项目365个，投入扶贫资金4150万元，通过带动发展、增加就业、利润分红、联（合）营等形式，使5321户贫困户获得收益，实现稳定脱贫。

安丰镇寿丰食用菌种植专业合作社，拥有种植基地76亩，出菇大棚58个，年产香菇30万斤。为帮助贫困群众脱贫致富，合作社提供了四种合作发展共赢模式。一是基地种植模式，即贫困户在基地内租用2~3个大棚、技术上由基地技术人员手把手指导，采下来的香菇合作社及时回收放入冷库保鲜，贫困户也可以自由去做市场销售。二是家庭种植模式，即合作社免费提供菌棒，由贫困户回家种植黑木耳（黑木耳的种植技术含量相对简单），产品下来以后由合作社统一收购。三是贷款入股模式，该模式由贫困户从农村商业银行申请扶贫小额贷款入股合作社，以年度分红的方式取得固定收入。四是集体种植模式，该模式由村提供村预留地或集体林地，组织贫困户集中种植香菇、大球盖菇或黑木耳等食用菌，利用上级扶贫贷款或产业发展带动资金，由合作社提供菌棒、回收成品、进行技术指导，实现贫困户稳定收益，稳定脱贫。

为扩大合作社规模，增强合作社扶贫带动能力，2016年，安排扶贫资金17.15万元，为该社新建钢构大棚17个，项目建成后，年新增各种菇类63500公斤，新增带动22户贫困户脱贫致富、辐射带动能力得到进一步加强。

三是资产收益，贫困户共享发展红利。按照“资金入股、量化到户、保底分红、脱贫转股、共享收益”原则，利用财政扶贫资金作为入股资金，量化成股权后投入辖区内企业，让贫困户变成股东，从企业的产业发展中分红受益。

寿春镇瞄准全县汽车交易市场迅猛发展契机，安排扶贫资金80万元投入县汽车交易市场工程建设，建成后由镇统一组织对外租赁，年租金收入30.5万元。规定贫困村资产收益的60%以上用于扶持“三无”贫困户，剩余部分增加贫困村集体经济收入，非重点贫困村资产收益全部用于“三无”贫困户分红。项目的建成后，每年可为古城、陡涧两个贫困村增加集体收入4万元，可为96户贫困户带来稳定收入。其中对“三无”户每户每年固定分红3000元，有劳动能力的贫困户，安排在汽车销售公司务工，每人每月收入不低于 2000 元。

在总结试点经验的基础上，寿县在全县 25 个乡镇稳步推行资产收益扶贫模式，2016 年，共安排资产收益项目 50 个，投入扶贫专项资金 1103.7 万元，覆盖 43 个贫困村，主要采取贫困村购置大型农机具租赁承包、盘活村集体资产、入股新型农业经营主体等形式，增加集体经济和贫困户收入。全县已有 1363 个贫困户参与资产收益分红，年收益总额在 200 万元以上。

3. 乡村旅游减贫

旅游减贫是绿色减贫在生态保护上的创新。旅游减贫是连接生态保护与减贫的有效桥梁，是绿色减贫创新的最有效途径。① 国务院减贫办与国家旅游局合作，启动贫困村旅游减贫工程。旅游减贫在未来的绿色减贫中将发挥重要的作用，将成为绿色发展和绿色减贫的重要模式之一。实践已经证明，实施旅游减贫工程，是实现绿色减贫的一条重要之路。

作为全国历史文化名城，寿县十分重视旅游减贫工程。结合实际，重点推进乡村旅游减贫，大力开发古城旅游资源，逐步推进旅游减贫工程。

依托丰富的乡村旅游资源，坚持以农为本、以乡为魂，有效开发乡村旅游资源，推进农业与旅游业的深度融合，打造多元化乡村旅游产品体系，构建城乡互补的大旅游产业格局，将寿县建设成为全国休闲农业与乡村旅游示范县、安徽省旅游强县。充分发挥旅游产业的关联带动作用，为贫困人口创业、就业、增收提供平台，使乡村旅游成为寿县脱贫致富的朝阳产业。

加强乡村旅游脱贫的政策支持。制定乡村旅游减贫专项实施方案，明确减贫对象、减贫措施和减贫目标，实施精准减贫，确保贫困户脱贫。针对贫困户参与乡村旅游的薄弱环节进行有针对性的扶持。完善贫困户发展乡村旅游项目小额贷款扶持政策；加强对贫困居民的教育培训，开展乡村旅游技能培训，开展农家乐、农家客栈餐饮服务培训；发展“企业 + 农户”“能人带农户”等形式，鼓励旅游企业和乡镇致富能人参与乡村旅游减贫开发，根据需要吸纳或租赁贫困户的部分土地、果林等生产资料作价

---

① 张琦，冯丹萌．我国减贫实践探索及其理论创新：1978—2016 年［J］．改革，2016（4）：P27 - 42.

参股；对优先聘用贫困户家中劳动力的企业和乡镇致富能人从旅游发展资金中给予资金奖补；加大农副土特产品的市场开发力度，推出一批精品旅游商品，指导贫困户参与旅游商品的制作，鼓励旅游企业优先收购贫困户生产的旅游商品。

（二）实施教育扶贫，减贫先扶智

减贫先扶智。百年大计，教育为本。教育减贫能让贫困户子女掌握知识、改变命运、造福家庭，教育能从根本上阻断贫困代际传递。寿县积极探索，初步形成独具特色的教育精准减贫模式。

一是夯基础，着力提升贫困地区的教育水平。不断优化农村义务教育学校布局和教育资源配置。2016 年，全县撤并学校 26 所，合并学校 28 所、撤销九年一贯制学校初中部 6 所、改办小学教学点 67 个，学校布局趋于优化，教育资源得以有效整合。大力推进义务教育标准化建设，顺利完成 218 所学校标准化建设任务，提高了农村学校办学水平，为义务教育城乡共进、优质均衡奠定了良好基础。聚焦薄弱学校，做到精准扶弱，县政府投入资金 1.6 亿元，安排“全面改薄”项目 60 余个，维修改造农村中小学校舍 5.7 万平方米，实现了“两个全覆盖”，即对全县 72 个重点贫困村所在地的学校实行教育项目安排、资金投入“全覆盖”；升级改造信息化设施设备，加快信息化建设步伐，让优质数字教育资源在农村特别是贫困乡村学校、教学点“全覆盖”。

二是促公平，充分发挥教育资助的惠民功能。全县 25 个学区、306 个学校均建立贫困生档案，构建“县 - 学区 - 学校”教育精准资助帮扶体系。2016 年，全县建档立卡困难家庭学生 3029 人，其中学前教育幼儿 1268 人，义务教育段学生 525 人，普通高中学生 909 人，中职学校学生 327 人。2016 年，发放中职、普高国家助学金 661.135 万元，7449 人次受益，为义务教育阶段家庭经济困难寄宿生发放生活费 323 万元，受助学生达 5168 人次，贫困幼儿资助 149 万元，计 3725 人次，1582 名大学生获得生源地助学贷款 1147.4 万元，建档立卡困难家庭学生资助实现全覆盖，让所有贫困家庭子女不因经济困难而失学。认真落实国家贫困地区定向招生计划，让更多贫困家庭孩子拥有进入优质高中、重点高校受教育机会。

2016 年，有 6 名学生考入清华、北大，2870 名寒门学子被本科院校录取，1600 余名学生进入高职院校学习，给近 3000 个贫困家庭带来脱贫的希望。

三是重创新，探索形成精准扶贫的“炎刘模式”。大力实施乡村教师支持计划，更加重视农村教师专业发展和培训。2016 年，发放偏远艰苦学校教师生活补助资金 500 余万元，农村艰苦地区学校一级和高级教师专业技术职务结构比例增加 10%，定向培养乡村小学教师 42 名。在省教育厅协调帮助下，从 2015 年秋学期开始，淮南师范学院与寿县实行校地合作，每学期择优选派数十名大学生，到寿县炎刘学区各小学，开展顶岗实习，助力教育精准扶贫。截至 2016 年年底，已安排 137 名品学兼优大学生支教，有效缓解了农村学校教师老龄化、结构性缺编等矛盾，给受援学校带来了生机和活力，让贫困村的孩子享受到优质教育，快速提升了贫困地区教育发展水平，为从源头上阻断贫困的代际传递奠定坚实的基础。此举受到人民日报、中国青年报、安徽日报、安徽电视台等新闻媒体广泛关注，被教育部官方网站称为安徽寿县教育精准扶贫的“炎刘模式”。

四是抓根本，不断增强精准脱贫的内生动力。坚持把职业教育发展作为实施精准扶贫的重要抓手。大力整合县域职业教育资源，移址新建县职业教育中心，深化职教招生办学制度改革，积极推进产教融合、校企合作，重点支持涉农、电子信息、电工、幼教等一批社会有需求、就业有保障的特色优势专业，满足贫困村产业发展对技术技能人才的需求。大力实施“雨露计划”、企业订单培训等项目，积极组织引导往届初高中毕业生、农村青年、农民工、下岗失业人员等群体接受职业教育培训，提高贫困人口职业技能和就业创业能力，力争到 2020 年实现所有劳动力技能培训全覆盖，从根本上增强贫困人口的“造血功能”和内生动力。2016 年，举办各类职业技能培训 1215 班（次），接受培训的农村劳动力 11600 人次，已有 3688 名贫困劳动力通过培训实现就业。大力实施“雨露计划”，其中职业教育补助 13498 人，补助资金 2024. 7 万元；大学生资助 2210 人，补助资金 297. 6 万元；劳动力转移培训 6056 人；农村适用技能培训 51566 人。创造了“寿县裁缝”的“全国优秀劳务品牌”、寿县职业中专学校的“全国优秀劳务品牌证书”等荣誉称号。实现了“培训一人，脱贫一户，转移一批，带动一片”的目标，万余户贫困家庭受益，为社会培养了一大批有知识、有技能的高素质人才。

（三）实施互联网+减贫，推动电商减贫

“互联网+减贫”是绿色减贫信息时代的新运用，它利用互联网解决减贫实施中的信息障碍，增强贫困地区和非贫困地区间的信息流通，提高贫困人口的公平性。[①] 寿县高度重视互联网在减贫中的作用，重点开展宽带网络建设、物流快递支撑体系建设、网店规模壮大网络品牌培育建设、金融服务支撑、试点示范引领等重点工程建设。具体开展建立行政推进体系、建立网店服务体系、建立网货供应监管体系、建立网络物流体系、建立人才培训体系等相关工作措施。通过电商减贫工作的落实，帮助每个贫困户，建立起稳定的收入来源，不断提高贫困户的收入水平，贫困户人年均支配收入增长幅度高于全县平均水平。

寿县农心电子商务有限公司由四位80后且有多年在外从事电商经验的年轻人，于2016年年初在保义镇成立，主要从事网上销售本地土特产业务。该公司积极参与“百社帮千户”活动，采取公司+农户的模式带动贫困户致富脱贫，已与贫困户签订了劳务合同。下一步，该公司新建的电商服务中心投入运营后，将扩大扶持贫困户的规模，与贫困签订农业订单，贫困户按照指定的种养加品种进行生产，公司保证高于市场价格收购。

三、深入推进绿色减贫的建议

应该说，寿县县委县政府认真分析脱贫攻坚面临的新形势、新任务和新要求，切实履行“县抓落实”的责任，准确把握绿色减贫的规律，突出“精准减贫、精准脱贫”，实现了“十三五”绿色减贫的良好开局。但是减贫攻坚是一项艰巨复杂的系统工程，尤其是绿色减贫更是有相当的难度。因此，必须在现有成绩的基础上，继续在精准上下功夫，大力推动旅游减贫工程，特别是要在吃透上级精神的基础上，加强顶层设计，结合寿县实际，出台或修改完善绿色减贫的相关政策，为实施绿色减贫提供强有力的保障。

---

① 张琦，冯丹萌．我国减贫实践探索及其理论创新：1978—2016年［J］．改革，2016（4）：P27-42.

（一）努力提升精准性

经过多年的减贫努力，容易脱贫的村、户已基本得到解决，越到后来脱贫任务越重、难度越大、成本越高、见效越慢，增收难度不断加大，贫困代际传递趋势明显。而这也是国家减贫工作中“最难啃的骨头”，解决了这一难题，我们将会取得减贫攻坚战的全面胜利。如何确保“脱真贫、真脱贫”，实现国家2020年脱贫目标，不仅是事关基层百姓的民生问题，更是一项重要的政治任务。

在减贫脱贫过程中，寿县在保质保量地完成中央、省、市等各种脱贫工作规定的同时，一直在思考和探索适合本地区的可持续的减贫脱贫路径、方法和模式。在充分总结前期减贫工程中存在的优势和短板，针对当前减贫难度加大的情况，寿县在其减贫工作计划和安排中强调指出今后的减贫脱贫工作应特别将关注点放在“精准”上，继续在“精准”上下功夫，切实把“精准”贯穿于脱贫攻坚全过程，做到精准施策、精准退出、精准考核，力戒形式主义；高度重视非贫困村和贫困人口脱贫，决不能贫困村轰轰烈烈、非贫困村冷冷清清，打好打实政策减贫、产业减贫、精神减贫的一系列“组合拳”。

结合前期减贫工作实际，就今后的减贫设想与脱贫工作，寿县必须在坚持绿色减贫的基调下继续在精准上下功夫；要把“精准”落实到减贫工作的具体行动上，体现在减贫工作的每个环节中。在此基础上，寿县强调减贫工作尤其要把握“精准”的内涵，并从“精”“准”两个大层面来进行充分的理解和践行，既要“精”也要“准”。这两个层面相互配合，“精”的层面是“准”层面的基础和根据，“准”层面是“精”层面的条件和保障，只有这两个层面相互配合，并在实践中得到践行，才能真正实现“真脱贫、脱真贫”。

（二）发挥市场在资源配置中的决定性作用

十八届三中全会明确指出，要紧紧围绕使市场在资源配置中起决定性作用深化经济体制改革。同样，在绿色减贫中，政府的宏观调控和市场的自发调节机制，也就是人们常说的“有形的手”和“无形的手”，如何扬长避短，体现优势，发挥各自作用，是必须解决的现实问题。现在看来，在绿色减贫中，政府的主导作用得到了较好的发挥，包括顶层设计、提供资金等各种保障等等，但是，绿色减贫的关键在可持续发展，这就需要真正发挥市场在资源配置中的决定性作用，更多地调动市场和民间的力量，形成让一切劳动、知识、技术、管理、资本的活力竞相迸发态势，让一切创造社会财富的源泉充分涌流的绿色减贫环境。

（三）按照“中国绿色减贫指数指标体系”科学减贫

绿色减贫作为创新理念，提出的时间不长，研究者不多。但是，北京师范大学经济与资源管理研究院张琦教授及其带领的研究团队已经取得了许多权威的研究成果，他们在综合考虑多个指标体系并结合中国实际的基础上得到了中国绿色减贫指数指标体系，能够全面、客观、科学地衡量中国绿色发展减贫的状况。该指标体系已经实践多年，得到了方方面面的好评，寿县要在总结现有绿色减贫成绩的基础上，认真研读该指标体系，按照指标体系对寿县的绿色减贫情况进行评价，并制定下一步的实施方案。

（四）大力推动旅游减贫

在绿色减贫的支柱产业中，寿县都已经或多或少涉及，也取得了一定成效。但是综合分析，我们认为寿县应把旅游减贫作为下一步绿色减贫工作的重点。寿县，历史上四次为都，十次设郡，是楚文化的故乡，豆腐的发祥地，淝水之战的古战场。寿县着丰富的旅游资源，但是寿县的旅游产业并没有真正“做大”“做强”，尤其是旅游资源对减贫的带动作用没有很好体现出来，更谈不上发挥旅游产业的优势。

旅游是21世纪朝阳产业，也是典型的绿色产业，更是旅游资源丰富地区绿色减贫的“黄金”产业。通过开发贫困地区丰富的旅游资源，兴办旅游经济实体，使旅游业形成区域支柱产业，实现贫困地区居民和地方财政双脱贫致富。作为国家级历史文化名城，寿县在旅游减贫工作中已经起步，但是胆子不够大、步子不够快，与其他几个“双帽县”相比，还有相当差距。为此，我们认为，寿县必须加大旅游减贫在整个绿色减贫工作中的比重，创新工作思路，以更大气魄、更大担当、更有作为的态度，大力发展旅游产业。

案例六：

甘肃省渭源县绿色产业扶贫模式实践探索

李　慧

（国务院扶贫办发展中心处长，甘肃定西市渭源县常委、副县长）

绿色发展与消除贫困是实现2020年建设全面小康社会宏伟目标的任务要求，党的十八大把生态文明建设纳入中国特色社会主义事业五位一体总体布局，绿色减贫与打赢脱贫攻坚战是党中央的战略部署，“绿水青山本身就是金山银山”。习近平总书记在中央扶贫开发工作会议上指出，打赢脱贫攻坚战，要解决好“怎么扶”的问题，按照贫困地区和贫困人口的具体情况，实施“五个一批”工程。一是发展生产脱贫一批。引导和支持所有有劳动能力的人依靠自己的双手开创美好明天，立足当地资源，实现就地脱贫。对贫困人口中有劳动能力、有耕地或其他资源，但缺资金、缺产业、缺技能的，要立足当地资源，宜农则农、宜林则林、宜牧则牧、宜商则商、宜游则游，通过扶持发展特色产业，实现就地脱贫。二是易地搬迁脱贫一批。生存条件恶劣、自然灾害频发的地方，通水通路通电等成本很高，贫困人口很难实现就地脱贫，需要实施易地搬迁。三是生态补偿脱贫一批。在生存条件差、但生态系统重要、需要保护修复的地区，可以结合生态环境保护和治理，探索一条生态脱贫的新路子。不少地方既是贫困地区，又是重点生态功能区，还是少数民族群众聚居区，如西藏、四川省藏区、武陵山区、滇黔桂部分贫困地区等。要加大贫困地区生态保护修复力度，增加重点生态功能区转移支付，扩大政策实施范围。要加大贫困地区新一轮退耕还林还草力度，对贫困地区25度以上的基本农田，可以考虑纳入退耕还林范围，并合理调整基本农田保有指标。中央财政用于国家重点生态功能区的生态补偿资金使用不够精准，有些被省里截留平均分配了，有些拨付到县里后被挪作其他用途了。要做些改革，比如结合建立国家公园体制，可以让有劳动能力的贫困人口就地转成护林员等生态保护人员，从生态补偿和生态保护工程资金中拿出一点作为他们保护生态的劳动报酬。要通过改革创新，让贫困地区的土地、劳动力、资产、自然风光等要素活起来，让资源变资产、资金变股金、农民变股东，让绿水青山变金山银山，带动贫困人口增收。不少地方通过发展旅游扶贫，搞绿色种养，找到一条建设生态文明和发展经济相得益彰的脱贫致富路子，正所谓思路一变天地宽。四是发展教育脱贫一批。五是社会保障兜底一批。

甘肃省渭源县是黄河最大支流渭河的发源地，是国家限制开发区。全县总面积2065平方公里，辖8镇8乡、3个社区、217个行政村，总人口35万人，其中农村居民32万人，渭源县是国家扶贫开发工作重点县，六盘山片区县，也是国务院扶贫办的定点帮扶县，境内大部分处于黄土高原沟壑地带，山大沟深，干旱、冰雹、暴洪、泥石流、地震等各种自然灾害频繁发生，受自然环境、基础条件等制约，全县经济发展相对滞后，农村贫困面大，贫困程度深，2011年年底全县2300元以下扶贫对象达14.39万人，贫困发生率为44.48%。2013年2月3日，习近平总书记亲临渭源县视察，并做出了“让我们一块努力，把日子越过越红火”的指示，全县全力推进脱贫攻坚，始终坚持“改善生态、改善民生”的根本任务不动摇，牢固树立创新、协调、绿色、开放、共享发展理念，把生态文明建设与脱贫攻坚相结合，以建设生态渭源为主线，坚持绿色发展抓项目、体制创新抓改革、农民增收抓产业、大地增绿抓造林、资源管护抓执法、根本保证抓党建，走生态扶贫和产业扶贫之路。通过实施产业发展、劳务输转、易地搬迁、生态补偿、发展教育、医疗救助、社会保障等“七个一批”及危房改造和安全饮水“7+2”脱贫工程，有力地促进了贫困村经济社会快速发展和贫困户增收脱贫。2012—2015年共减少扶贫对象8.46万人（其中：2012年1.83万人、2013年2.33万人、2014年2.79万人、2015年1.51万人），2016年，减少贫困人口2760户1.19万人，全县建档立卡扶贫对象由2013年的2.35万户10.23万人减少到11730户5.1万人，贫困发生率由31.66%下降到15.7%。农村居民人均可支配收入中生态绿色产业收入达4872.47元。

一是实施了发展产业脱贫工程。聚焦增加农民收入这个核心，着力培育富民产业，突出能人、企业和新型经营主体带动，激活群众产业脱贫内生动力，形成了贫困户跟着新型经营主体走、新型经营主体带着产业走、产业带着贫困户走、企业和农户紧盯市场走的产业扶贫新格局。马铃薯种薯产业方面，创新“双推双带”产业扶贫发展思路，推行“公司带合作社、合作社带会员、会员带贫困户”的带动模式，扶持发展种薯企业、协会（合作社）134家，建成产业繁育基地18个1.14万亩，吸纳贫困户7530户参与产业基地建设，户均增收2585元。全县马铃薯种植面积达到40万亩，年产脱毒瓶苗3亿株、原种4.5亿粒、原种7.5万吨，年产种薯80万吨，全县良种化程度达到90%，年贮藏能力达到60万吨，渭源县已成为全国以县为单位最大的种薯生产基地，被农业部授予“中国马铃薯之乡”“全国马铃薯标准化种植示范县”。中医药种植产业方面，按照“公司带动、连片发展、整体推动”的思路，鼓励全县31家中药材企业参与精准扶贫，按照“公司+基地+农户”模式，依托企业建立中药材种植示范基地5万亩，订单中药材8万亩，贫困村户均中药材种植面积达到3亩以上，全县217个行政村中中医药产业收入占一半以上的村达123个。全县中药材种植面积达到40万亩，发展中药材加工企业65家，年加工中药材7万多吨，基本形成了中医药产业“种植—加工—销售”一体化。草牧业方面，根据不同地域贫困村、贫困农户养殖基础等情况，差异化精准对接发展需求和带动模式，充分利用财政扶贫项目和资金，采取“企业+合作社+农户”“企业+基地+农户”等组织形式和“投母还羔”“牛羊入股分红”“专项贷款入股分红”吸纳贫困户劳动力到企业务工等办法，带动贫困户通过发展草牧业实现脱贫，贫困户人均草牧业纯收入达到900元以上。全县规模养殖企业（小区、合作社）累计达到620家，辐射带动规模养殖户1.6万户，牛羊猪鸡饲养量分别达到12.3万头、91.4万只、35.2万头、523万只，被列为甘肃省牛羊养殖大县。2016年，全县依法登记和注册各类专业合作社333家，累计达到949家，全县贫困户全部加入了产业合作组织，实现了贫困村村有主导产业、户有增收项目全覆盖。

二是实施了劳务输转脱贫工程。2016年整合财政资金1200多万元，积极开展各级扶贫专业人员的培训工作，加强对贫困村党组书记和驻村帮扶工作人员、乡镇扶贫站工作人员、电商扶贫管理人员等扶贫专业人员的培训和提升贫困劳动力就业技能，完成贫困劳动力技能培训3.26万人，组织农村贫困劳动力职业技能鉴定5928名，其中获得职业资格证书5537人，输转劳务7.09万人，实现劳务收入12.84亿元。特别是近两年，针对全县持续大面积干旱造成的农业损失，积极组织6600名群众赴疆摘棉，人均劳务收入6000多元，由县财政全额报销2019名建档立卡贫困户人员往返路费92万元（其中：2015年35万元、2016年57万元），有效增加了贫困户收入。

三是实施了易地扶贫搬迁脱贫工程。通过现“美丽乡村”建设吸纳一批、集中安置工程搬迁一批、城镇开发和进城安置一批，以集中安置、分散安置、插花安置、商品房安置等方式实施易地扶贫搬迁工程。坚持政府引导、群众自愿、政策支持、讲求实效的原则，把易地搬迁与城镇化建设、防灾减灾工程建设、美丽乡村建设相结合。城镇化建设中，立足县城、中心乡镇和集中安置点建设，通过回购保障房、新农村建设住房和集中安置区等方式，引导群众自主自愿选择搬迁到县城区和乡镇园区。在防灾减灾工程建设中，针对部分农户房屋破旧坍塌，居住地高、远、偏、险，自然灾害频繁，生命财产安全常年受到威胁等问题，坚持危房改造和易地搬迁相结合，从根本上解决农户特别是贫困农户安全居住问题。对于流域内重点灾害隐患点通过项目实施，进行综合治理，建立起立体式生态建设与保护系统，减少自然灾害对农户生产生活的影响。在美丽乡村建设中，加大对偏远、生存环境恶劣、基础设施建设薄弱村庄的环境保护与建设，实施农村清洁工程，开展村庄环境综合整治，建设生态文明示范村。到2016年40%以上的贫困村环境得到整治，其中20%的贫困村达到整洁村的要求。目前，全县累计建成易地搬迁安置点97个、搬迁贫困群众7116户3.78万人，累计投资达到8.47亿元。

四是实施了生态保护脱贫工程。结合退林还草、天然林保护等国家重大生态工程项目和全国生态文明示范工程试点县、渭河源区生态保护与综合治理等项目，大力实施生态环境保护工程。全面落实生态建设十年规划，完成绿化造林 7.04 万亩，累计造林 32.3 万亩，森林覆盖率提高到 17.5%，林草综合覆盖率达到 55%，水土流失综合治理程度达到 60.3%。培育林下经济示范典型 1 个，新增经济林果 5000 亩，发展特色苗木产业繁育 2300 亩、累计达到 5328 亩，林下经济总产值达 1.6 亿元。通过推进生态补偿脱贫，充分利用生态补偿和生态保护工程资金，按年人均 7000 元的标准，让有劳动能力的 799 名贫困人口就地转成护林员等生态保护人员，实现生态环境保护与贫困人口增收的双赢，确保生态补偿脱贫一批。通过实行生态保护扶贫，统筹发展生态林业、民生林业，坚持点（面山绿化）、线（通道绿化）、面（退耕还林、三北防护林、天然林保护工程和四旁绿化）相结合，人工造林和封山育林相结合，坚持造、封、管、改并举，把点打造成亮点，把线建成风景线，把面建成精品。打好生态绿化、经济林果、林下经济、林木种苗、生态旅游休闲“五张牌”，实施退耕还林、三北防护林、天然林保护、面山绿化“四大工程”，结合《渭河流域综合整治及城区集中饮用水水源地环境保护项目规划》要求，深化林业改革，绿化工程总面积 7 万多亩，道路绿化 700 多公里，义务植树 350 万株。2015 年年底森林覆盖率就已达到 17%，其中贫困村 17.2%。草原植被覆盖率已达到 93%，其中贫困村 93.2%。通过农田水利保障，大力开展贫困县国土综合治理，加强农田水利和梯田建设，推进沙化土地封禁保护，采取小流域综合治理、淤地坝建设、坡耕地整治、生态修复等措施，有效防治水土流失。推进国家水土保持重点建设、国家水土流失综合治理、国家农业综合开发水土保持、中央预算内投资水土保持等重点工程建设。大力发展蔬菜、苗木等富民产业，新增蔬菜种植专业村 7 个，种植面积达到 5.3 万亩，繁育苗木 0.75 万亩，群众增收渠道进一步拓宽。

五是实施了教育发展脱贫工程。按照治贫先治愚、扶贫先扶智的要求，进一步整合教育资源，优化教育布局，提高办学效益，大力实施农村学前教育工程、全面“改薄”项目和职业教育。教育经费继续向贫困地区倾斜、向基础教育倾斜、向职业教育倾斜，改善贫困地区办学条件，减免贫困家庭学生学费，资助贫困家庭子女就学，防止因学致贫、因学返贫，确保发展教育脱贫一批。2016 年新建幼儿园 42 所（其中贫困村新建 26

所），对63所学校实施改薄项目，采购班班通设备96套，发放保教费等教育补助资金5150.5万元，实现建档立卡户学生资助全覆盖；培训贫困家庭“两后生”1159名，培训教师6060人次。全面落实贫困家庭各教育阶段学生学费补助、助学金发放、生源地贷款、路费补助等政策，认真落实控辍保学政策，确保贫困村适龄儿童全部就近入学，全县学前三年毛入园率达到88%，九年义务教育阶段巩固率达到90%以上。

六是实施了健康扶贫工程。完善与渭源县经济社会发展水平相适应、与居民健康需求相匹配、体系完整、分工明确、功能互补、密切协作的整体医疗卫生体系，打造县、乡、村三级医疗卫生服务模式。重点建设建筑面积为60平方米的卫生室，其中每个卫生室配套检查床位、冰柜、输液架、办公室、药柜等，总投资220万元，涉及建档立卡贫困人口数8124人。2016年度全部投资建设完成，实现贫困村100%全覆盖。全县新农合参合率达到98%，建档立卡贫困户新农合参合率达到了100%。深入推进“14885”健康促进模式改革，将农村贫困人口参合农民政策内住院费用报销比例提高5个百分点，将建档立卡贫困人口大病保险报销起付标准由5000元降低到3000元，针对建档立卡贫困户常见的50种重大疾病，创新实施了“新农合补偿+大病保险+医疗救助+新农合全额兜底”的医疗救助模式，有效解决了大病患者因病返贫的问题。

七是实施了社会保障脱贫工程。建立起由新型农村社会养老保险、新型农村合作医疗、农村居民最低生活保障、农村五保供养、农村医疗救助、大病保险及救助、临时生活救助等组成的农村社会保障体系。制定出台了《全县社会救助申请家庭经济状况核对办法》，认真落实农村低保政策，分类施策，将农村一类低保对象补助水平由275元/月提高到285元/月，农村二类低保对象补助水平由234元/月提高到249元/月，争取实现现有13462户34874人农村一二类低保对象政策性脱贫；建立了农村三四类低保退出机制，坚持“输血”与“造血”并举，对患病的农村低保、特困供养人员及时予以医疗救助。提高贫困人口新农合和大病保险报销比例，扩大重特大疾病医疗救助病种和救助对象范围，及时给予临时性救助和社会救济，帮助他们渡过难关，促使他们通过扶贫支持和社会救助两条路径实现脱贫。完善医疗救助制度，多方筹措资金资助贫困村低保对象、五保对象、重度残疾人等缴费困难的群体参加新型农村合作医疗。改善农村残疾人口的居住、托养等困难，不断提高农村残疾人口的生活水平。社会保障涉及建档立卡贫困人数 75425 人，17551 户，总投资 146546 万元。其中低保人口 78324 人，补贴金额 140983.2 万元。五保户 1631 户，补贴金额 4893 万元。残疾人 1117 人，补贴金额 670.2 万元。

八是实施了危房改建脱贫工程。“十三五”期间，全县列入全国农村住房信息系统还需要 ABCD 四级危房改造的贫困农户有 8700 户，其中 C 级危房 6896 户，D 级危房 1804 户，探索与国开行的融资平台为贫困户贷款贴息等政策，加快农村危房改造建立了全县 C、D 级危房改造台账，并对 D 级危房逐户进行了核查鉴定。2016 年完成农村危房改造 2000 户，其中建档立卡贫困户 1800 户，危房改造项目涉及建档立卡贫困人口 62127 人，共 11642 户。2017 年将完成 D 级危房，2020 年前全面消除农村危房，实现所有农户住无危房的目标。

九是实施了安全饮水脱贫工程。全县自 2006 年开始建设引洮入渭县城供水工程和实施农村饮水安全巩固提升工程，建立从“源头”到“龙头”的农村饮水安全工程体系，先后投资 2.35 亿元，解决了 33.1 万人的饮水不安全问题，水入户率达到 96.99%，2016 年稳定解决了 4 个乡镇 6 个村 1526 户群众的饮水安全问题，安全饮水率达到 100%。贫困群众都能喝上更加方便、稳定和安全的饮用水。

十是实施了光伏扶贫工程。为保障因病、因学、因残及无稳定增收来源的建档立卡贫困户每年获得稳定收益，无集体经济收入或集体经济基础薄弱的建档立卡贫困村实现村集体收入，实施了光伏扶贫工程。全县光伏扶贫建设项目总装机规模 18.137 兆瓦，项目估算总投资 2 亿多元，用以实施 3 个食用菌光伏“精准扶贫”产业园建设项目和 60 个村级光伏发电扶贫项目，其中，食用菌光伏“精准扶贫”产业园建设项目将光伏发电和食用菌生产相结合，建成后可实现年产鲜菇 6250 吨、绿色电能 2394.4 万度，对带动农户实行贫困户和非贫困户分类补贴政策，园区内年可实现纯利润 6200 万元，带动贫困户 800 户，户均增收可达 7.75 万元，其中 1 个会川镇项目已开工建设；村级分布式光伏发电站 60 个，每个村级电站建设规模在 300 千瓦左右，按照每户不低于 5 千瓦规模计算，带动贫困户 3707 户。

2016年，投资240万元，其中国扶办帮扶160万元，在田家河乡元古堆村建成装机容量为300千瓦的分布式光伏电站已经运行，年均发电量为31.53万度，年收益近30万元，每年可带动扶持60户贫困户增收约3000元，增加村集体经济收入2万元，不仅有力促进贫困群众持续稳定增收，同时项目建设将为全县提供清洁绿色的电力，有效改善当地能源结构，大幅减少煤炭等不可再生能源的消耗，具有良好的环境效益和社会效益。

十一是实施了电商扶贫工程。县财政列支300万元扶持电商物流产业发展，成功创建国家电子商务进农村综合示范县，争取中央资金2000万元。支持贫困户发展电子商务，鼓励和扶持农村专业合作组织、产业大户、致富带头人、农产品购销和贩运商、未就业大学生、大学生村官等积极开办农村网店。发展网购平台7个、网销企业51家、网店540家，建成覆盖县乡村快递网点（邮政配送点）282处，组建有较强实力的电商公司3个，建成行业协会1个、乡镇电商协会3个、邮政所16个，村邮站217个，实现线上销售额7600多万元，带动线下农产品销售1.4亿多元，带动全县农民人均增收300元以上，覆盖乡村的邮政速递体系已逐步建成。

十二是实施了旅游扶贫工程。抢抓渭河源景区被列入全省20大核心景区的重大机遇，投资7.3亿元强势推进渭河源、首阳山等核心景区及外围环境建设，举全县之力打造生态旅游新业态，新增炭雕霸陵桥等旅游商品7种，累计达37种，旅游接待人数达到78.1万人次，渭河源景区成功创建国家AAAA级旅游景区旅游收入达到3.05亿元。大力发展乡村旅游，重点发展10个美丽乡村旅游扶贫重点村，开发景区辐射型、通道景观型、城郊休闲型、农业观光型、养生保健型等乡村旅游。新建星级宾馆2家、新发展农家乐经营户15家，累计达到86家，组织巧手编制培训，把乡土产品打造成具有浓郁乡村风格的商业产品，增加贫困户收入。

十三是实施了文化扶贫工程。大力推进文化扶贫攻坚，实施乡镇广播电视站、广场电视、地面数字电视无线覆盖等工程，巩固提升广播电视村村通、户户通服务保障水平，提高市、县区广播电视节目农村覆盖率。集中实施一批文化惠民扶贫项目，建立村级文化中心70个，总投资1000多万元，其中贫困村47个，投资600多万元。建成“乡村舞台”48个。突出农耕剪纸、花儿戏曲、陇原巧手编制、寻源祭祖和红色教育等区域特色，重点在会川、五竹打造以中药材、马铃薯等为代表的农耕文化传承创新基地，在峡城、麻家集、田家河打造以洮岷花儿和藏羌鼓舞文化作为代表的非物质文化传承基地，在五竹渭河源打造以探水寻源和寻根祭祖为代表的历史人文传承创新基地，通过全面提升文化产业增加农民收入。倡导现代文明理念和生活方式，改变落后风俗习惯，善于发挥乡规民约在扶贫济困中的积极作用，支持发展民间文化艺术和农村体育事业，开展“文化下乡”“千台大戏送农村”“结对子、种文化”等文化惠民活动，丰富群众文化体育生活。

十四是实施了金融扶贫工程。积极推动贫困地区金融产品和服务方式创新，开展小额信用贷款，解决贫困群众“贷款难、贷款贵”问题，为贫困户脱贫致富提供金融服务 2015 年共发放精准扶贫贷款 46500 万元，惠及 213 个村，8591 户贫困户。2016 年发放精准扶贫贷款 39460 万元，惠及 170 个村，7892 户贫困户。积极协调政策性银行贷款。积极搭建融资平台、担保平台、管理平台、运行平台与农民资金互助合作社“四台一社”融资模式，以贫困村为重点，为农民资金互助合作社引入国开行扶贫开发贷款。2016 年统筹整合财政涉农资金 18.22 亿元，用于脱贫攻坚工作。稳妥推进农民资金互助合作社借款。按照《渭源县贫困村互助资金担保增信计划实施方案》要求，采取“引导资金 + 农户入社资金 + 社会捐助资金 + 银行贷款资金和其他资金”的模式，加大在贫困村建立扶贫互助资金力度。允许互助资金作为担保资金，撬动金融机构贷款，放大资金规模，实现互助资金扶贫效益最大化。创新互助资金使用模式，筹集资金 7838.44 万元，村均达 36.12 万元（109 个贫困村资金 5420 万元，村均达到 50 万元以上；108 个非贫困村资金 2144 万元，村均达到 20 万元以上）。建立贫困户贷款风险补偿基金。按照省政府《关于进一步加强农村金融服务的实施意见》甘政办民〔2014〕174 号和省扶贫办等部门《关于精准扶贫小额信贷支持计划的实施方案》，为解除金融机构发放涉农贷款的“后顾之忧”，建立省、市、县三级财政共担风险的贫困户贷款风险补偿基金。当贫困户贷款确因不可抗力出现风险时，由风险补偿基金按一定比例代偿。积极争取货币信贷政策支持。增强银行存贷比管理的弹性，落实差别存款准备金动态调整、定向降准等货币政策，允许扶贫贡献大、贫困户受益多的农村法人金融机构适当突破贷款规划，增加贷款投放。积极争取人民银行支农再贷款和贷款规划向我市倾斜，全面落实支农再贷款利率优惠政策。引导和鼓励使用支农再贷款的农村法人金融机构优先向贫困户发放小额信用贷款，让贫困户充分享受利率优惠政策。协调和引导商业银行降低利率上浮幅度，规范和治理金融机构不合理收费和高收费行为，组织开展对金融机构落实收费政策情况的专项检查。加快完善农村金融服务网络。新建金融便民服务点696个，实现了贫困村金融服务组织全覆盖。年内发放各类涉农贷款9.13亿元，其中，发放双联惠农贷款1321户2.86亿元（累计达5247户8.68亿元）、发放精准扶贫贷款3.95亿元（累计达8.6亿元）。在全县217个行政村全覆盖开展互助增信工作，即将村级互助资金作为担保金，按1∶10的比例放大投放农户产业发展资金，目前已投放贷款2.3249亿元。加强资金的使用及监管。一是建章立制，靠实资金使用监管责任。渭源县依据《甘肃省财政专项扶贫资金使用管理实施办法（试行）》等5个办法，先后修订完善了《渭源县项目管理办法》《渭源县项目建设预防腐败监督管理办法（试行）》，出台了《渭源县工作效能问责办法（试行）》，进一步健全完善了扶贫资金监管长效机制。二是承诺审查，提升项目实施科学性。实行项目实施承诺制，要求项目实施单位严格按照“两坚持，两不准”的原则实施项目，即坚持项目到村、资金（物资）到户，坚持项目资金专款专用，不准以任何方式和手段截留、挪用和套取财政扶贫资金，不准随意调整和变更项目计划。全面落实实施方案现场审查制度，从源头上加强项目监管。三是群众参与，提高项目透明度。全面落实“项目村民争、项目户民评、到户项目民选、项目资金民定、项目民建民管”的“五民”措施，以及公告公示制度，切实发挥群众知情权、参与权，营造项目实施良好社会氛围。四是加强监管，降低项目实施成本。推行牛、羊、马铃薯种薯等大宗物资政府采购和农村道路建设招（投）标制，规范项目实施，最大限度降低实施成本，提高实施效益。

十五是实施了定点扶贫工程。国务院扶贫办自2015年直接联系渭源县以来，先后多次调研指导渭源脱贫攻坚工作；先后投入资金1689.62万元，其中直接投资1507.22万元，引进帮扶资金182.4万元，重点推进马铃薯种薯产业、光伏产业发展，着力将会川镇干仡村打造成为全省精准扶贫综合示范点；协调捐赠《姥姥讲故事》故事机 722 套、爱心包裹 6000 个、《意外伤害如何防》图书 2000 册、价值 230 万元医疗器械一批，培训电商人才及第一书记（驻村工作队队长）30 人；协调大北农集团、常州天合光能有限公司等大中型企业与签订框架帮扶协议，与江苏省董北村、山联村和浙江谢家路村签订了村对村对口帮扶协议。充分发挥福州市晋安区定点帮扶渭源县的作用，设立办事机构，签订对口帮扶框架协议，积极开展东西协作扶贫。

十六是创新党建扶贫保障。全面落实县委县政府主体责任，由县委、县政府主要领导亲自挂帅，县四大班子领导分工负责，乡镇和驻村工作队、村两委主抓落实，建立县级部门领导包抓贫困村制度，明确乡镇党委政府和驻村工作队精准帮扶责任。2016 年，结合“两学一做”学习教育，创新实施党建扶贫五大工程，全县 86.6% 的村级活动场所完成了新建或改扩建，建立乡镇党务政务综合服务中心、群众综合服务站和便民服务点 240 个，选拔 68 名致富能人担任村级党组织负责人，建立了 368 人的县乡村三级“能人库”，选派 74 名大学生村官和 27 名省市县优秀年轻干部到贫困村担任村党支部第一书记、副书记，整顿软弱涣散党村组织 37 个，从各级双联单位选派干部 821 名，组建驻村帮扶工作队 217 个，实现驻村帮扶工作对全县 109 个贫困村和 108 个非重点村全覆盖。完善考核评估机制，推动全面从严治党措施向基层落实，促进党的建设与脱贫攻坚深度融合。

十七是严格落实生态环境保护责任。建立落实最严格的生态环境保护责任体系和问责制度，认真落实《甘肃省生态环境保护工作责任规定（试行）》及《实施细则》、《甘肃省党政领导干部生态环境损害责任追究实施办法（试行）》、《定西市党政领导干部生态环境损害责任追究实施细则（试行）》等有关法律法规和政策规定。制定了《渭源县重大环境问题（事件）责任追究办法（试行）》、《渭源县环境保护工作督查问责办法（试行）》，坚持谁决策谁负责、谁主管谁负责，管行业必须管生态环境保护的原则，将生态环境质量改善、目标任务完成及工作履职情况作为领导班子和领导干部政绩考核的重要内容，建立县乡村三级“河长”等生态环境监管制度，加大党政领导干部生态环境损害责任追究力度，严守资源环境生态红线，严肃查处生态环境保护违法、违规行为。形成党政同责、一岗双责、权责一致、多方联动的工作格局。

虽然在生态文明建设中做了大量工作，也取得了一些成绩，但自然条件差，山大沟深，土地贫瘠，目前还存在着一些问题和不足，主要表现在：水土流失面积多，侵蚀强度大，而水土流失治理项目少，投资小，治理措施单一，在治理上生物措施和工程措施的配置比例难以达到最优化，形不成完整的防护体系，综合防护效益难以发挥。环保基础设施建设严重滞后，除会川镇外，其他乡镇都没有建设垃圾填埋场，影响到农村环境卫生整治的效果，加之企业对污染治理设施建设的投入不足，部分企业超标排放、违规生产、污染环境的问题时有发生。针对存在的问题，下一步，将认真贯彻落实中央、省、市关于生态文明建设相关决策部署，加大处理好脱贫攻坚和生态保护的关系，坚持绿色发展，重点要做好以下工作：制定并实施有利于生态环境保护的政策措施；将生态环境保护工作纳入县乡两级政府工作的重要议事日程，结合渭源县生态环境保护重点、区域环境质量特征等实际，科学划定生态红线，严守环境质量底线。加强渭河源区生态保护与综合治理，组织拟订渭河源区生态保护与综合治理规划和年度实施方案，改善渭河源区生态环境。实施渭河源区中小河流治理工程建设，建设小型蓄排饮水和梯田改造工程，加强沟道治理，统筹实施水源地保护、植被保护与建设、水土保持、防灾减灾、中小河流治理等工程，强化区域、流域、行业的监督管理，特别是区域内马铃薯淀粉加工、河道山体采砂采石等重点行业生态环境保护。落实河道“河长”制度，及时发现制止解决河道内污染问题；依法保护农业生态环境，指导农村生态示范创建、生态农业建设。加强耕地质量建设和保护，推进秸秆农业生产废弃物资源综合化利用工程；科学划定养殖区域，指导舍饲建设落实生态环境保护要求，对不符合选址要求的养殖场（小区）不予核准建设，促进绿色农业发展，全力促进全县生态文明建设更好更快发展。

案例七：

绿色减贫新模式

——河北北京现代农业与生态旅游完美融合的特色小镇

杨若愚

（天津大学管理与经济学部）

一、背景

旅游业作为一个朝阳产业，目前已被列为世界第三大产业。改革开放以来，我国实现了从旅游短缺型国家到旅游大国的历史性跨越。“十二五”期间，旅游业已经全面融入国家战略体系，走向国民经济建设的前沿，成为国民经济战略性支柱产业。随着我国经济的快速发展和人民生活水平的提高，人们对旅游消费的需求也进一步提升。2015 年，旅游业对国民经济的综合贡献度达到 10.8%。国内旅游、入境旅游、出境旅游全面繁荣发展，已成为世界第一大出境旅游客源国和全球第四大入境旅游接待国。旅游业成为社会投资热点和综合性大产业。旅游业发展的核心和关键是旅游产品的消费和供给。国家旅游局将旅游产品分为五种类型：观光旅游产品（自然风光、名胜古迹、城市风光等），度假旅游产品（海滨、山地、温泉、乡村、野营等），专项旅游产品（文化、商务、体育健身、业务等），生态旅游产品和旅游安全用品。其中，农业观光旅游和生态旅游无疑是一个重要组成部分，近年来也受到广大消费者的欢迎和认可。

2015 年 8 月份，国务院印发《关于促进旅游业改革发展的若干意见》

部署进一步促进旅游业改革发展，提出到 2020 年，境内旅游总消费额达到 5.5 万亿元，城乡居民年人均出游 4.5 次，旅游业增加值占国内生产总值的比重超过 5%。国家旅游局 2017 年发布的数据显示，2016 年，国内旅游、入境旅游稳步增长，出境旅游理性发展，旅游经济继续领先宏观经济增速，成为稳增长、调结构、惠民生的重要力量。根据国家统计局网站官方数据可知，2006—2015 年这十年间，国内旅行社数量在不断增加，从 2006 年的 17957 个增加到 2015 年的 27147 个，背后随着而来的是大量的旅游产品、出行人群和消费机会。游客数量也在逐年增加，2006 年游客数量只有 13.94 亿人次，到了 2010 年，已经超过了 20 亿人次，到了 2015 年，增至 40 亿人次，增速非常迅猛。与之相对应的是，旅游总花费从 2006 年的 6229.7 亿元增加到 2015 年的 34195.05 亿元，中国旅游业总收入也呈现出线性增长的特征①（如下图 1 所示）。

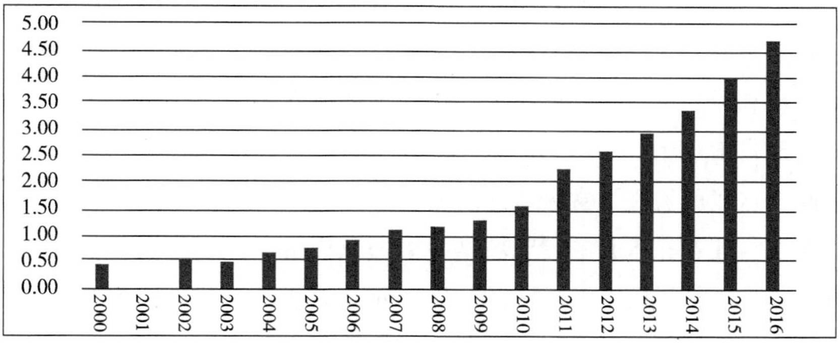

图 1　中国旅游业总收入（2000—2016 年）单位：万亿人民币

在经济新常态的背景下，随着社会的发展和人们生活水平的提高，旅游产业仍然面临着很大的市场需求和发展空间。旅游消费早已不是少数人才能接触的“奢侈品”，而是逐渐走向大众，成为居民常态化生活选择。在 2017 年，多家在线商旅机构预测，居民旅游口味将变得更加多样化，游客将逐渐主导旅游产品，旅游附加值或将成旅游新市场。随着“低碳出行”和“互联网 +”理念的兴起与普及，运用“现代农业 + 旅游观光”的模式建设的特色小镇也迎来诸多机遇，在未来将成为助力农村发展和农

① 相关资料来源于国家统计局官网发布的统计数据 http://www.stats.gov.cn/tjsj/

民脱贫的新思路。那么这种模式是如何帮助村民脱贫致富并实现绿色发展的呢？其发展前景如何？本文将以河北省计鹿村和北京市密云区古北口镇为例进行研究。

二、案例介绍

（一）计鹿村：盘活资源，“旅游 +”新能源激活精准扶贫新动能

1. 利用优势，发展旅游产业，精准发力，创新脱贫路径

很少有人知道，中国 2020 年脱贫计划里还包括了乡村旅游扶贫。在中国北方的河北省，列入国家“燕山—太行山”集中连片特困地区的县有 20 多个，位于河北省涞水县的计鹿村就坐落在片区内，该县之前一直是远近闻名的“环首都贫困地区”之一，由于位于燕山、太行山深山区，受到特殊的自然条件和地理位置制约，这些地区与附近的大都市——北京形成了鲜明对比和强烈反差。计鹿村人均耕地面积尚不足一亩，所以大部分村民只能外出打工谋生。2015 年，该村人均年收入只有 2000 多元。而仅仅两年时间，这里就发生了翻天覆地的改变。

位于河北省涞水县的野三坡是中国国家旅游局评定的美丽中国十佳旅游景区之一。靠近野三坡景区的计鹿村距北京 130 公里。以前这里交通不便，现在却在群山之间建起了现代化的公路、桥梁和隧道。一年前，计鹿村的很多村民决定建造民宿，自己干起了旅游业。这些都得益于“精准扶贫”政策的实施和河北省对于旅游文化产业的大力扶持，涞水人依靠政策的帮扶和自身的努力，走出了一条具有地方特色的旅游扶贫道路。在实地调研和访谈的过程中，涞水县扶贫办主任闫益学向笔者介绍了他们的扶贫战略：“我们在（扶贫中）通过精准识别发现，截止到 2015 年，两万多人的贫困人口中 80% 以上集中在山区，而我们的山区又有非常好的旅游资源。所以，我们就把旅游扶贫作为我们山区增收的一个主要的途径。在推进过程中，我们确立了‘两带四起来’的旅游扶贫思路：景区带村，能人带户，把群众组织起来，把产业培育起来，把利益关联机制连接起来，把文化和内生动力弘扬起来。”

通过和国内知名旅游集团合作，计鹿村开辟了以“四季圣诞小镇”为核心，以民宿、餐饮配合旅游、娱乐项目的产业模式。作为整个产业核心的四季圣诞小镇，以圣诞文化为主要导向，完全复制了芬兰拉普兰地区的小镇风貌，同时准备在周围建设滑雪场、自行车馆、儿童乐园、水上餐厅等大量配套设施，打造出一套完整的休闲度假体系。而计鹿村村民则在政策的帮扶下，把自身的土地、劳动力和产业与核心景区结合，借势脱贫致富。为了帮助计鹿村等贫困村有效发展旅游业，县扶贫部门投入了大量资金用于基础设施建设。涞水县政府新建、改造公路35.8公里、桥梁13座，铺设、改造输水管网1.51万米。还对15个村的电网实施了改造，新建、改造厕所2729个。村委书记郭秀龙表示，正是这些基础设施的到位，不仅让计鹿村民打造出目前的“北欧风格民宿群落”，也提高了自身的生活质量。他说，“‘美丽乡村’这一块政府投入了一个亿，老百姓房屋的结构也是和北欧小镇形成一个风格。外立面的打造统一规范、统一风格。（我们）也解决了老百姓上下水的问题，建造了一个日处理800立方米的污水处理厂。外部的环境、街道和老百姓的生活都有了很大的改善。”如今，这里已成为国家级的旅游发展典范，当地人骄傲地告诉我们，经常有很多其他省市的官员来取经。

图2　计鹿村中芬兰拉普兰风貌的四季圣诞小镇

有了设施的配套，村民能够以更低的成本进入到旅游产业中。计鹿村村民刘小娜原是家庭妇女、兼职导游，在村委会的呼吁下改造了自住的院落，和有厨师经验的婆婆两人支撑起了一个只有两间客房的迷你民宿。依靠这个小小民宿的收入，刘小娜一家的生活得到了很大改善。刘小娜说："现在我们这两间客房，一个月下来一般（收入）就是 3000 块钱。客人吃饭的收入就不定数了，吃得多就多赚点，吃得少就少赚点。我们这都是自己干，不雇人，服务员是我，厨师是我婆婆。"现在，民宿的营销方式也变得更加多样，在"互联网 +"旅游的浪潮下，很多和刘小娜家一样的民宿都开始提供电话或微信预订服务。

附近一家旅馆的男主人曾经在北京做过建筑工人，积累了一定资金。他知道北京、天津、保定和石家庄等邻近大城市里的很多人都喜欢在周末或是假期时远离城市去亲近大自然，而这里有丰富的旅游资源，因此他决定自己开旅馆。年轻的女主人张数艳谦虚腼腆地向笔者介绍自己新开张的乡村旅舍，"以前也没干过，都是给别人打工。从去年（2016 年）计鹿村旅游开发了以后盖的房，今年正月初九开的业。经营方面（经验上）肯定还是欠缺一点。"正如她所说，近年来她和丈夫一直靠在外打工和做小买卖维持生计。2017 年开春后，他们把前几年攒下的全部积蓄都拿了出来，在政府的帮助下翻新房屋，建起这个两层的乡村旅舍准备大干一场。给他们这种信心的，正是涞水县刮起的"旅游扶贫"东风。涞水县扶贫办主任闫益学表示："通过 2016 年的努力，我们又有 6029 人实现了脱贫。到目前，我们还有 17750 人左右在贫困线以下。按照我们的滚动脱贫计划，根据我们的实际情况，我们县委县政府预计 2017 年实现全面脱贫，争取一户不剩、一人不落。"

2. 与清洁能源的"美丽约会"：实现绿色发展，打赢脱贫攻坚战

秋冬的雾霾已经成为困扰京津冀地区的一大环境难题，为了积极治霾，河北省大力实施清洁能源替代工程。2016 年，为了在全省农村清洁能源开发利用中积累经验打造"试点"乡镇，河北省农业厅新能源办结合"千村万户产业扶贫调研"活动，确定在涞水县计鹿村建设清洁能源多模式集成示范"新能源小镇"。利用省级财政资金重点支持建设，打造以太阳能光热光电、多种类新型电采暖、生物质能利用、新兴态宣传展示等清洁能源多模式集成示范工程，探索总结示范经验，为全省农村清洁能源开发利用树立典型样板。

经市县农业部门组织申报，2016 年省农业厅、财政厅联合下达批复，按照《2016 年农业资源及生态保护补助项目实施指导意见》（冀农能发［2016］10 号）要求，利用 600 万元省级财政资金在涞水县赵各庄镇计鹿村建设清洁能源多模式集成示范“新能源小镇”。委托农业部规划设计研究院建设推广光电互补供热技术 70 户，清洁高效太阳能浴室 108 户，碳纤维远红外供热系统 70 户，生物质壁炉 20 户，高效节能炕连灶 16 户，农林废弃物能源化处理工程 1 处；示范展示空气源热泵 2 户，太阳能异聚态热循环利用 2 户，太阳能 - 碳晶板供热 1 户；村口、公路边设置展牌，示范户门口挂铭牌等。

在村民张大妈家中，笔者看到了传说中的电能采暖炉，“冬天的时候，可以根据需要自己设定温度，既方便又环保”。张大妈向我们介绍说：“过去村里取暖主要靠煤，每到冬季街上到处都是各家各户的煤堆，房顶上也是一家一个烟囱，环境差、污染严重，如今用上了新能源，不仅街上、家里干净了，村里的空气也好了很多。”在村民李大爷家，我们看到了另一种取暖设备——生物质燃炉采暖器。打开电源开关，炉火瞬间点燃，没有一点刺鼻的呛味儿。“这种炉具以生物质压缩块为燃料，其成分主要是农作物秸秆、根茎以及可回收农业垃圾，燃烧期间基本不会有浓烟排放”，涞水县农业局副局长韩红梅介绍说，“生物质燃料所产生的热量和燃煤差不多，但成本相对低廉，还做到了废物利用，很受农户欢迎”。

走上计鹿村背靠的山梁，我们在欧式风格村居的斜坡顶上，可以看到排列整齐的一块块太阳能光伏板。据当地农户介绍，这种光伏发电设备已经并入国家电网。村民利用太阳能发电，不仅自己可以免费用电，还可以将剩余电量以高出市场价格卖给国家。此举既增加了百姓收入，还缓解了当地的供电压力，更助推了“减排控污”工作开展，实现了“一举多得”的效果。像这样的清洁能源取暖设备在计鹿村几乎家家都有安装，所用产品涵盖太阳能采暖、电能取暖，生物质取暖等多个领域。居民取暖基本实现了“无煤化”与“无烟化”的目标。涞水县新能源办公室主任任东明向笔者介绍说：“去年年初，省级财政批复 600 万元资金建设计鹿村清洁能源多模式集成示范‘新能源小镇’，打造以太阳能光热光电、多种类新型电采暖、生物质能利用、新业态宣传展示等清洁能源多模式集成示范工程。”这些新能源系统的组合利用，将太阳能技术和生物质能、电能等多种可再生能源利用技术、节能技术有机结合在一起，充分发挥技术集成优势，实现了日间太阳能与夜间谷电以及生物质综合利用的优势互补，取得了最大的能源环保效益，形成一个冬季取暖四季热水供应系统。

日间太阳能充裕，主要利用太阳能热水向室内供热，而夜间太阳能热水温度持续降低，供暖能力下降，但此时恰是谷电时段，电价每度 0.3 元（禁煤区 0.1 元），启动储能式电暖器采暖，既满足夜间采暖，又能储能再日间供热，弥补日间阴天、雨雪等无日照天气太阳能热水系统无法启动的短板。另外，生物质燃料取暖设备的使用，不仅让农村废弃秸秆得到有效综合利用，更是让农户清洁取暖实现了有效补充。在太阳光不足的时候，生物质采暖炉运行，无需设计较大的热量储存装置和增加太阳能集热器面积，进而降低了最初投资。计鹿村新能源项目的实施，让全村实现新能源节能技术全覆盖，太阳能浴室全覆盖，主要街道和广场实现新能源（含节能）科普展牌全覆盖。

截止到 2017 年上半年，计鹿村已经实现新能源节能技术全覆盖，太阳能浴室全覆盖，主要街道和广场实现新能源（含节能）科普展示全覆盖；全村林木生物质燃料产量 1000 吨，太阳能取暖面积 13000 平方米，实现化石能源替代 85% 以上；公共服务用能中生物质能、太阳能等可再生能源使用率高于 90%；年减排二氧化碳 286 吨以上，减排二氧化硫 2.64 吨以上。使村容村貌得到较大提升，人居环境得到改善，实现绿色能源替代传统化石能源，对周边村镇新能源技术发展推广，起到示范带动作用。建设新能源小镇不单纯以能源供应为目标，同时将乡村旅游发展、人居环境改善等融入进来，打造绿色休闲旅游产业，提升农民生活幸福指数，拓深乡村旅游潜力，为当地脱贫摘帽奠定基础。

（二）古北口镇：现代农业与生态旅游的完美融合

1. 充分利用自然资源和民俗文化推动旅游产业发展

北京市密云区古北口镇，背靠中国最美、最险的司马台长城，坐拥鸳鸯湖水库，是京郊罕见的山水城结合的旅游度假景区。古北口自古以雄险著称，有着优越的军事地理位置，《密云县志》上描述古北口“京师北控边塞，顺天所属以松亭、古北口、居庸三关为总要，而古北为尤冲”。随着社会的变迁，其军事要地之势虽有下降，但其优越的地理位置逐渐突显，目前已成为北京夜游新地标。古北口镇与河北交界，交通便捷，距首都国际机场和北京市均在1.5小时左右车程，距离密云区和承德市约45分钟车程。景区内建有精美的民国风格的山地四合院建筑43万平方米，总占地面积9平方千米，既有珍贵的军事历史遗存和独特的地方民俗文化资源，又有原生态的优美自然环境，是京郊罕见的山水城有机结合的自然古村落。

而今，古北水镇依托司马台遗留的历史文化，进行深度发掘，将9平方公里的度假区整体规划为“六区三谷”，分别为老营区、民国街区、水街风情区、卧龙堡民俗文化区、汤河古寨区、民宿餐饮区与后川禅谷、伊甸谷、云峰翠谷。古北水镇是集观光游览、休闲度假、商务会展、创意文化等旅游业态为一体，服务与设施一流、参与性和体验性极高的综合性特色休闲国际旅游度假目的地。度假区内拥有43万平方米精美的明清及民国风格的山地四合院建筑，包含3个主题酒店、4个精品酒店、23个民宿客栈，共956间客房，10多个文化展示体验区、特色商铺和餐厅及完善的配套服务设施。在基础设施的建设中以近项目总投入的1/3用于生态环保建设，投入资金与规模在国内度假区首屈一指，很好地实现了人和自然环境历史的和谐。水镇投资建造了高品质的自来水厂（达到欧盟标准，可以直接饮用）、污水（中水）处理厂；新增改造了各种高压、低压线路；打造应用生物质环保煤的集中供暖中心、液化气站；增加了大量的绿化面积；度假区内河道疏浚拓宽，水系流畅。为了较完整地保存古朴原貌，使地面免遭破坏，度假区的街道全部采用长条青石板铺设，将热力管道、中水管道、直饮水管道等均埋于地下，不仅有效地保护了地面，对于建设原汁原味的历史文化旅游目的地也起到了重要作用。已经成为长城脚下独具北方风情的集观光游览、休闲度假、商务会展、创意文化等旅游业态为一体的度假式小镇。

古北水镇在规划时，对景区业态进行了“三三制”划分，1/3的门票

图3　古北水镇（司马台长城）国际旅游度假区

收入，1/3 的酒店收入，1/3 的景区综合收入。门票只是进入古北水镇的门槛，游客在景区里的二次消费才是经营者更为看重的收入来源。景区还包括索道、温泉、餐饮、住宿、娱乐、演艺及展览等项目，收入渠道多样，同时各项目间能彼此促进，在充分满足游客多种旅游消费需求的同时，极大地降低了门票在整个经营收入中的比例，取得了破解“门票经济”的巨大成功，提升整体收入规模。2017 年 3 月 1 日古北水镇取消原有的夜游门票，从 2017 年 3 月 25 日开始，景区全天门票价格统一为 150 元/人，大量客流使景区运营突破了昼与夜的限制，实现了真正意义上的旅游度假区。

古北水镇基于对景区普遍存在的淡旺季的问题的考虑，推出夜游长城索道、夜游船、温泉、灯光水舞秀、传统戏剧、杂技等常规类项目；以“圣诞小镇”“古北年夜饭”“长城庙会”为冬季主题品牌活动，开发出雪地长城观赏、庙会、冰雕节、美食节、温泉等一系列冬季旅游产品，强化冬季氛围，提升景区人气。通过统筹景区内各类资源，有效实施收益管理，以调节北方景区存在较为普遍的淡、旺季客流不均衡现象，实现了“淡季不淡、旺季更旺”的经营目标。

旅游业是一个季节性非常突出的行业，大多数景区的接待高峰一般集中在“五一”至“十一”期间，“十一”之后客流就会呈现断崖式的下跌。但从古北水镇季度经营业绩情况可以看出，每年的第二至第四季度的游客能达到相对的平稳；过往三年的第一季度客流虽较为惨淡，但在2017年第一季度，古北水镇内的各大住宿设施都呈现出满房的态势，说明经过针对性的策划与提升，古北水镇未来一年四季客流皆满的“盛况”应该很快就能够实现。

如何提高游客的重游率一度成为景区十分头疼的难题，古北水镇通过生活场景再造的方式，大大提高了游客的旅游体验，从而提高游客重游率。目前，古北水镇通过多个主力店营造出的文化韵味与体验感，辐射游客消费的多重场景，景区内的4家五星级酒店、2个高档会所、4家精品酒店、30多个特色民宿、200多家商铺、10余个民俗展示体验区、全长1256米的长城索道以及国内首屈一指的温泉资源都成为游客重要场景体验场所，这其中让人印象最为深刻的是十余处特色民俗展示体验区，我们现在听到了太多景区都在民俗体验上大做文章，但真正玩得精致且纯粹的却极少，而古北水镇游客可以全程参与从选料、生产、加工到出成品的民俗体验，并可以将自己制作的产品带回家。

2. 颠覆式的社区重构，创新营销模式和管理运营模式

借鉴乌镇西栅景区成熟的运作模式，古北水镇在开发时就构架了对景区的统一运营管理模式。迁出原景区居民，以颠覆式的社区重构来实现拥有景区全部商铺和住宅的产权。原景区居民变成景区的员工，在统一的规范要求下开展经营，为游客提供服务，保证了服务质量和品质，为游客带来极佳的旅游感受。

根据Tripadvisor统计数据显示，OTA上游客点评的差评率每降低0.1分，酒店预定订单会提高3%。古北水镇通过不断提高网络游客满意度和口碑影响力来提高整个品牌的知名度。通过对携程、途牛、驴妈妈、美团等十多个渠道的游客点评分析数据可知，古北水镇开业第一年，网络口碑影响力很弱，在各大渠道上的口碑总量只有403条，游客满意度也不理想；而到了第二年，网络口碑影响力迅速扩大，口碑影响力提高了6.2倍，游客满意度也提高了近10个百分点，第三年，在保持游客满意度稳定提高的同时，快速扩大口碑的影响力，2016年网络口碑影响力是2015年的3.1倍。此外，古北水镇的微信公众号阅读量也从2014年的平均每篇200左右的点击量上升到 2016 年平均 3000 的点击量，点击率上升了 15 倍。可见，古北水镇通过网络传播的方式形成了较好的游客口碑传播，对于营收增长起到了较强的正面促进作用。

古北水镇坚持核心服务理念，提升游客满意度，始终践行“将最大的善意释放给每一位游客”的核心服务理念，一方面坚持每周的宾客意见收集制度，每周公司管理人员及高层领导批复整改；另一方面景区在对客服务上，充分考虑游客在景区内的参与度、感受度、体验度，以此不断提升游客满意度和口碑。

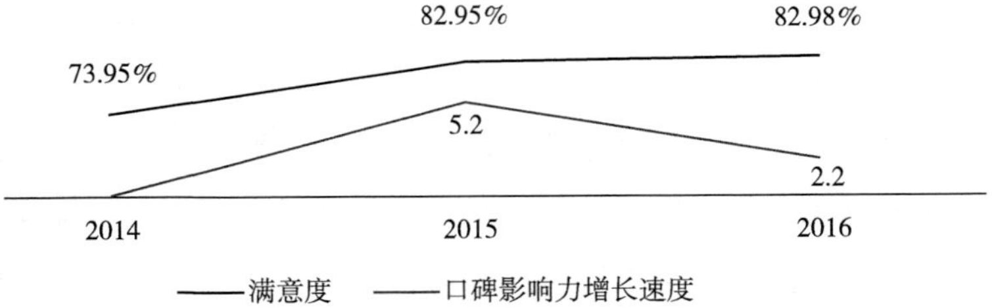

图 4　2014—2016 年古北水镇网络口碑情况

截止到 2017 年，古北水镇项目总投资已经超过 40 亿元，面对如此巨大的资金需求，投资方采用成熟的市场化资本运作方式，由中青旅控股股份有限公司、乌镇旅游股份有限公司、北京能源投资（集团）有限公司和其他战略投资者共同成立北京古北水镇旅游有限公司，按比例共同出资持股，承担古北水镇的开发、建设，确保了项目开发建设所需的巨额资金的保障。

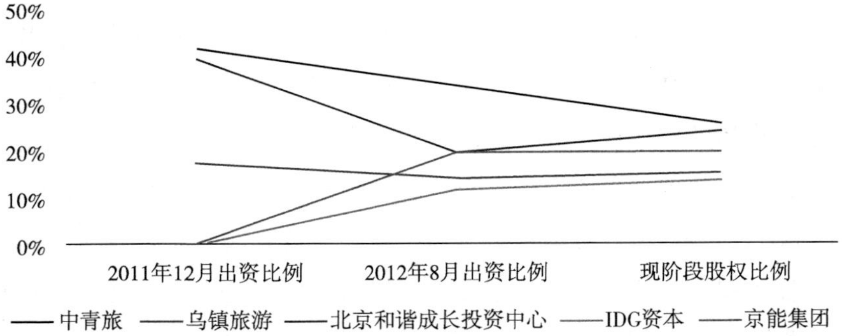

图 5　2011—2017 年古北水镇股权变更情况

从图5中的数据可以看出，古北水镇项目的建设运营团队、国有资本、战略投资人持股比例均在15%～20%之间，能很好地平衡项目管理团队与资方的利益关系。伴随古北水镇开发的深入，原有股东保持稳定并不断增资，又有新股东踊跃加入，古北水镇这处优质资产得到了市场上各类资本的一致追逐。此外，古北水镇投资方还与知名地产商开发龙湖地产，借助古北水镇巨大的游客量和消费能力，共同开发打造区域内唯一的房地产项目长城源著，力求通过地产开发的资金快速回流，从而实现资金的平衡。

作为北京市“十二五”规划的重点旅游建设项目，古北水镇的开发得到了当地政府的大力支持，除2012年获得密云县政府4100万元的基建补贴外，更是在道路交通、征地拆迁、水电供暖等方面获得当地政府的支持帮助。实际上，景区除了文物部分的内容归政府管理外，大部分项目的营收归公司所有，由公司统一运营管理。运营公司除通过招拍挂形式取得1000多亩土地外，原有古镇采用租赁模式运营，降低重资产投入的规模，提高投资回报率。古镇中新建的酒店采用自持模式，其他商业物业自营，将计入利润表的收入规模尽可能做大，便于未来持续融资。通过运营公司的统一运营管理，实现了古北水镇全域范围内的资源统一调度、区域综合管控、产品统筹营销、服务全面提升，形成了一个多渠道、长短期现金流互补的盈利模式。

表1　古北水镇营收渠道与产权归属

区域类型	投资内容	营收渠道及资产	产权归属
保护专属区	对古长城及遗存地点大环境整治	索道	公司
	主题适度修复	/	当地政府
	建设游览线路设施	/	当地政府
旅游专属区	景点	古长城保护费用—门票	古长城保护基金
	酒店、特色民俗	客房收入	公司
	各类配套娱乐设施	销售收入	公司
	商业业态（自营+出租）	销售收入、租金	公司
	大环境营造	/	公司
	公共配套设施	/	公司
区域内外	旅游地产项目	房产销售收入	公司

从 2014 年开业至今，古北水镇的经营业绩“一路狂飙”，令人咋舌。2014 年，古北水镇的游客接待量为 98 万，实现旅游收入 1.97 亿元，2016 年，游客接待量达到 245 万，实现旅游收入 7.35 亿元，同比增长分别为 67% 和 59%。而其师出同门的乌镇景区，从 2007 年营业开始，直到 2013 年，其营业收入才突破 7 个亿。从一个无名的小镇成为当今的“爆款”，古北水镇从竞争激烈的旅游行业中脱颖而出成为后起之秀，走出了一条众人瞩目的成功之路。

三、未来：广阔天地，大有作为

2016 年 10 月 11 日，住房城乡建设部公布第一批中国特色小镇名单，认定 127 个镇为第一批中国特色小镇。2016 年 12 月，国务院下发的《关于进一步促进农产品加工业发展的意见》中指出，将加快建设农产品加工特色小镇，实现产城融合发展。根据该意见，农业特色小镇建设被提上日程，它的兴起与发展契合一系列国家战略。在政策的扶持下和“现代农业 + 生态旅游”蓬勃兴起的态势下，河北计鹿村和北京古北水镇都有着巨大的市场潜力和广阔的发展前景，其中的经营也十分值得借鉴。政府引导在休闲农业和生态旅游产业的发展中起到了最基本的推动作用。计鹿村和古北水镇的崛起都离不开政府的扶持和规划建设，政府主要担负技术支持、公共设施完善、财政支持以及宏观引导等责任。

2016 年北京设立总规模 100 亿元的小城镇发展基金，引导全市 42 个重点小城镇打造成旅游休闲特色镇、科技和设施农业示范镇等五类特色小镇。河北省政府近几年坚持“突出特色、因地制宜、社会参与、形成合力、重点推进、分批实施、整村推进、连片开发”的原则，通过引导和支持贫困地区发展旅游，推动贫困地区增加农民就业、提高收入水平、增强内生动力。把旅游业作为产业扶贫的有效抓手，将扶贫攻坚、休闲农业与乡村旅游、美丽乡村、现代农业、山区综合开发相结合，推进一、二、三产业融合发展，使旅游业成为带动贫困地区经济社会发展的引擎产业。截至目前，全省有 630 多个乡镇、1650 多个村、近 5500 家企业从事旅游业，乡村旅游经营户突破 4 万户、从业者达到 36 万人。当前，河北省正大力实施“一二十百千”旅游发展工程，突出打造一个环首都休闲度假旅游圈，沿燕山—太行山、沿渤海两个休闲度假旅游带，10个以上国家全域旅游示范区，100个精品旅游景区，1000个旅游重点项目。"十三五"期间，河北省每年规划启动100个贫困村开展旅游扶贫。到2020年，扶持62个县，约500个贫困村、8.6万贫困户、30万贫困人口，通过直接参与旅游经营、提供接待服务、出售土特产品、土地租金、入股分红等途径脱贫致富。

目前，特色农业小镇的建设和发展正在全国发酵。根据《关于开展特色小镇培育工作的通知》，培育特色小镇要坚持突出特色，防止千镇一面和一哄而上，坚持市场主导，政府重在搭建平台、提供服务，防止大包大揽，以产业发展为重点，依据产业发展确定建设规模，防止盲目造镇；坚持深化改革，培育壮大新兴产业，打造创业创新新平台，发展新经济。住建部村镇司司长张学勤此前表示，培育特色小镇，主要是打造特色鲜明的产业形态，和谐宜居的美丽环境，彰显特色的传统文化，提供便捷完善的设施服务，建设充满活力的体制机制。有资源优势的地方政府应该通过科学规划，建立"区域旅游开发平台"，一定区域内的产、学、研机构，将区域内的住宿设施、体验设施、土特产品、农业资源等进行综合开发，然后推向市场（包括旅行社、旅游者、消费者等），以区域内的产业融合来塑造休闲农业与乡村旅游产品，以区域旅游开发为平台实现区域内的产业融合，最后以整个区域的整体营销，实现休闲农业与区域发展的互相促进。

当下，农业类特色小镇由于其农业休闲业、高附加值农产品加工业发展的显著优势，将有望成为这一轮特色小镇建设中的热点。它是通过现代农业+城镇，构建产城一体，农旅双链，区域融合发展的农旅综合体。是旅游景区、消费产业聚集区、新型城镇化发展区三区合一，产城乡一体化的新型城镇化模式。在未来，特色农业小镇以文化为精髓，以农业产业为特色，以休闲农业和乡村旅游为抓手，打造壮美的现代田园、演绎多彩文化，旨在创新产业示范，营建活力宜居的城乡农业旅游共同体，在广阔天地中将大有可为之处。

后　记

习近平总书记“两山理论”为我国脱贫攻坚事业和未来一个时期的反贫困战略提供了根本遵循，为了全面落实深入系统全面地开展中国绿色减贫研究，我们于 2015 年和 2016 年出版了《中国绿色减贫指数报告 2014》和《中国绿色减贫指数报告 2016》，在此基础上，国务院扶贫办全国扶贫宣传教育中心与北京师范大学联合拟定从 2017 年 2 月开始就组织专家力量开展《中国绿色减贫发展报告 2017》研究工作。一方面是中国绿色减贫指数报告研究的延伸和补充，通过年度报告方式及时地总结全国各地绿色减贫的创新模式和经验，另一方面也对绿色减贫的理论体系建设进行一些新探索。与此同时，基于此项研究，为中国绿色减贫研究搭建一个多学科的交叉研究的新平台，聚焦绿色减贫，融合绿色减贫理论和实践十九大最新成果，以期能为中国扶贫脱贫做出新的贡献。

为了获取更丰富案例，我们于 2017 年 3 月在全国范围内组织了一次案例征集活动，征集了数十个案例，为研究提供了鲜活的素材。其中一些案例具有相当的典型性、写作也非常老到精炼，此次报告也收录了部分研究报告和案例。

《中国绿色减贫发展报告》的完成，离不开研究团队的努力工作，更离不开国务院扶贫办全国宣传教育中心的大力支持，正是中心主任黄承伟研究员多次强调绿色减贫的案例和模式有深入研究的可能和必要，才坚定了我们进行此项研究的信心。在研究的过程中，黄主任多次就研究的方向和细节提出了直接指导，报告才得以早日完成。

此外，还要感谢北京师范大学中国扶贫研究院团队和几年来活跃在扶贫研究领域的青年精英的积极参与，正是由于他们的辛勤工作，此项研究才能最终完成。本报告是集体智慧的结晶，各章作者如下：

序言及导论　黄承伟

总报告：新发展理念下的绿色减贫发展战略　　张琦、冯丹萌

分报告一：绿色农业产业化扶贫模式分析 吕方

分报告二：绿色生态旅游扶贫模式分析　张蕾蕾、李佳、陈琦

分报告三：观光农业扶贫模式分析　刘杰

分报告四：光伏产业扶贫模式分析　高飞

分报告五：电商扶贫实践模式探析　覃志敏

征集案例部分作者已在各案例前标识

本书先后经过了数次讨论和修改，在各位作者初稿基础上，万君老师进行了初步修改，张琦教授进行了复审和修改完善，最后在黄承伟主任审阅并提出修改意见后，黄承伟和张琦最后审阅定稿。

由于是案例研究、模式研究，受到研究条件和研究水平的限制，难免挂一漏万，请不吝赐教。

2018 年 3 月 31 日